Alexander Bard und Jan Söderqvist

Die Netokraten

REDLINE WIRTSCHAFT

Alexander Bard und Jan Söderqvist

Die Netokraten

**Die neue Leistungselite
und das Leben nach dem Kapitalismus**

Übersetzung aus dem Englischen von Nikolas Bertheau

REDLINE WIRTSCHAFT

Bibliografische Information der Deutschen Bibliothek
Die Deutsche Bibliothek verzeichnet diese Publikation in der Deutschen Nationalbibliografie.
Detaillierte bibliografische Daten sind im Internet über http://dnb.ddb.de abrufbar.

ISBN 3-636-01327-0

Die englische Originalausgabe erschien 2000 bei BookHouse Publishing, Stockholm, unter dem Titel *Nätokraterna – boken om det elektroniska klassamhället.*

Übersetzung: Nikolas Bertheau, Hamburg
Redaktion: Sybil Volks, Berlin
Lektorat: Michael Schickerling, Landsberg am Lech
Umschlaggestaltung: Jarzina Kommunikations-Design, Köln
Umschlagabbildung: Robert Fischer, München
Satz: Manfred Zech, Landsberg am Lech
Druck und Bindearbeiten: Himmer, Augsburg
Printed in Germany

Inhalt

Bildnachweis

S. 14 Atomtest in Nevada 1952, SV-Bilderdienst: AP.
S. 36 Hochzeit von Prinz Charles und Prinzessin Diana 1981, SV-Bilderdienst: AP.
S. 60 Journalisten umringen Joschka Fischer 1998, SV-Bilderdienst: AP.
S. 82 e-business in der Freizeit 2001, SV-Bilderdienst: Gloger, M./Joker.
S. 100 Vatikanisches Konzil im Petersdom 1962, SV-Bilderdienst: SV-Bilderdienst.
S. 124 Obdachloser in München, SV-Bilderdienst: Prem, M.
S. 148 Skull covered in turquoise mosaic / Mixtec / southern Mexico / 1400-1521, SV-Bilderdienst: 90100/KPA/HIP.
S. 170 Tokyo bei Nacht, SV-Bilderdienst: 70201/Cabanis Kristian.
S. 192 Internationale Funkausstellung in Berlin 1999, SV-Bilderdienst: Karwasz, K.-B.
S. 212 Schweigen 2005, SV-Bilderdienst: Derlath, V.
S. 236 Götz George in dem Film *Sie nannten ihn Gringo* 1965, SV-Bilderdienst: pwe.

Vorwort

Etwas Gutes hat es, dass der Buchhandel ein so langsames und schwerfälliges Geschäft ist: Wir dürfen uns jedes Jahr erneut mit den *Netokraten* beschäftigen. Neue Diskussionen mit neuen Übersetzern, neue Verkaufsstarts an neuen Orten, neue Interviews und ein neu zu schreibendes Vorwort: Da fällt das Loslassen schwer. Unser erstes Baby will sich einfach nicht von uns trennen. Wir entdecken es immer wieder neu und haben so Gelegenheit festzustellen, dass es uns immer noch mit Stolz erfüllt.

Das Buch verdankt seine Entstehung einem großen Frust. Die Ignoranz und Infantilität, mit der in der Öffentlichkeit über die digitale Zukunft debattiert wurde, ging uns zunehmend auf die Nerven. Ein deprimierender Anteil dessen, was da gesagt und geschrieben wurde, beruhte ausschließlich auf ideologischem Wunschdenken. Es entbehrte jeder Verankerung in einer geschichtlichen Analyse vergleichbarer gesellschaftlicher Veränderungen, die durch informationstechnologische Durchbrüche ausgelöst wurden.

Nicht zuletzt die dringende Notwendigkeit, neue Klassendefinitionen für die entstehende Informationsgesellschaft zu entwickeln, gab uns im Frühjahr 2000 Anlass, dieses Buch zu schreiben. Ohne einen angemessenen Klassenbegriff ist es nicht möglich, die Grundlagen der politischen Philosophie – die zeitlosen Fragen nach Fairness und Gerechtigkeit – mit Blick auf die Bürger der informationalistischen Welt konstruktiv zu behandeln. Die Notwendigkeit eines solchen Modells und die Nützlichkeit unseres kleinen Buches haben in den fünf Jahren seit dem Erscheinen der schwedischen Erstausgabe nur zugenommen.

Es ist höchste Zeit, sich mit den schwierigen und wichtigen Fragen auseinander zu setzen, die sich stellen, sobald eine neue Form der Informationstechnologie auf breiter Front den Siegeszug antritt: Was passiert mit dem Staat? Was wird aus Politik und Demokratie? Was geschieht mit dem Bildungssystem und dem Arbeitsmarkt? Wie entwickeln sich gesellschaftliche Identitätsfindung und Verbraucherverhalten?

Welchen Einfluss hat das alles auf Medien, Kunst und Philosophie? Wie verändern sich die alten Klassenstrukturen, und wie sehen die neuen Klassenkämpfe aus? Welche Gruppen profitieren von der neuen Situation, und welche haben das Nachsehen? Wie funktionieren die neuen elektronischen Netzwerke? Wie verteilen sich in den neu entstehenden Hierarchien Macht und Status? Welche Interessen und Strategien verfolgt die neue Elite? Was charakterisiert die neue Unterklasse? Welche Wissenschaften geben den Ton an? Wie sehen die drängendsten gesellschaftlichen Probleme aus, und welche Lösungen bieten sich an? Wie verändert sich das Bild des Menschen von sich selbst und der Welt, und was folgt daraus? Und so weiter.

In unserem Buch haben wir einige Voraussagen gemacht, und so manche düstere Vorhersage hat sich mittlerweile mit erschreckender Präzision bewahrheitet. Vielleicht ist es also keine schlechte Idee, sich auch mit den weiterführenden Thesen des Buches eingehender zu beschäftigen. Wir behaupteten, dass die alten Kapitalisten die neue wirtschaftliche und gesellschaftliche Logik, die sich im Internet entwickelt, im Grundsatz nicht verstanden haben; beinahe unmittelbar nach Erscheinen des Buches platzte die Dotcom-Blase. Wir schrieben über die neue Transparenz der Unternehmensstrukturen und die neuen Bedingungen der Machtausübung infolge der Umwandlung der Unternehmen in Netzwerke; kurze Zeit später erlebten wir Enron, WorldCom und ein neu erwachtes Ethikbewusstsein unter Managern.

Das vielleicht Erschreckendste ist jedoch: Wir schrieben über die Eskalation blinder Gewalt und die Entstehung einer neuen Form von Terrorismus infolge neuer Technologien in den Händen marginalisierter Randgruppen mit hoch entwickelten Networking-Fähigkeiten; und dann kam der 11. September 2001. Auch wenn die Größenordnung der Zerstörung und das Ausmaß der Folgen beispiellos waren, konnte der Anschlag als solcher die aufmerksamen Leser dieses Buches nicht überraschen.

Nachdem das Buch bereits in einem Dutzend weiterer Länder vorliegt und für Diskussionsstoff sorgt, freuen wir uns nun über das Erscheinen der deutschen Ausgabe. Sie bietet den willkommenen Anlass, noch einmal zu betonen, dass die Ausdehnung des informationalistischen Paradigmas über alle nationalen Grenzen hinweg – ein zentraler Bestandteil der netokratischen Theorie – vor Deutschland und seinen zentraleuropäischen Nachbarn ebenso wenig Halt macht wie vor jeder anderen Kulturzone der Welt. Unübersehbar bildet sich hier eine netokratische Elite heraus – unter Frankfurter Firmenjägern, in der Berliner Künstler- und Medienszene, unter Dresdner, Münchner und Wiener Softwareentwicklern, Hamburger und Züricher Internethasardeuren und -entrepreneuren, den führenden Persönlichkeiten der deutschsprachigen Internetgemeinde und nicht zuletzt in der wachsenden deutschen Netokratie-Diaspora in aller Welt.

Im gleichen Tempo wächst jedoch auch das deutsche Konsumtariat. Die deutschen Medienimperien singen das Loblied der deutschen Couch-Potato – unter dem freudigen Beifall von Millionen un- oder unterbeschäftigter Bürger, die dank der radikalen Modifizierung und Automatisierung der mächtigen deutschen Industriemaschine ihre Jobs verloren haben. Gefangen in staatlich bezuschussten Wohnungen fern der innerstädtischen Zentren, im betäubenden Milieu aus Junkfood, TV-Unterhaltung, Boulevardblättern und alltäglicher Straßengewalt, aber frei von jeder nennenswerten interaktiven Kommunikation mit der Außenwelt: Hier finden wir das Konsumtariat, das – im Gegensatz zu den viel kreativeren und lebendigeren Immigrantengemeinden – die neue Unterklasse der deutschen Gesellschaft bildet. Die eigentliche Herausforderung, vor der wir stehen, sobald die netokratische Idee mit ihrer ganzen Tragweite in unser Bewusstsein dringt, lautet: Wie gehen wir politisch mit diesem rasch wachsenden Konsumtariat um?

Während die kulturellen und wirtschaftlichen Kreise Hoffnung und Ideen verbreiten, haben sich die deutschen Akademiker und Medienvertreter während des letzten Jahrzehnts viel zu sehr darauf konzentriert, eine neue nationale Identität des Pessimismus und des Selbstmitleids zu schaffen. Hier bringt die netokratische Theorie sogar eine gute Nachricht: Bei genauerer Betrachtung zeigt sich, dass jene düsteren Perspektiven auf Modellen beruhen, die von der netokratischen Theorie als unzureichend und irrelevant für das entstehende informationalistische Deutschland verworfen werden. Das neue Modell hingegen vermittelt uns ein ganz anderes und in vieler Hinsicht deutlich positiveres Bild.

Während Südeuropa unter Stagnation und einem gravierenden Effizienzmangel im Bereich der Netzwerkdynamik leidet, erweist sich Deutschland in den entscheidenden Punkten der netokratischen Theorie sowohl wirtschaftlich als auch kulturell als ausgesprochen stark. Die Internetdichte gehört zu den höchsten in der Welt, die internationale Reiseaktivität ist rege und nimmt weiter zu, der Dienstleistungssektor weist ein großes Wachstumspotenzial auf, das wirtschaftliche Fundament ist gesund und für ein rasches Wachstum gewappnet. Die Offenheit gegenüber einer Vermischung der Kulturen beeindruckt ebenso wie die Mobilität der Arbeitskräfte und die Mechanismen einer raschen Übernahme neuer Technologien und Methoden.

In den größeren Städten entstehen und wachsen überall neue urbane Subkulturen mit breiter und häufig internationaler Ausstrahlung. Und was vielleicht noch wichtiger ist: Sie machen entschlossen Gebrauch von den neuen interaktiven Technologien, um sich auszudehnen und Gehör zu verschaffen. In der Akzeptanz der neuen Weltsprache Englisch als nationale Zweitsprache hinkt Deutschland den übrigen nordeuropäischen Ländern noch hinterher. Dennoch ist es – anders als die pessimistischen Stimmen so vieler Akademiker und Medienvertreter glauben machen wollen – gut platziert, um auch im informationalistischen Zeitalter eine Weltmacht zu bleiben.

Das gilt besonders im Hinblick auf die Werte und Wertungen, welche die virtuellen Netzwerke Deutschlands und seiner Nachbarn auszeichnen. Wie nicht zuletzt aus der netokratischen Theorie folgt, sind moderne Werte für die Attraktivität von Netzwerken äußerst wichtig, und Deutschland nimmt in dieser Rubrik eine Spitzenposition ein. Das weitgehende Fehlen fundamentalistischer religiöser Sekten, nostalgischer Nationalismen und anderer Foren der Isolation und der Intoleranz in der deutschen Gesellschaft ist ein Zeichen der Stärke in einer zunehmend globalisierten Welt – mögen die alten so genannten Experten behaupten, was sie wollen.

Uns persönlich bietet die Veröffentlichung des Buches in Deutschland die Möglichkeit, gewissermaßen eine alte Schuld zumindest teilweise zu begleichen. Die netokratische Theorie ist nicht aus der Luft gegriffen, sondern tief verwurzelt in der reichen Erde des deutschen Denkens und der klassischen Gesellschaftstheorie: Kant, Hegel, Marx, Nietzsche und andere. Als skandinavische Pragmatiker bekennen wir uns gern zu diesem Erbe. Es ist für uns ein notwendiges theoretisches Gegengewicht zu allen Arten von gesellschaftlichen Experimenten, frühen Adaptionen diverser neuer Technologien und einer generellen ikonoklastischen Tendenz. Anders als die britischen, französischen und amerikanischen Gesellschaftstheoretiker mussten wir unsere eigene Tradition erfinden. Und das taten wir. Sie hat einen unverkennbar deutschen Anklang.

Man hat uns vieles vorgeworfen: Wir seien Defätisten, Zyniker, Deterministen und Gott weiß was alles. Was wir eigentlich sagen wollen, ist dies: Natürlich lassen sich diverse Bereiche der gesellschaftlichen Entwicklung beeinflussen, aber nur innerhalb des gegebenen materiellen Kontextes. Jede andere Vorstellung zeugt von verworrenem Wunschdenken. Die Chance jedoch, einen solchen Einfluss geltend zu machen, eröffnet sich mit Sicherheit eher, wenn man die Natur und die Geschichte dieses Kontextes klar und tief greifend verstanden hat.

Und das ist unser eigentliches Ziel: Wir möchten zumindest die Grundlagen eines neuen Instrumentariums für den Umgang mit einem veränderten gesellschaftlichen Paradigma vorstellen. Was die Leser mit diesem Instrumentarium anfangen, bleibt allein ihnen überlassen.

Stockholm, Februar 2006
Alexander Bard und Jan Söderqvist

1

Technologie als Motor der Geschichte

Da ist die Geschichte von dem japanischen Soldaten, der mehrere Jahrzehnte nach Ende des Zweiten Weltkriegs in einem unzugänglichen Teil des asiatischen Dschungels gefunden wurde, wo er all jene Jahre auf eigene Faust weitergekämpft hatte. Durch eine Verkettung von Umständen war er dort allein zurückgeblieben. Vielleicht hatte er den Befehl erhalten, auf seinem isolierten Posten auszuharren, und er hatte seine vaterländische Pflicht mit beispielhafter Gewissenhaftigkeit ausgeführt, oder er war einfach nur zu verängstigt, um sich in bewohnte Gebiete vorzuwagen. Die Nachricht vom Friedensschluss war nicht zu ihm durchgedrungen. In seinem Kopf tobte der Zweite Weltkrieg weiter.

Wir haben keinen Grund, uns über diesen verwirrten Soldaten lustig zu machen. Vielleicht irrte er, aber tun wir das nicht alle immer wieder? Der Soldat war nicht besonders gut unterrichtet, aber können wir das von uns selbst behaupten? Wir alle haben nur ungenaue Vorstellungen davon, was außerhalb jenes kleinen Teils der Welt vor sich geht, aus dem wir unmittelbare Eindrücke gewinnen. Das hindert uns nicht daran beziehungsweise enthebt uns nicht der Notwendigkeit, uns über zahlreiche Dinge eine Meinung zu bilden, auch wenn unser Wissen darüber bestenfalls beschränkt ist. Das meiste, was wir zu wissen uns einbilden, ist genau dies: eingebildetes Wissen. Das Verhalten anderer Menschen ist uns nur in dem Maße verständlich, wie wir tatsächlich wissen, was jene zu wissen glauben. Und über ein solches Wissen verfügen wir höchst selten. Aufgrund dieses Informationsdefizits schwimmen wir ständig in einem Ozean von Missverständnissen – ein sowohl aufreibendes als auch kostspieliges Unterfangen.

Wie beim japanischen Soldaten spielt sich unser Leben in unseren Köpfen ab. Eine andere Möglichkeit bleibt uns nicht, ist doch die Welt viel zu groß und komplex, als dass wir uns allen ihren Facetten gegenüber öffnen könnten, ohne uns mit einem vielschichtigen mentalen Filter zu schützen. Deshalb erzeugen wir ein fiktives Selbstbild sowie eine Vielzahl simplifizierender Modelle von der Art und Weise, wie die Welt in unserer Vorstellung funktioniert oder funktionieren sollte. Diese Fiktionen sind dazu da, die riesigen Leerräume zwischen unseren eng begrenzten Wissensinseln zu füllen. Während sich unser Denken und Fühlen ausschließlich in dieser Welt der privaten Fiktionen abspielt, hat unser Handeln Konsequenzen in der Außenwelt der kollektiven Realität.

Diese Abhängigkeit von Fiktionen hat mitunter nicht nur für uns persönlich, sondern für die Gesellschaft insgesamt dramatische Folgen. Wie der japanische Soldat tasten wir blind durch dunkle Wälder. Wir reagieren auf Signale, die wir nur teilweise verstehen und deren Konsequenzen für uns nur partiell sichtbar sind. Wichtige politische Entscheidungen ruhen auf wackligen Fundamenten und erzeugen häufig ganz andere als die erwarteten Resultate; großes Gewicht wird auf diffuse Meinungsäußerungen gelegt, etwa in Form allgemeiner Wahlen, die wiederum das Ergebnis minimalen Wissens sind – ein Problem, auf das unter anderem Walter Lippmann in einer Reihe kluger und scharfsinniger Bücher hingewiesen hat. Dieser Orientierungsmangel erklärt beispielsweise, warum sich viele Wähler von heute lieber mit den Kreditkartenskandalen oder dem Alkoholmissbrauch einzelner Politiker als mit ernsthaften politischen Fragen beschäftigen. Wenn die wirklichen Probleme als zu komplex wahrgenommen werden, gewinnen symbolische Themen an Attraktivität. Die Wirtschaft ist ständig gezwungen, ihre Prognosen und Entscheidungen nachträglich zu korrigieren, um davon abzulenken, dass sie auf weitgehend fiktiven Voraussetzungen beruhten – als Folge des ständigen Mangels an relevanten Informationen.

Wer sich informiert, versucht, seinen eigenen Kopf mit der äußeren Realität in Einklang zu bringen. Dafür gibt es einen guten Grund: Eine vergleichsweise korrekte Vorstellung von der Funktionsweise unseres Umfelds erleichtert es uns, mit diesem zu interagieren. Wer sich mit der Psychologie der Aktienmärkte vertraut macht, hat dort größere Erfolgsaussichten; wer ein Gespür für die eigenen Bedürfnisse und diejenigen anderer Menschen entwickelt, hat bessere Chancen, Beziehungen einzugehen, und so weiter. Jeder Misserfolg weist uns darauf hin, dass unser Kenntnisstand nicht unseren Erwartungen oder Hoffnungen entsprach. Die Diskrepanz zwischen unserer eigenen Wirklichkeitswahrnehmung und derjenigen anderer Menschen sowie zwischen unseren fiktiven Vorstellungen und der tatsächlichen Realität war zu groß. Wir lernen aus unseren Fehlern: Wir berücksichtigen einmal gemachte Fehler bei unserem zukünftigen Verhalten, das wir entsprechend anpassen. Mit anderen Worten: Wir machen von unserem Wissen Gebrauch.

Fiktive Vorstellungen können mehr oder weniger Realitätsgehalt haben und mehr oder weniger anwendbar sein. Es gibt sie in den unterschiedlichsten Formen, von individuellen Halluzinationen bis zu wissenschaftlichen Theorien. Wir sind ständig damit beschäftigt, sie zu testen. Unsere Kultur besteht aus der fortlaufenden Überprüfung sowohl viel versprechender als auch bereits erprobter Fiktionen und ihrer Kombination. Das Missverhältnis zwischen den fiktiven Vorstellungen in unseren Köpfen und der tatsächlichen Realität stellt ein wiederkehrendes literarisches Motiv dar. Don Quijote, Othello, Raskolnikow und Emma Bovary sind allesamt Opfer ihrer eigenen fieberhaften Blindheit. Sie sind alle Verwandte des japanischen Soldaten. Beim Versuch, die Welt um uns herum zu studieren und Eindrücke von ihr zu gewinnen, müssen wir unterscheiden zwischen unseren Vorurteilen – simplifizierenden Modellen, die wir verwenden, nicht weil sie empirische Erfahrungen beschreiben, sondern weil sie unser persönliches Interesse widerspiegeln – und sachlichen Analysen und Prognosen – notwendigen und intelligenten vereinfachenden Modellen, die uns die Realität verständlich machen, auch wenn die Resultate nicht unseren Wünschen oder unseren bevorzugten fiktiven Vorstellungen entsprechen.

Unser Denken wird durch die verfügbaren Informationen konditioniert. Die Geschichte vom japanischen Soldaten veranschaulicht dies: Ohne Nachrichten aus der äußeren Welt verbrachte er mehrere Jahrzehnte in einem imaginären Krieg. Ähnliches gilt für ganze Gesellschaften und Zivilisationen. Das verfügbare Wissen bestimmt die möglichen Denk- und Verhaltensweisen. Es lag nicht am Mangel geeigneter Ausgangsmaterialien, wenn die Wikinger nicht Wasserski fuhren oder die Römer ihre Orgien nicht auf Film festhielten. Vielmehr fehlte es an dem erforderlichen Wissen. Das bedeutet, dass jede technologische Entwicklung, die die Bedingungen des Handelns und der Informationsweitergabe entscheidend verändert, mit einer umfassenden Neubewertung der zugrunde liegenden Denkmuster einhergeht. Das Produkt einer solchen technologischen Revolution ist ein neues geschichtliches Paradigma.

Das verfügbare Wissen bestimmt die möglichen Denk- und Verhaltensweisen

Eine solche Revolution war die Entwicklung der Sprache. Die Menschenaffen, unsere nächsten Verwandten, sind intelligente Tiere mit fantastischen Lernfähigkeiten. Aber wir können ihnen nicht das Sprechen beibringen; ihre oberen Atemwege eignen sich physiologisch nicht als Stimmorgane. Die Menschenaffen kennen auch keine echte Zeichensprache. Schimpansen können lernen, Zeichen zu kombinieren, um auf der

Ebene eines Kleinkinds zu kommunizieren: Sie können deutlich machen, dass sie etwas wollen, oder dass sie wollen, dass ein anderer etwas tut, aber sie werden niemals Erfahrungen oder Betrachtungen über die großen Mysterien des Lebens austauschen. Die fehlende Kapazität, Gedanken und Erfahrungen durch sprachliche Symbole zu kommunizieren, schränkt die Möglichkeiten des Informationsaustauschs stark ein. Auch wenn sich die Wege der Menschen und der Menschenaffen vor rund 5 Millionen Jahren trennten, dauerte es noch eine Weile, bis sich Sprache entwickelte. Erst im Lauf eines langen Evolutionsprozesses bildeten sich die erforderlichen Stimmorgane heraus. Es fällt schwer, einen genauen Zeitpunkt für die Entstehung gesprochener Sprache zu definieren; die moderne Forschung setzt ihn vor rund 150.000 bis 200.000 Jahren an. Erst als unser Gehirn und unsere Anatomie hinreichend entwickelt waren, wurde gesprochene Sprache möglich.

Die Sprache unterscheidet uns von anderen Lebewesen. Technologische Erfindungen setzen abstraktes Denkvermögen voraus, das wiederum nicht ohne ein sprachliches Symbolsystem auskommt. Die Sprache erlaubte es den Menschen, sich sozial zu entwickeln und Kollektive zu bilden, die Raum für eine neue Welt von Beziehungen zwischen Individuen boten. Mit der Verbesserung der Kommunikation entwickelte das soziale Leben ganz neue Varianten und Nuancen. Die Sprache war die Voraussetzung für innovatives Denken und differenzierten Ausdruck; sie förderte Kreativität und Intelligenz. Informationen konnten ihren Weg zu allen Mitgliedern einer Gemeinschaft finden. Das Grundwissen einer Gesellschaft von Jägern und Sammlern – welche Pflanzen roh oder nach entsprechender Behandlung essbar sind, welche Tiere welche Spuren hinterlassen und so weiter – ließ sich nun an große Gruppen und über Generationen hinweg weitergeben. Andere Menschen konnten aus Erfolgen und Misserfolgen ihre Schlüsse ziehen und die kollektive Erfahrung der Gemeinschaft weiterentwickeln. Die Menschheit entwickelte ein Gedächtnis. Wissen konnte sich entwickeln, wenn auch nur bis zu einem bestimmten Punkt. Gesprochene Sprache erlaubt, zumindest ohne ein Aufzeichnungsgerät, keine verlässliche und umfassende Speicherung von Informationen.

Der Mathematiker Douglas S. Robertson hat die Informationsmenge berechnet, die eine Gruppe oder ein Stamm von der Sprache mächtigen, aber schriftunkundigen Menschen tradieren kann. Als Basis verwendete er die Homer'sche *Ilias*, die ungefähr 5 Millionen Bit umfasst (ein Bit steht für eine Wahl zwischen zwei Alternativen: ja oder nein, schwarz oder weiß, eins oder null) und von der wir wissen, dass es für einen Menschen möglich ist, sie auswendig zu lernen. Wenn wir die Informationsmenge, die das menschliche Gehirn speichern kann, mit *h* bezeichnen, beträgt *h* wohl ungefähr ein bis zwei *Iliaden* oder zwischen 5 und 10 Millionen Bit. Wenn wir *h* mit der Größe eines prähistorischen Stammes multiplizieren, also mit einer Zahl zwischen 50 und 1000, erhalten wir die Informationsmenge, die einer Gesellschaft zugänglich war, die des Schreibens nicht mächtig war. Dabei müssen wir jedoch die nicht unwesentliche Menge redundanter Informationen berücksichtigen. Ein Großteil des Alltagswissens – wie man jagt, wie man fischt und so weiter – wurde vermutlich von den meisten Mitgliedern der Gemeinschaft geteilt, so dass der Gesamtumfang des Wissens entsprechend deutlich geringer anzusetzen ist. Die Zahlen müssen natürlich mit Vorsicht genossen werden; dennoch vermittelt Robertsons Rechnung eine gute Vorstellung von der Wirkung der Schriftsprache, als sie sich im Lauf des vierten vorchristlichen Jahrtausends entwickelte, sowie der damit verbundenen explosionsartigen Vermehrung des verfügbaren Wissens.

Alle vier so genannten Wiegen der Zivilisation – Ägypten, Mesopotamien, Industal und China – entwickelten sich ungefähr zur selben Zeit, und was sie verband (im Unterschied zu den umliegenden Gesellschaften, die ebenfalls Handel und Metallurgie praktizierten), war die Erfindung der Schrift. In Mesopotamien schrieb man auf Tontafeln. Die ersten »Bücher« bestanden aus mehreren dieser Tafeln, die in einem Lederbeutel oder einer Kiste gelagert wurden. Bestimmte Texte, beispielsweise Gesetze, wurden auf großen Flächen notiert, wo sie jeder sehen konnte. Auf diese Weise wurden aus den grundlegenden Ideen und Normen der Gesellschaft, die zuvor mündlich von Schamanen tradiert worden waren, eine sichtbare und endliche Anzahl von Paragrafen und Dekreten, die allen zugänglich waren. Primitive, geschlossene Gesellschaften erhielten einen offeneren und komplexeren Charakter. Gleichzeitig wurde deutlich, dass Wissen Macht verleiht. Die frühen Formen des Schreibens dienten ursprünglich als Machtinstrument. Die sumerischen Könige und Priester ließen ihre Schreiber notieren, wie viele Schafe ein jeder als Steuer bezahlen musste. Daneben diente die Schrift Propagandazwecken: Der Herrscher erinnerte sein Volk an seine Macht und an seine vergangenen Siege.

Es war niemals beabsichtigt gewesen, die Kunst des Schreibens jedem Hinz und Kunz zugänglich zu machen. Der Zweck der ersten Schriftstücke bestand, um mit dem französischen Anthropologen Claude Lévi-Strauss zu sprechen, darin, »die Unterjochung anderer Menschen zu erleichtern«. Aber Revolutionen führen ein Eigenleben, das sich auf Dauer nicht kontrollieren lässt, und das gilt insbesondere für die Informationstechnologie. Dinge, die vor langer Zeit oder an fernen Orten geschahen, wurden in ganz anderem Maße zugänglich und sichtbar, sobald sie schriftlich kommuniziert werden konnten. Der Umfang der zugänglichen Informationen nahm dank der genialen Erfindung eines visuellen Kommunikationscodes explosionsartig zu. Das intellektuelle Leben wurde sehr viel vitaler. Mit ihrem voll entwickelten, nicht auf Silben beruhenden, phonetischen Alphabet – in welchem jedes einzelne Zeichen einen Klang und kein Wort oder eine Idee repräsentierte – waren die alten Griechen in der Lage, ihrem philosophischen und wissenschaftlichen Denken eine sehr viel stabilere Struktur zu geben: eine Grammatik des Denkens. Der Wechsel der Hauptrolle in der Sprachrezeption vom Ohr zum Auge ging mit einem radikal veränderten Verständnis von der Welt einher.

Schrift erschien wie Magie: Es war vollkommen logisch, dass der ägyptische Gott Thoth, der den Menschen die Gabe des Schreibens verlieh, zugleich der Gott der Magie war. Lesen und Schreiben veränderten das menschliche Wissen und die Welt. Erst die Entwicklung der schriftlichen Kommunikation machte es möglich, Reiche zu gründen und zusammenzuhalten, denn nur so konnten detaillierte Informationen wie beispielsweise Befehle über weite Entfernungen vermittelt werden. Das führte zur Auflösung der Stadtstaaten. Der Niedergang der Papyrusproduktion unter der Herrschaft der letzten römischen Kaiser gilt vielen Historikern als ein wichtiger Grund für Verfall und Zusammenbruch des Römischen Reiches.

Lesen und Schreiben veränderten das menschliche Wissen und die Welt

Johannes Gutenbergs Erfindung der Druckerpresse markierte Mitte des 15. Jahrhunderts den Beginn der nächsten epochalen Revolution im Informationsmanagement. Die Druckerpresse war sowohl eine fundamentale Voraussetzung für das, was wir heute unter moderner Wissenschaft verstehen, als auch für zahlreiche Entdeckungen und technische Fortschritte, die zur Industrialisierung führten. Gedruckte Bücher waren die

Quellen, aus denen Astronomen wie Nikolaus Kopernikus schöpften, und wäre sein Manuskript nicht gedruckt worden, wäre es womöglich für immer auf den Regalen einer Klosterbibliothek verstaubt. Stattdessen fand seine Arbeit *De Revolutionibus*, in der er zum ersten Mal davon spricht, dass sich die Erde um die Sonne dreht, rasche Verbreitung in der gelehrten Welt, wo fortan nichts mehr war wie zuvor.

Nachdem die Kugel ins Rollen gebracht worden war, war sie nicht mehr aufzuhalten. Die Druckerpresse versorgte talentierte und innovative Menschen in nie gekanntem Umfang mit den erforderlichen Informationen und Anregungen. Christopher Kolumbus las über die Reisen des Marco Polo, zahlreiche Handbücher und andere technische Werke zirkulierten in Europa. Diese Flut neuer Informationen löste ihrerseits die Entwicklung neuer Techniken und Methoden des Umgangs mit Informationen aus, die der schrittweisen Entwicklung der Wissenschaft den Weg bahnten. Zu den vielen Innovationen, die (nach einer gewissen Inkubationszeit) auf die Druckerpresse folgten und unser Selbstbild und unsere Wahrnehmung der Welt von Grund auf veränderten, gehörten die Uhr, das Schwarzpulver, der Kompass und das Teleskop.

Ein anschauliches Beispiel für die Macht eines entwickelten Informationsmanagements, das der Physiologe Jared Diamond anführt, ist das historisch folgenreiche Zusammentreffen des schriftkundigen Europa und des mehr oder weniger analphabetischen Amerika im Jahr 1532. In Cajamarca im peruanischen Hochland nahm Francisco Pizarro mit seinen 168 Leuten den Inkaherrscher Atahualpa gefangen, der mehr als 80.000 Mann befehligte. Das Ereignis wird nur dann verständlich, wenn wir berücksichtigen, dass der Inkaherrscher nichts über seine ungebetenen Besucher wusste, während die Spanier über ihre Gegner bestens im Bilde waren. Atahualpa war in vollkommener Unkenntnis der Tatsache, dass jene Besucher dabei waren, diesen Teil der Welt komplett zu erobern, und dass die großen indianischen Zivilisationen Mittelamerikas ihnen bereits zum Opfer gefallen waren. Er war ganz und gar auf unzuverlässige mündliche Informationen angewiesen.

Atahualpa nahm die Eindringlinge nicht ernst, und als seine Leute zum ersten Mal in ihrem Leben berittene Soldaten erblickten, gerieten sie in Panik. Auch wenn Pizarro selbst möglicherweise Analphabet war, gehörte er doch zu einer Kultur, die die Schreib- und Druckkunst beherrschte und deshalb über einen großen Schatz an detaillierten Informationen über fremde Zivilisationen verfügte. Er war über jede Phase des spanischen Eroberungszuges auf dem Laufenden und nutzte bei seinem Vormarsch die Erfahrungen des Hernando Cortés, der zuvor den Aztekenherrscher Montezuma besiegt hatte. Die Kunde von Pizarros Erfolg verbreitete sich bald in ganz Europa. Ein 1534 erschienenes Buch, in dem einer von Pizarros Leuten die Ereignisse von Cajamarca beschreibt, wurde ein in mehrere Sprachen übersetzter Bestseller. Die Nachfrage nach Informationen war groß und ihr Nutzen offensichtlich.

In den elektronischen und digitalen Medien von heute spielt sich die umfassendste Informationsrevolution aller Zeiten ab. Lange sahen wir den zentralen Zweck des Computers im Denken – in der Erzeugung einer künstlichen Intelligenz, die unsere eigene bei weitem übertrifft. Viele wähnten dieses Ziel so gut wie erreicht, als ein Computer namens Big Blue den Schachweltmeister Gari Kasparow schlug. Heute erkennen wir, dass sich die Technologie in eine andere Richtung bewegt – in Richtung netzwerkbasierter Kommunikation. Immer leistungsfähigere und schnellere Computer ermöglichen unendlich komplizierte und zeitintensive Berechnungen und Simulationen – zum Nutzen von Mathematikern und anderen Forschern. Unser kollektives Wissen wächst exponentiell. Doch den interessantesten Aspekt dieser Entwicklungen stellen die globalen digitalen Netzwerke dar. Eine neue, vorherrschende Medientechnologie kündigt eine neue Welt an.

Das Internet ist ein komplett neues Phänomen: ein Medium, in dem praktisch jeder nach einer vergleichsweise geringen technischen Investition mit wenigen einfachen Schritten zum Produzenten und Konsumenten von Text, Bildern und Klängen werden kann. Es lässt sich kaum etwas denken, was den Menschen mehr Macht verleihen könnte: Im Netz sind wir alle Autoren, Publizisten und Produzenten; unsere Ausdrucksmöglichkeiten sind ebenso unbegrenzt wie unser potenzielles Publikum. Auf Knopfdruck haben wir Zugang zu einer Unzahl unterschiedlichster Informationen. Das Wachstum dieses neuen Mediums ist ohne Vorbild.

Die Grundlagen des Internets wurden bereits in den Sechzigerjahren gelegt, als die US-Verteidigungsinstitutionen beschlossen, ihre Ressourcen durch computergestützte Netzwerke geografisch zu dezentralisieren. Damit sollte die Verwundbarkeit des Verteidigungsapparates im Falle eines Nuklearkriegs mit der Sowjetunion verringert werden. Später wurden US-amerikanische und andere Universitäten an das System angeschlossen, nachdem sich dieses als erstaunlich effektiv in der Organisation gemeinsamer Forschungsprojekte erwiesen hatte. Diese Entwicklung erklärt, warum das Worldwide Web – der spätere Standard für Internetauftritte – nicht in den USA, sondern von Forschern des CERN, der Europäischen Organisation für Kernforschung in der Schweiz, entwickelt wurde.

Erst Ende der Achtzigerjahre, als sich der Personal Computer durchgesetzt hatte und die ersten analogen Modems auf dem Markt waren, wandelte sich das Internet von einem Spezialinstrument für den militärischen und wissenschaftlichen Gebrauch in ein öffentliches Medium. Noch Anfang der Neunzigerjahre war die Zahl der Menschen, die jemals vom Internet gehört hatten, gering. Erst im Dezember 1995 wachte Bill Gates auf und verkündete einen Richtungswechsel seines Unternehmens und die Konzentration auf die zukünftige Vernetzung der bislang zumeist isolierten Computer. Seit dieser Zeit ist das Internet rasant angewachsen. Die Zahl der mit dem Internet verbundenen Computer zu beziffern ist angesichts der exorbitanten Zuwachsraten zwecklos. Was diesbezüglich zu dem Zeitpunkt galt, als dieser Text geschrieben wurde, wird heillos veraltet sein, wenn er gelesen wird.

Auf diese Entwicklung sind diverse Reaktionen möglich. Kritiker halten all das Gerede von IT-Revolutionen und New Economy für albern oder zumindest stark übertrieben. Diese Skeptiker weisen häufig darauf hin, dass weltweit viele IT-Aktien eingebrochen sind und zahlreiche weitere Unternehmen kontinuierlich Verluste schreiben, was langfristig so nicht weitergehen könne. Die Einzigen, die von Computern und der Informationstechnologie profitiert hätten, seien die diversen Berater sowie die Hard- und Softwarehersteller, während die Konsumenten aus ihren beträchtlichen Investitionen kaum oder keinen Nutzen gezogen hätten. Die Wirtschaft insgesamt sei entgegen mancher Voraussagen keineswegs exponentiell gewachsen.

Aus der Sicht der Skeptiker ist die Welt im Wesentlichen dieselbe geblieben. Wir produzieren und verkaufen nach wie vor Hammer und Nägel, und die Banken leihen und borgen immer noch Geld. Einige Büroabläufe haben sich möglicherweise verändert, aber die Bedeutung dieser Veränderungen wird übertrieben. Die meisten Menschen tippen ihre Geschäftsbriefe mittlerweile selbst in den PC, anstatt sie ihren Sekretärinnen auf Band zu diktieren. Ob dies jedoch eine dramatische Verbesserung darstellt, darf bezweifelt werden. Der so genannte E-Commerce ist *business as usual*, auch wenn wir noch so neue Maschinen verwenden. Nach dieser Sichtweise handelt es sich im Wesentlichen um Modeerscheinungen: Es ist schick, die jüngsten Innovationen als Erster einzusetzen, auch wenn ihr konkreter Nutzen möglicherweise zu wünschen übrig lässt. Letztlich spielt es keine Rolle, welche Kommunikationstechnik wir anwenden: Letztlich kommt es immer noch auf den Inhalt an. Alte und bewährte Regeln werden auch in Zukunft ihre Gültigkeit behalten.

Das andere Extrem ist die ekstatische Begeisterung. Wer einmal auf seinem Bildschirm die Erleuchtung fand, ist fortan überzeugt, dass sich alles zum Allerbesten entwickeln wird. Das Internet ist die Lösung aller unserer Probleme: Die Wirtschaft wird für jeden und für alle Zeiten gedeihen, ethnische und kulturelle Konflikte werden sich auflösen und einer globalen, digitalen Gemeinschaft Platz machen. Aufgrund der verfügbar werdenden Informationen werden unsere Bürgerpflichten sinnvoller als je zuvor sein, wodurch das gesamte demokratische System neuen Schwung erhält. In den digitalen Netzwerken finden wir den sozialen Zusammenhalt, den wir heute so häufig vermissen, und die Gesellschaft wird von Harmonie durchdrungen sein. Unterhaltung gestaltet sich dank den unerschöpflichen Möglichkeiten dieser neuen Technologie interaktiver und somit unterhaltsamer als je zuvor.

Der Skeptiker irrt ebenso wie der Enthusiast. Weder radikale Skepsis noch blindes Vertrauen stellen eine nutzbringende Strategie für den beschleunigten Veränderungsprozess dar, in dem wir uns befinden. Beide Sichtweisen zeugen von der fehlenden Bereitschaft zum kritischen Denken und von der Unfähigkeit hinzusehen. Beide stellen keine Analysen oder Prognosen dar, sondern Vorurteile. Eine neue, revolutionäre Kommunikations- und Informationstechnologie wird unweigerlich die Bedingungen unseres gesellschaftlichen, wirtschaftlichen und kulturellen Lebens verändern. Aber sie wird nicht alle unsere Probleme lösen. Etwas anderes anzunehmen wäre naiv. Entwicklung bedeutet, dass wir bestimmte Probleme auf radikal neue Weise behandeln können, uns aber zugleich mit einer ganzen Reihe neuartiger Probleme konfrontiert sehen. Wir können länger und gesünder leben, uns als freier wahrnehmen und mehr von un-

Eine neue, revolutionäre Kommunikations- und Informationstechnologie wird unweigerlich die Bedingungen unseres gesellschaftlichen, wirtschaftlichen und kulturellen Lebens verändern

seren Träumen realisieren. Aber die fundamentalen Konflikte zwischen gesellschaftlichen Klassen und Gruppen werden nicht verschwinden, sondern nur komplexere und undurchdringlichere Muster und Strukturen annehmen.

Veränderungen dieser Art vollziehen sich nicht schlagartig. Der Skeptiker, der triumphierend darauf verweist, dass die globale Wirtschaft nach wie vor in der Hauptsache reale Dinge wie Kühlschränke, Flugzeuge und Gartenmöbel produziert, ist einerseits etwas ungeduldig – wir befinden uns in vieler Hinsicht noch in einem Vorstadium – und andererseits unfähig, die Tragweite des Wandels zu erfassen. Es behauptet niemand, dass der Kühlschrank verschwinden wird, aber die Gegenstände um uns herum werden eine neue Bedeutung und neue Funktionen innerhalb eines vollkommen neuen sozioökologischen Systems übernehmen. So werden Werbekampagnen für Kühlschränke nicht länger auf die Kühleigenschaften der Geräte hinweisen, die für uns längst selbstverständlich sind, sondern auf ihre Fähigkeit, in einem Netzwerk intelligent zu kommunizieren.

Veränderungen brauchen immer eine gewisse Zeit, um ihre volle Wirkung zu entfalten. Revolutionäre Techniken offenbaren ihr wahres Potenzial erst nach einer unvermeidlichen Inkubationszeit. Im Fall der Druckerpresse dauerte es mehr als 300 Jahre, bis sich der Durchbruch einstellte, der die gesellschaftlichen Strukturen dramatisch umwälzte und einem neuen Paradigma den Weg bahnte: dem Kapitalismus. Diese Zeit war erforderlich, damit sich die Kunst des Lesens und Schreibens so weit verbreiten konnte, dass große gesellschaftliche Gruppen davon profitierten. Erst mit der Aufklärung des 18. Jahrhunderts wurde das Denken so modern, der Informationsaustausch so lebhaft und die technische Entwicklung so explosiv, dass sich die ersten Zeichen der Industrialisierung herausbildeten.

Die Kunst des Lesens und Schreibens begann sich im 17. Jahrhundert in ganz Nordeuropa zu verbreiten. Im folgenden Jahrhundert beschleunigte sich die Entwicklung insbesondere infolge des Protestantismus und der Übersetzung der Bibel in diverse nationale Sprachen. Damit waren die Bedingungen für eine völlig neue Art von kritischem öffentlichen Leben geschaffen, als dessen wichtigste Plattform die ersten Zeitungen erkennbar modernen Formats dienten. Neue Veröffentlichungen wie beispielsweise *The Spectator* in England richteten sich an eine gebildete und kosmopolitische Mittelklasse, zu deren Identitätsbildung sie wesentlich beitrugen. Das Ziel der Zeitungen war es, die neuesten Ideen bekannt zu machen und zu diskutieren. In Frankreich entstand die Institution des Salons, in dem Aristokratie und Mittelklasse zusammentrafen und gemeinsam die Zeichen der Zeit studierten. Diese Form der Zusammenkunft verbreitete sich rasch über ganz Europa.

Aber selbst wenn die Entwicklung der Schreibkunst und der Informationstechnologien den Boden für die Veränderungen in der Gesellschaft bereiteten, können sie diese nicht vollständig erklären. Diverse Faktoren müssen zusammenkommen und sich gegenseitig verstärken, damit ein epochaler Wandel in Gang gesetzt wird. Der französische Soziologe Jacques Ellul, dessen Interesse in erster Linie der internen Logik von Technologien und deren Auswirkungen auf unser Lebensumfeld gilt, hat auf eine Reihe zentraler Phänomene hingewiesen. Die erste und wohl offenkundigste Bedingung ist das Vorhandensein eines geeigneten Apparats, der wiederum einen längeren geschichtlichen Prozess voraussetzt. Jede Innovation hat ihre Wurzeln in der vorausgehenden Ära. Die Neuerung besteht in einem technischen Gesamtkomplex – einer Reihe von Erfindungen unterschiedlichster Art, die gemeinsam eine größere Wirkung erzielen als die einzelnen Teile. Im Zeitraum zwischen 1000 und 1750 kam es zu unzähligen Neuerungen, die bereits für sich genommen beachtlich waren, aber jeweils eigene Bereiche betrafen – sie kommunizierten nicht miteinander. Erst nach 1750 begannen die Innovationen ineinander zu greifen, um schließlich in eine weit reichende Industrialisierung zu münden.

Eine weitere wichtige Voraussetzung ist laut Ellul eine stete Zunahme der Bevölkerung. Diese führt dazu, dass der gestiegene Bedarf nicht ohne Wachstum gedeckt werden kann. Die Not ist die Mutter der Innovation. Eine größere Bevölkerung bietet zudem bessere Bedingungen für Forschung und technische und wirtschaftliche Entwicklung, weil einerseits die Märkte größer sind und andererseits genügend Menschen für Experimente mit unterschiedlichen Produkten zur Verfügung stehen. Eine dritte Bedingung ist, dass an das zugleich stabile und dennoch in mancher Hinsicht in Auflösung befindliche wirtschaftliche Umfeld zwei konkrete und zumindest teilweise widersprüchliche Anforderungen gestellt werden. Eine stabile Grundlage erlaubt wissenschaftliche Experimente, die notwendig, aber kurzfristig unrentabel sind, während auf der anderen Seite Raum für rasche und tief greifende Veränderungen und die Bereitschaft existieren, neue Denkweisen anzustoßen und aufzugreifen. Die vierte Bedingung, der laut Ellul vermutlich die wichtigste Rolle zukommt, betrifft das gesellschaftliche Klima selbst, in welchem diverse religiöse und ideologische Tabus ihre Gültigkeit verlieren und jede Form des gesellschaftlichen Determinismus aufgehoben ist. Ausschlaggebend für den Prozess der Industrialisierung war beispielsweise der Umstand, dass traditionelle Vorstellungen von »Natürlichkeit« einer gründlichen Überprüfung unterzogen wurden. Weder die Natur selbst noch die hierarchischen gesellschaftlichen Strukturen galten fortan als heilig oder unverletzlich.

Die Wahrnehmung des Menschen und seines Platzes in der Welt veränderte sich radikal. Das Individuum erhielt einen neuen Status, während die Erörterung der Freiheiten und Rechte des Einzelnen die bislang geltenden Vorstellungen von natürlichen Gruppierungen und Klassen untergrub. Plötzlich eröffneten sich ungeahnte Möglichkeiten für den gesellschaftlichen Fortschritt und die Verbesserung des Lebensstandards. Die Befreiung des Individuums und die Verbesserung der technologischen Effizienz arbeiteten Hand in Hand. Es entstand eine historische Resonanz, bei der sich verschiedene Faktoren gegenseitig dramatisch verstärkten. Die mittleren Gesellschaftsschichten wurden für ihre Anpassungsbereitschaft belohnt und profitierten am meisten von dieser Situation. Damit wurde die Mittelschicht zur dominierenden Klasse im kapitalistischen Paradigma.

Die industrielle Revolution bedeutete, dass die menschliche Körperkraft durch den Einsatz von Maschinen um ein Vielfaches verstärkt wurde. Die digitale Revolution bedeutet, dass die menschliche Denkkraft durch ihre Einbindung in elektronische Netzwerke in unvorstellbarem Ausmaß erweitert wird. Aber noch sind wir nicht an diesem Punkt angelangt: Die nötigen Voraussetzungen sind noch nicht gegeben. Zwar beschleunigt sich die Technologie in atemberaubendem Tempo, aber wir Menschen sind langsam. Wieder einmal hindern uns diverse religiöse und ideologische Tabus. Wieder einmal steht eine Periode der notwendigen kreativen Zerstörung an. Diese Entwicklung lässt sich kaum steuern. Die Geschichte zeigt, dass sich jede wichtige neue Technologie ihren Weg völlig unabhängig von dem bahnte, was ihre Urheber möglicherweise im Sinn hatten. Um die Worte des Kommunikationstheoretikers Neil Postman zu gebrauchen: Die Technologie spielt ihr eigenes Blatt aus.

Die Technologie beschleunigt sich in atemberaubendem Tempo, aber wir Menschen sind langsam

Nehmen wir beispielsweise die Uhr – auf den ersten Blick ein neutrales und unschuldiges Gerät, in Wirklichkeit jedoch eine kleine Teufelsmaschine, die Sekunden und Minuten erzeugt und unserer Zeitwahrnehmung eine ganz neue Bedeutung verliehen hat. Die ersten Prototypen wurden während des 12. und 13. Jahrhunderts von Benediktinermönchen zu dem Zweck entwickelt, der klösterlichen Routine eine gewisse Stabilität und Regelmäßigkeit zu geben – insbesondere mit Blick auf die vorgeschriebenen sieben täglichen Gebetsstunden. Die mechanische Uhr verband Frömmigkeit mit Präzision. Aber die Uhr ließ es nicht dabei bewenden. Sie breitete sich bald über die Klostermauern hinaus aus. Auch wenn sie weiterhin die klösterliche Gebetsordnung geregelt haben mag, wurde sie doch vor allem ein Instrument, das die täglichen Verrichtungen gewöhnlicher Menschen strukturierte und lenkte. Sie wurde mit anderen Worten zu einem Grundpfeiler des Kapitalismus. Diese Gott gewidmete Erfindung machte sich selbstständig und wurde zu einem der treuesten Diener Mammons.

Dasselbe passierte mit der Druckerpresse. Der fromme Katholik Gutenberg hätte sich sicherlich nicht träumen lassen, dass seine Erfindung einst genutzt werden würde, der Autorität des Papstes einen entscheidenden Schlag zu versetzen und der protestantischen Ketzerei Vorschub zu leisten, indem sie Gottes Wort allen zugänglich und somit jeden zu seinem eigenen Deuter der Bibel machte. Als die Informationen allgemein zugänglich wurden, war die natürliche, wenn auch unvorhergesehene Folge, dass diverse akzeptierte »Wahrheiten« in Zweifel gezogen wurden. Seit dem 18. Jahrhundert entwickelte sich auf der Grundlage des gedruckten Wortes der moderne Rationalismus zusammen mit der Vorstellung vom gebildeten Bürger. Das Ziel war die Ausrottung jeder Form von Aberglauben – darunter Religion und Monarchie. Um mit dem französischen Aufklärer Denis Diderot zu sprechen: »Die Menschheit wird nicht frei sein, bevor nicht der letzte König mit den Gedärmen des letzten Priesters erwürgt wurde.«

Solange Wissen ein seltenes, auf wenige Privilegierte beschränktes Gut darstellte, war es undenkbar, dass sich Ideen wie diese im großen Stil verbreiteten. Nun aber wurde daraus nach einer Inkubationszeit von über 200 Jahren eine Massenbewegung. Die Technologie verselbstständigte sich und veränderte alles. Als die Druckerpresse begann, ihr volles Potenzial zu entfalten, handelte es sich nicht länger um das alte, um eine nette Erfindung bereicherte Europa, wie Postman dargelegt hat, sondern um ein völlig neues, in neuen Bahnen denkendes und handelndes Europa. Der Fortschritt war entdeckt worden, der geschichtliche Prozess wurde klarer, und allgemeiner Menschenverstand und die Wissenschaften befreiten die Menschen aus der Finsternis der Unwissenheit und hoben allmählich den Lebensstandard. Eine neue Sichtweise von der Welt und dem Menschen war geboren.

Eine neue, dominante Informationstechnologie verändert alles, angefangen bei der Sprache. Das geschieht teils in Form von Wortneuschöpfungen und teils – dies ist der interessantere und zugleich problematischere Aspekt – in Form einer Umdeutung bestehender Wörter. Mit der Sprache verändert sich auch unser Denken. Neue Technologien führen zur Neudefinition fundamentaler Konzepte wie Wissen und Wahrheit; es etablieren sich neue Standards dessen, was als wichtig, möglich oder real wahrgenommen wird. Die Realität nimmt neue Ausdrucksformen an. Das ist es, was Neil Postman meint, wenn er von einem »Umweltwandel« spricht, den die Gesellschaft durchläuft. Die Technologie rüttelt das Kaleidoskop unseres intellektuellen Umfelds und unserer Ideenwelten auf und erzeugt neue und unvorhergesehene Muster. Ein neues gesellschaftliches, kulturelles und ökonomisches Paradigma stellt sich ein.

Das Paradigma definiert, welche Gedanken denkbar sind – ganz wörtlich verstanden. Das Paradigma steht für eine Gruppe von vorgefassten Meinungen und Werten, die von den Mitgliedern einer bestimmten Gesellschaft geteilt werden. Nehmen wir ein Beispiel: Solange »jeder« zu einem bestimmten Zeitpunkt überzeugt ist, dass die Welt eine Scheibe ist, sind Überlegungen zur Umsegelung der Welt zwecklos. Als Kopernikus erklärte, die Erde kreise in Wirklichkeit um die Sonne, hielten ihn viele Menschen für verrückt. Das überrascht nicht. Wer sich über Kopernikus' Kritiker im Nachhinein lustig macht, offenbart nur seine Unkenntnis über die Funktionsweise eines Paradigmas. Wir können die Position der Kritiker des Kopernikus nicht kategorisch für falsch erklären, denn was sie mit dem Begriff »Erde« meinten, war tatsächlich ein fester Punkt im Raum. Der Begriff trug noch seine alte Bedeutung, der Paradigmenwechsel hatte noch nicht stattgefunden, und das Denken der Menschen spielte sich noch in den alten Bahnen ab.

Dasselbe geschah im Übergang von der Newton'schen zur Einsteinschen Physik. Viele Menschen lehnten Einsteins allgemeine Relativitätstheorie aus dem einfachen Grund ab, dass sie das Konzept Raum als »biegbar« darstellte, das nach dem alten Paradigma konstant und homogen war. Das war absolut notwendig – hätte der Raum nicht eben diese Eigenschaften gehabt, hätte die Newton'sche Physik nicht funktionieren können. Und weil die Newton'sche Physik so lange funktioniert hatte, konnte sie nicht einfach aufgegeben werden. Es entstand also eine Situation, in der zwei Paradigmen miteinander konkurrierten.

Aber eine Person kann nicht gleichzeitig zwei einander widersprechenden Paradigmen anhängen. Sie muss sich entscheiden. Die Erde kann nicht zugleich beweglich und unbeweglich sein; Raum kann nicht gleichzeitig flach und gekrümmt sein. Deshalb muss sich der Wechsel eines einzelnen Menschen von einem Paradigma zum anderen augenblicklich und vorbehaltlos vollziehen. So wie der japanische Soldat, der den Dschungel verlässt und plötzlich erkennt, dass er jahrelang in einer Illusion gelebt hat: Nicht Krieg, sondern Frieden ist der Status quo, und Japan wurde zur treibenden Kraft im asiatischen Wirtschaftswunder. Wir argumentieren hier qualitativ und nicht quantitativ. Der Wechsel vom alten zum neuen Paradigma erschöpft sich nicht darin, dass wir Informationen hinzugewinnen und unser Faktenwissen vermehren, sondern dass sich im Lichte der neuen Fakten und der neu interpretierten bekannten Fakten unsere gesamte Weltsicht verändert. Und sobald wir erkannt haben, dass unsere bisherige Weltsicht veraltet und zur Erklärung schwieriger und zugleich unübersehbarer Phänomene ungeeignet ist, ist es an der Zeit, große Mengen überholten Wissens abzustoßen. Das ist eines der Opfer, die uns ein Paradigmenwechsel abverlangt.

Aus einem engeren Blickwinkel betrachtet finden wir eine ähnliche Situation bei jemandem, der versucht, sich in der Welt zurechtzufinden, wie sie sich heute mittels elektronischer Netzwerke manifestiert. Das Problem besteht nicht länger in einem Mangel an Informationen, sondern in deren unkalkulierbarem Überschuss. Bei zahlreichen scheinbar neuen Informationen und Ideen handelt es sich möglicherweise um Nachrichten von gestern oder sogar um kompletten Unsinn, der uns in eine Zeit und Ressourcen verschlingende Sackgasse lockt. Erfolgsrezepte veralten rasch. Es ist nur menschlich, sich an alte Strategien zu klammern, die sich einstmals bewährt haben und auf die zu verzichten umso schwerer fällt. Wer eine erfolgreiche Geschäftstätigkeit aufgebaut oder sich im Leben einigermaßen bequem eingerichtet hat, wird selten die Notwendigkeit erkennen, alles aufzugeben und von vorn zu beginnen.

An diesem Punkt geschieht heute etwas völlig Neues. Früher garantierte das neue Paradigma, das sich nach einer längeren oder kürzeren Periode der Erschütterungen einstellte, dass wir wieder festen Boden unter die Füße bekamen. Heute müssen wir jedoch lernen, auf diesen Luxus zu verzichten; wir müssen uns an den Wandel als die einzige Konstante in unserem Leben gewöhnen. Alles ist im Fluss. Die gesellschaftliche und wirtschaftliche Stabilität, wie sie einst Ideal und Norm war, wird zunehmend zur Ausnahme und zum Zeichen der Stagnation. Es reicht nicht, dass wir denken oder auf neue Weise denken; wir müssen vielmehr ständig unser Denken revidieren und alte Denkweisen über Bord werfen. Kreative Zerstörung macht niemals Halt.

Wir müssen unser Denken ständig revidieren und alte Denkweisen über Bord werfen

In der Welt der Wissenschaftsphilosophie, in der das Konzept des Paradigmas erstmals formuliert wurde, spricht man von Anomalien und Krisen. Anomalien sind Phänomene, die unerwartet eintreten und sich nur schwer mit dem gegenwärtigen Paradigma in Einklang bringen lassen. Wir sehen sie heute überall um uns herum: in Gesellschaft, Kultur, Medien und Wirtschaft. Die Voraussetzungen der Politik verändern sich in Schwindel erregendem Tempo. Die ideologischen Landkarten von gestern haben nichts mehr mit der Realität von heute zu tun. Ganze Medienbranchen und -imperien brechen vor unseren Augen zusammen. Das Arbeitsleben durchläuft einen revolutionären Prozess, der praktisch all unsere alten Vorstellungen von sicherer Anstellung, automatischer Beförderung und hierarchischer Struktur zerstört. Jugendliche, die noch nicht trocken hinter den Ohren sind und seltsame Fetzen tragen, verdienen oder verlieren mit Geschäften, von denen die meisten ihrer Geldgeber nicht die geringste Vorstellung haben, innerhalb weniger Monate Millionen.

Wenn viele Anomalien geschehen, sind zwei Reaktionen möglich. Wir können versuchen, die neuen Phänomene in das alte Erklärungssystem zu pressen. Das haben die Menschen in der Wissenschaft stets getan: Sie haben die alten Theorien angepasst und korrigiert, wie schon das alte ptolemäische astronomische System mit der Erde in der Mitte und den anderen Himmelskörpern darum herum. Die alten Theorien lassen sich eine Weile aufrechterhalten, bis schließlich allzu offensichtlich wird, dass ihre

Vorhersagen nutzlos geworden sind. Dann sehen wir uns notgedrungen mit der einzig verbleibenden Option konfrontiert: Wir müssen erkennen, dass das alte System ausgedient hat, selbst wenn noch kein neues System verfügbar ist. In diesem Fall sprechen wir von einer Krise. Deren Botschaft besteht darin, deutlich zu machen, dass die Zeit für ein neues Denken gekommen ist. Und an diesem Punkt befinden wir uns heute – inmitten der Krise, die entstanden ist, nachdem sich das alte kapitalistische Paradigma als obsolet herausgestellt hat, ohne dass bereits ein neues System genügend Anhänger um sich geschart hat, um als allgemein akzeptiertes Erklärungsmodell dienen zu können. Viele Menschen sind immer noch damit beschäftigt, das alte System zu ergänzen und zu reparieren, anstatt in neuen Bahnen zu denken. Trotzige Skepsis hinsichtlich der Frage, wie neu das Neue in Wirklichkeit ist, sowie blinder Glaube an das Neue (wonach sich in Zukunft alles automatisch zum Besten wenden wird) zählen nicht als neues Denken.

Über die Zukunft zu schreiben ist unglaublich problematisch, eben weil sie noch nicht existiert. Wir können bestenfalls mehr oder weniger qualifizierte Vermutungen anstellen. Wer versteht, wie sich dominante Informationstechnologien in der Geschichte ihren Weg gebahnt haben und wie die Dynamik innerhalb von und zwischen den digitalen Netzwerken funktioniert, verfügt über die bestmöglichen Voraussetzungen, um sich die wesentlichen Punkte der gegenwärtigen Revolution bewusst zu machen. Zu Beginn wollen wir zwei Thesen aufstellen. Der ersten zufolge entwickelt sich gegenwärtig ein neues gesellschaftliches, kulturelles und ökonomisches Paradigma. Die Hauptursache ist die fortgesetzte Revolution im Informationsmanagement: Digitalisierung und die erstaunlich rasche Entwicklung elektronischer Netzwerke. Eine unmittelbare Folge ist die drastische Veränderung unserer mentalen Umwelt, die wiederum eine ganze Reihe notwendiger Anpassungen nach sich zieht. Und zweitens behaupten wir, dass die Form des in der Entstehung begriffenen Paradigmas nicht fest, sondern fließend sein wird. Wir entwickeln nicht nur neue gesellschaftliche Normen; es handelt sich vielmehr um eine ganz neue Art von Norm. Der Japaner im Dschungel war schlecht informiert und führte in seinem Kopf seinen eigenen privaten Weltkrieg. Aber seine Bedingungen waren alles andere als optimal. Wir hingegen können niemandem außer unserer eigenen Trägheit und Dummheit die Schuld geben, wenn es uns nicht gelingt, ein vergleichsweise klares Bild von dem Geschehen um uns herum zu zeichnen und die richtigen Schlüsse daraus zu ziehen. Denn eines können wir mit Bestimmtheit festhalten: Es werden nicht die Sanftmütigen sein, die die Erde erben.

2

Feudalismus, Kapitalismus und Informationalismus

Die Sanftmütigen und Zaghaften haben freilich noch nie viel abbekommen. Zu allen Zeiten gehörten Macht und Ruhm den Zupackenden und den Fleißigen mit einem Gespür für klimatische Veränderungen in ihrem Umfeld. Denjenigen, die sich für die eigenen Interessen und die Belange ihrer Gruppe stark machten und zudem das Glück hatten, dass die historischen Entwicklungen ihnen in die Hände spielten. Jeder Paradigmenwechsel bringt seine eigenen Gewinner und Verlierer hervor. Die veränderten Entwicklungsbedingungen und neu angepassten gesellschaftlichen Statuskriterien begünstigen neu aufsteigende gesellschaftliche Klassen und benachteiligen andere. Um die Implikationen des gegenwärtigen Übergangs vom Kapitalismus zum Informationalismus zu verstehen, kann es hilfreich sein, einen Blick auf den letzten vergleichbaren Paradigmenwechsel vom Feudalismus zum Kapitalismus zu werfen und die damals erfolgte Neuverteilung der Macht mit der heute stattfindenden zu vergleichen. Wie wir feststellen werden, sind die Parallelen so zahlreich und so vielschichtig, dass wir nicht umhinkönnen, das heutige Geschehen als einen echten Paradigmenwechsel vergleichbarer Größenordnung zu definieren.

Wir können diese wiederkehrenden Muster der geschichtlichen Entwicklung grafisch veranschaulichen. Am besten eignet sich in diesem Zusammenhang das mobilistische Diagramm (siehe Abbildung). In Anlehnung an die Arbeiten von Philosophen wie Friedrich Nietzsche und Charles Darwin aus dem 19. Jahrhundert oder den Machttheoretikern Gilles Deleuze und Michel Foucault aus dem späten 20. Jahrhundert wollen wir von der Vorstellung von Existenz als einem fortdauernden Konflikt zwischen einer Vielzahl unterschiedlicher Kräfte ausgehen. Diese Kräfte stehen in permanenter Opposition zueinander, bedingen sich dabei gegenseitig und definieren sich über eben diese Opposition. Entscheidend sind nicht die Kräfte selbst, sondern die Spannungen zwischen ihnen – wie Machtpositionen gewahrt bleiben oder sich verschieben und der ewige Kampf zwischen ihnen. Die wichtigsten Begriffe sind hier Interaktion, Konfrontation und Kommunikation. Indem wir diese komplexen Beziehungen bildhaft wiedergeben, können wir sie leichter erkennen und verstehen.

Innerhalb des mobilistischen Diagramms können wir die Ebene des Existenzkonflikts nach Nietzsche und Darwin um eine dritte Dimension erweitern: eine Zeitachse, die es ermöglicht, zu jedem gegebenen Zeitpunkt denjenigen Wert zu bestimmen, um den der Konflikt kreist. Mit

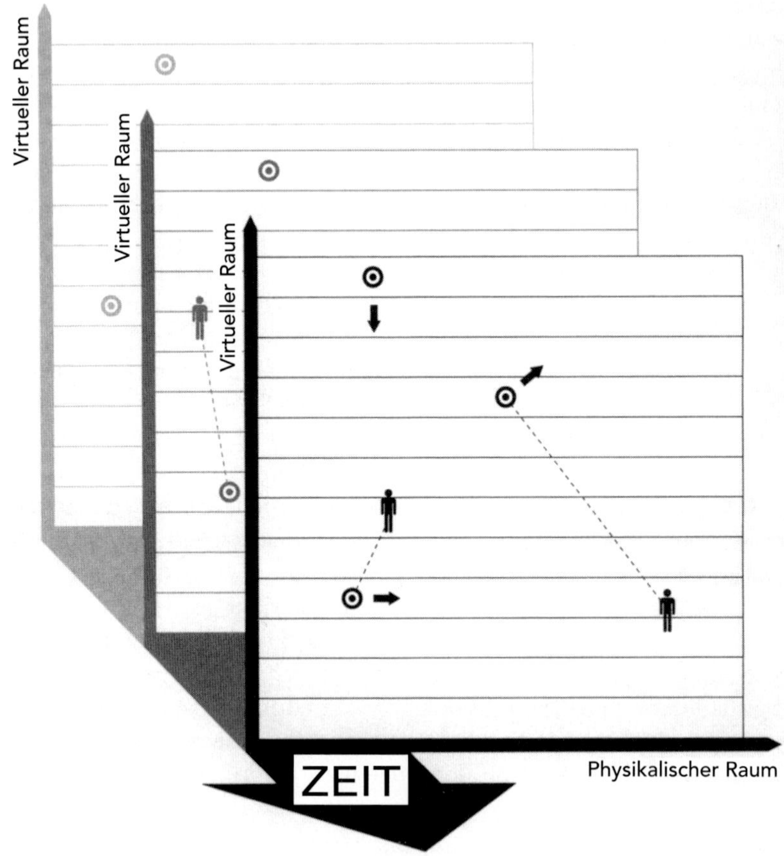

Diagramm der mobilistischen Macht

anderen Worten: Wir sprechen über einen angenommenen Punkt, den wir genau deswegen identifizieren können, weil wir uns als Beobachter der Tatsache bewusst sind, dass wir uns selbst ständig im Fluss befinden – sind wir doch als Betrachter ebenso wie jeder andere Akteur eine Kraft in diesem Feld. In diesem Konflikt geht es um Macht. Je näher eine Interaktion zwischen zwei komplementären und/oder gegensätzlichen Kräften in dieser zusätzlichen Dimension des mobilistischen Plans dem angenommenen Punkt kommt, desto mehr Macht steht zur Disposition.

Dieser angenommene Punkt ist nicht der einzige Wert, um den ein Konflikt existiert, sondern der zentrale Wert der Gesellschaft – das definierende Merkmal des jeweils gültigen Paradigmas. Dieser Wert ist gewissermaßen die »Religion der Zeit« oder das »Axiom der Zeit«; er umfasst die jeweils gültigen Grundannahmen zur Struktur des Daseins – die allgemein akzeptierte und deshalb gesellschaftlich funktionale Weltsicht. Dieser angenommene Punkt gibt uns Orientierung; mit seiner Hilfe können wir uns auf das aktuelle Geschehen konzentrieren. Weil die herrschenden Klassen und andere Interessengruppen stets viel Mühe darauf verwandt haben, diesen angenommenen Punkt als nicht nur angenommen, sondern real – und somit als ewige Wahrheit – darzustellen, wird die Tatsache, dass es sich lediglich um einen angenommenen Punkt handelt, zu einer hoch sensiblen Angelegenheit. Die Erkenntnis, dass es sich lediglich um einen angenommenen Punkt handelt, zieht uns den Boden unter den Füßen weg, so dass uns schwindlig wird. Verbreitete Redewendungen wie »Eines weiß ich mit Sicherheit ...« illustrieren das Problem. Wir sind bereit zuzugeben, dass unser Wissen beschränkt ist, aber wir legen Wert darauf, dass wir bestimmte Dinge sicher wissen, damit wir uns an ihnen orientieren können.

Innerhalb des mobilistischen Diagramms ist Macht ein bewegliches Phänomen ohne inhärenten Wert – ein neutraler Begriff. Macht wandert in alle Richtungen, wird errungen und entrissen. Definitionen müssen je nach Situation stets neu überprüft werden. Was ist was? Welche Kraft ist welche? Lassen sie sich auseinander halten, auch wenn sie sich aufeinander zu bewegen, ineinander übergehen? Wir sehen von den Seitenlinien einem fieberhaften Gerangel zu, um Status und um Fragen wie: Wer erzeugt was, wer kontrolliert wen, wer definiert was und warum? Stets begleitet von der Frage: Zu welchem Preis und auf wessen Kosten?

Die Beziehungen zwischen den Kräften – ihre Interaktionen – bilden den Kern, um den es geht. Der Herr existiert nicht ohne den Knecht, wie auch der Knecht nicht unabhängig vom Herrn existieren kann. Alle sind aufeinander angewiesen. Erst die Knechtschaft des Knechtes macht den Herrn zum Herrn. Beide befinden sich im ewigen Wettstreit um jene Anerkennung, die laut G. W. F. Hegel, einem weiteren großen Philosophen des 19. Jahrhunderts, der Motor ist, der den gesamten geschichtlichen Prozess antreibt. Hegel zufolge löste der Wunsch nach Anerkennung durch andere in den frühesten gesellschaftlichen Gruppierungen jenes Prestigegerangel aus, das schließlich in die Unterteilung der Menschheit in unterschiedliche Klassen mündete. Diese Kämpfe dauern an und halten die Gesellschaft in Bewegung, solange verschiedene Gruppen der Meinung sind, sie verdienten mehr Einfluss und einen höheren Status, als sie gegenwärtig genießen.

Zu einem Paradigmenwechsel kommt es, wenn die angenommene Konstante sich bewegt und eine qualitative Neudefinition erfährt. Es ist keine Übertreibung, wenn wir diese Veränderung in den zugrunde liegenden Werten mit einem geschichtlichen Erdbeben vergleichen. Alle anderen Faktoren der Konfliktarena sind grundlegend betroffen, wenn sich der Ursprungspunkt, um den die Gesellschaft kreist, plötzlich in Bewegung setzt. Die Folge ist, dass die Beteiligten nicht länger glauben, es gäbe etwas, das sie sicher wüssten. Alles gerät in Bewegung. Einige ältere Akteure halten verbissen an ihren bisherigen Rollen fest und werden mitsamt dem ehemals zentralen Punkt an den Rand gedrückt. Neue Kräfte – neue Akteure – betreten die Arena und entfachen einen neuen Kampf um den Punkt, zu dem sich der angenommene Wert hinbewegt. Sobald sich der Schock gelegt hat, müssen sich die alten Akteure neue, weniger eindrucksvolle Rollen suchen.

Zu einem Paradigmenwechsel kommt es, wenn die angenommene Konstante sich bewegt und eine qualitative Neudefinition erfährt

Diese plötzliche Bewegung des angenommenen Punktes ruft unmittelbar den starken Widerstand jener hervor, die ihre Position für bedroht halten. Wenn Menschen und gesellschaftliche Klassen merken, dass die Konstante, um die sich ihr gesamtes bisheriges Leben gedreht hat und die die Grundlage ihrer Identität bildet, in Bewegung ist, reagieren sie in der Regel zuerst mit entschiedener Leugnung: »Das kann nicht sein!« Verstärkt wird dies dadurch, dass die alten Autoritäten, auf die sich bislang alle verlassen haben, ein sehr verworrenes Verständnis vom aktuellen Geschehen haben. Ein gutes Beispiel für einen solchen Prozess in der westlichen Welt seit dem Übergang vom Feudalismus zum Kapitalismus bilden die destruktiven Konflikte um die Vorstellung von Gott und den unvermeidlichen Tod Gottes. Mit jeder gedanklichen Barriere in unserer Weltsicht, die von Wissenschaftlern eingerissen, und mit jeder neuen Grenze, die überschritten worden ist, wurde Gott von seiner großen, aber stetig schwindenden Anhängerschar einen Schritt weiter ins Unbekannte zurückgedrängt. Zuerst lebte Gott über dem Firmament, dann jenseits der Sonne und der Planeten, anschließend hinter den Sternen, um schließlich ganz aus Zeit und Raum hinausgeworfen zu werden. Aber er musste um jeden Preis überleben. An hinfällige Paradigmen gekoppelte Axiome zeigen häufig eine bemerkenswerte Zähigkeit, vor allem in marginalisierten Gruppen und Klassen.

Viele Menschen haben Schwierigkeiten zu verstehen, dass der Gottesbegriff ein Relikt aus einem obsoleten Paradigma ist, in dem er einen spezifischen Zweck erfüllte – zum Nutzen bestimmter Interessengruppen und auf Kosten anderer. In der feudalen Gesellschaft war Gott, in mobilistischen Begriffen gesprochen, eine angenommene Konstante, deren Existenz nicht in Frage gestellt wurde. Wer nur an der Oberfläche dieser Konstante kratzte, konnte mit dem Tod bestraft werden. Mit dem Übergang zum Kapitalismus fielen die festen Strukturen, die die Gottesvorstellung trugen, in sich zusammen. Als sich der zentrale Wert zu bewegen begann, gaben die scheinbar unerschütterlichen Fundamente plötzlich nach. Gottes Größe wurde relativ, und es wurde möglich, seine Existenz in Frage zu stellen. Die Christenheit begann an ihrer eigenen Legitimation zu zweifeln und verfiel in eine Krise, aus der sie sich niemals wieder erholte. Was für uns heute Phantome und Dämonen sind, hatte einst einen sehr realen Einfluss auf das Leben der Menschen. Das ist keine Frage der Theologie oder mangelnder Beweise für die Existenz Gottes, sondern eine Frage der Macht. Die Autorität der Monarchie ebenso wie der Kirche beruhte letztlich auf der Existenz von etwas, das Gott genannt wurde; Gott war die angenommene Konstante und durfte darum unter keinen Umständen in Frage gestellt werden. Wären Zweifel zugelassen worden, hätte die Gefahr bestanden, dass die gesamte Machtstruktur in sich zusammenfiel.

Die beharrliche Leugnung jeder Bewegung der angenommenen Konstante und die Weigerung, den religiösen Anspruch aufzugeben, hatte zur Folge, dass der Atheismus den Status eines neuen Axioms erhielt und ein oppositionelles und effektives Werkzeug zur Machtaneignung durch das sich entwickelnde Bürgertum wurde. Das zeigt sich besonders deutlich im spektakulärsten gesellschaftlichen Experiment des kapitalistischen Paradigmas: dem kommunistischen Projekt. Der Kommunismus war eine invertierte Form des Christentums: ein Ausdruck des uralten Traums vom Himmel auf Erden, wie er für die damalige Zeit typisch war. Der kommunistische Glaube war inspiriert von der Vorstellung einer gesellschaftlichen Verbesserung nicht durch göttliches, sondern durch menschliches Wirken. Der neue Staat sollte das Werkzeug sein, der neue, durch und durch rationale und vernünftige Mensch das Ziel. Diesem Traum fielen ganze Nationen und Kontinente zum Opfer; zwischen 85 und 100 Millionen Menschen (aus offensichtlichen Gründen sind genauere Angaben schwer erhältlich) wurden in Friedenszeiten im Interesse der guten Sache abgeschlachtet.

Dass es noch heute Menschen gibt, die den Kommunismus verteidigen, erklärt sich daraus, dass wir es mit einem religiösen Glauben zu tun haben, dessen Irrationalität einen blinden Fleck in der ansonsten uneingeschränkten Beschwörung der Logik darstellt. Die Macht dieses Glaubens war ein Abbild seiner ursprünglichen Gegenkraft, der organisierten Religion, die sich – in Russland, China und Lateinamerika – bis zum Äußersten an ihre Macht klammerte. Hätte sich der letzte russische Zar öffentlich zum Atheismus bekannt, hätte er dem Kommunismus möglicherweise vieles von seiner Attraktivität genommen und so die Russische Revolution verhindert. Der Dämon der angenommenen Konstante ist so stark, dass sogar sein Widerpart – und somit sein Äquivalent im folgenden Paradigma – einen fast magischen Einfluss auf unser Denken ausübt.

Während des gegenwärtigen Übergangs vom Kapitalismus zum Informationalismus können wir diverse Parallelen zu den Verschiebungen beobachten, die während des letzten Paradigmenwechsels erfolgten. Charakteristisches Merkmal des Kapitalismus – sein blinder Fleck, seine angenommene Konstante – war das Projekt Mensch. Interessanterweise ist das Projekt Mensch in seiner reinsten Form als Projekt des Individuums bis in eine Höhe getragen worden, wo es als letzter Rettungsring für Humanisten und andere Menschheitsgläubige fungiert, die hilflos zwischen den Trümmern im Meer treiben, nachdem der Kommunismus und andere einst glorreiche Teile des Projekts eins nach dem anderen gekentert sind.

Das erklärt, warum sich all die politischen Ideologien des Kapitalismus während der letzten Phase des Paradigmas in den Präambeln ihrer Manifeste stolz zum fundamentalen Glauben an das »Individuum« bekennen. Unter äußerem Druck ist der Kapitalismus zu seiner Kindheit zurückgekehrt und nimmt bei seinen philosophischen Ursprüngen Zuflucht: bei vorindustriellen Denkern wie René Descartes oder Francis Bacon. Wir beobachten verzweifelte Versuche, das Projekt in der Gestalt des Hyperindividualismus erneut zu etablieren, auch wenn es gleichzeitig unablässig demontiert wird. Seine Anhänger scheinen zu glauben, es reiche, laut genug zu schreien, um den Leichnam wieder zum Leben zu erwecken. Dieses ideologische Frankenstein-Monster hört auf den Namen Libertarismus.

Wie sich die protestantischen Erweckungsbewegungen, die mit dem Siegeszug der Aufklärung entstanden, als Supernova-Phänomene – ein plötzliches Aufflackern jener Fixierung auf die alte angenommene Konstante – deuten lassen, so finden wir heute ähnliche Supernovae im Paradigmenwechsel vom Kapitalismus zum Informationalismus. Hyperegoismus, Hyperkapitalismus und Hypernationalismus sind Beispiele für diese Art von Supernova-Phänomen. Zu dieser Entwicklung kam es, weil das gesamte Projekt Mensch, die Überhöhung von Individuum, Staat, Kapital und allen ihren Abkömmlingen – akademische, künstlerische, wissenschaftliche und kommerzielle Projekte –, die fundamentalen Axiome des kapitalistischen Paradigmas bildeten. Diese Werte wurden als ewig gültig und als Garant für Stabilität angenommen, sind aber mittlerweile in Bewegung. Der große Kampf hat gerade erst begonnen, und der Tod des Projekts Mensch wird sich wie die Beerdigung Gottes noch eine Weile hinziehen und von zuckenden Krämpfen begleitet sein. Ein Blick auf die mit dem Projekt verknüpften Interessen und die investierten Ressourcen genügt, um das Ausmaß des gesellschaftlichen Traumas zu erkennen, das die gerade erst einsetzenden Entwicklungen zur Folge haben werden. Das kann nicht geschehen; das darf nicht geschehen! Und dennoch: Der Zusammenbruch ist unvermeidlich, schon aus dem einfachen Grund, dass dieses Projekt untrennbar mit einem Paradigma verknüpft ist, das sein Verfallsdatum erreicht hat.

Natürlich ist es schwierig, bereits an diesem Punkt die angenommene Konstante des neuen Paradigmas zu bestimmen oder die Kräfte zu identifizieren, die miteinander um die Macht ringen werden. Eine gegenwärtige Analyse von unserer Position inmitten des Tornados des Paradigmenwechsels aus kann niemals etwas anderes sein als ein Geflecht qualifizierter Mutmaßungen. Solange die angenommene Konstante in Bewegung ist – und das wird noch lange der Fall sein –, sind unkalkulierbar viele Variablen beteiligt, was an einen Meteorologen erinnert, der versucht, eine Wettervorhersage für mehrere Jahre zu erstellen. Das bedeutet nicht, dass jede Analyse uninteressant und überflüssig wäre. Im Gegenteil. Eine kritische Untersuchung der bestehenden Machtstrukturen ist zu keinem Zeitpunkt wichtiger, als wenn sich eine neue Klassengesellschaft herausbildet. Hier hat der Beobachter zum einzigen Mal die Gelegenheit, im Kampf rund um die angenommene Konstante eine aktive Rolle zu spielen. Für die Analyse selbst besteht die Chance, zu einem konstruktiven Teil des analysierten geschichtlichen Prozesses zu werden und als ein Faktor unter vielen die betrachteten Ereignisse zu beeinflussen.

Sogar bevor die angenommene Konstante einen neuen Fixpunkt erreicht hat, beginnt sich um diesen Punkt eine Kraft – die Saat einer neuen dominierenden Klasse – zu formieren. Aber ist es wirklich möglich, von einer neuen dominierenden Klasse zu sprechen, nur weil sich die angenommene Konstante bewegt hat? Selbst wenn diese Konstante ihren Charakter verändert hat, bedeutet das zwangsläufig, dass sich die dominierende Kraft in der Gesellschaft verändern muss? Müssen wir nicht vielmehr annehmen, dass eine dominierende Klasse, die feststellt, dass die für ihre Position zentrale Konstante Kurs auf einen neuen Fixpunkt genommen hat, diesen neuen Punkt ausfindig macht, sichert und zur eigenen neuen Position ausbaut? Die alte dominierende Klasse würde dabei zur neuen dominierenden Klasse, wenn auch in neuem Gewande. Mehrere Gründe verhindern jedoch ein solches Szenario.

Erstens sind die Menschen vom Wesen her konservativ veranlagt. In diesem Kontext kennen wir den psychologischen Terminus der kognitiven Dissonanz, die, vereinfacht gesagt, einen Zustand beschreibt, in dem wir an alten Glaubensgrundsätzen festhalten, obgleich diese im Widerspruch zu uns bekannten Tatsachen stehen. Diese menschliche Neigung erklärt sich aus unserer Anhänglichkeit an Bekanntes und Vertrautes, das uns mentales Wohlbehagen bereitet. Die Folge ist eine intellektuelle Trägheit: Wir sind eher zu Anstrengungen bereit, um den Status quo in unseren Köpfen zu wahren, als um Neues zu lernen. Sobald wir etwas Neues lernen, müssen wir, und sei es noch so geringfügig, unser Leben verändern. Deshalb ist unsere Fähigkeit, uns auf der geschichtlichen Landkarte zu bewegen, sehr begrenzt.

Wir sind eher zu Anstrengungen bereit, um den Status quo in unseren Köpfen zu wahren, als um Neues zu lernen

Eine Schlussfolgerung, die wir aus dem mobilistischen Diagramm ziehen können, lautet demnach, dass sich unser Umfeld sehr viel rascher bewegt und verändert als wir selbst. Wir bewegen uns unter diesen Umständen vorrangig, weil wir gezwungen sind – eine widerstrebende Reaktion auf den Mahlstrom der gesellschaftlichen Kräfte und Informationen, aus denen unser Umfeld besteht. Mangelnde Befriedigung unserer komplexen und grenzenlosen Wünsche – oder, um genauer zu sein, die Idee eines solchen Mangels, der Wunsch nach dem Wunsche – zwingt uns zu konsumieren. Die verbreitete Intoleranz oder Engstirnigkeit der Gesellschaft zwingt uns zur Bewegung. Das gesellschaftliche System selbst ist dauernd in Bewegung, und die Einzelnen und die Gruppen werden ständig gegen ihren Willen in den Strudel hineingezogen und zur Aufgabe alter und sicherer Positionen gezwungen.

Weil wir die einzigen Beobachter der Geschichte sind, sind wir versucht, unsere Macht über unser Umfeld übertrieben wahrzunehmen, als verfügten wir über einen freien Willen und könnten eigenmächtig in den geschichtlichen Prozess eingreifen. Aber solche Vorstellungen sind lediglich Ausdruck unseres Größenwahns. Unser Spielraum für unabhängiges Handeln ist äußerst beschränkt. Diejenigen unserer Handlungen, die auf der geschichtlichen Landkarte am sichtbarsten sind, lassen sich häufig leichter als Reaktion denn als Aktion interpretieren. Dass sich so viele Menschen zum Kommunismus und anderen großen Utopien hingezogen fühlten, ist nicht zuletzt der Notwendigkeit geschuldet, sich ständig an veränderte Bedingungen anzupassen. Die Versuchung utopischer Träume besteht in ihrem Ruheversprechen, und der Wunsch nach einer Beendigung der uns aufgezwungenen Bewegung ist stark und weit verbreitet. Aber wenn wir unsere eigene Bewegung stoppen, müsste auch der geschichtliche Prozess enden, weil er uns andernfalls überrollen würde. Denn ein Prozess ist definitionsgemäß immer etwas, das sich bewegt. Das Ende des geschichtlichen Prozesses wäre gleichbedeutend mit dem Ende des gesellschaftlichen Prozesses und folglich mit unserem eigenen Abtreten.

Diesen Zusammenhang hat die Geschichte im Lauf der Zeit bewiesen. Jeder Versuch einer Gesellschaft, eine Utopie – der Kommunismus ist das spektakulärste Beispiel – zu verwirklichen und die ständige Bewegung zu beenden, führte ein ums andere Mal zum Tod dieser Gesellschaft. Tod ist die einzige reale Alternative zur ständigen Turbulenz. Buddha erkannte diesen Zusammenhang vor über 2500 Jahren. Wir müssen zwischen Nirwana, dem Zustand ewiger Ruhe, und der Bereitschaft wählen zu akzeptieren, dass alles um uns herum in Bewegung ist – was uns unweigerlich zwingt, uns fortlaufend anzupassen. Der Umstand, dass unser Handlungsspielraum aus philosophischer Sicht so beschränkt ist, macht uns in der

Praxis zu Sklaven des geschichtlichen Prozesses. Der russische Zar konnte kein bekennender Atheist sein, weil damit das Eingeständnis der fehlenden Legitimation seiner Stellung verbunden gewesen wäre. Er konnte nicht den Gott verleugnen, auf dem seine Autorität basierte. Und deshalb musste alles kommen, wie es kam.

Während eines Paradigmenwechsels sind die Veränderungen so dramatisch, dass die alte dominierende Klasse sich als unfähig erweist, jene angenommene Konstante zu kontrollieren, die das neue Paradigma definiert. An dem Punkt auf der Landkarte, wo sich infolge des geschichtlichen Zufalls die begünstigte Gruppe befindet, entwickelt sich eine neue dominierende Klasse. Der Übergang einer Gesellschaft von einem Paradigma zum nächsten zieht sich eine Weile hin. Während dieser Zeit verbleibt an dem Punkt, um den das alte Paradigma konzentriert war, ein beträchtlicher, wenn auch im Abnehmen begriffener Restwert bestehen. Er dient der alten dominierenden Klasse als Anreiz, an der alten angenommenen Konstante festzuhalten. Bis zum Schluss gibt es Zweifler – das kann nicht geschehen; das darf nicht geschehen! Es gibt keine Veranlassung, etwas Neues zu lernen, solange Gründe existieren, die dagegen sprechen.

Es stimmt folglich nicht, dass in einem gesellschaftlichen Paradigmenwechsel alles Alte augenblicklich wertlos wird. Selbst wenn der zentrale Wert beispielsweise im Übergang vom Feudalismus zum Kapitalismus vom Landbesitz zum Kapital wanderte, hat auch der Landbesitz noch immer einen unleugbaren Wert. Aber die Natur dieses Wertes ist eine andere geworden. Aus Land wurde eine wertvolle Massenware. Wir dürfen nicht vergessen, dass es die neue dominierende Klasse war, die den Wert des Landbesitzes auf der Grundlage ihres Geldwerts bestimmte. Das Bürgertum kaufte und renovierte alte Besitzungen, verwandelte sie in private Ferien- und Vergnügungsdomizile und signalisierte damit, dass sie nicht nur Herr über die entstehende Arbeiterklasse, sondern auch über die Aristokratie als die dominierende Klasse des alten Paradigmas geworden war. Es war das Bürgertum, das die neuen Spielregeln festlegte.

Vor diesem Paradigmenwechsel wurden Landgüter nicht feilgeboten. Ihr Wert lag in ihren Wappen und in ihrer Nähe zur königlichen Residenz. Innerhalb des neuen Paradigmas bestimmte sich ihr Wert nach neuen Prinzipien – den Prinzipien des offenen Marktes. Sie erhielten ein Preisschild. Ihr neuer Wert richtete sich nach diversen neuen Faktoren: der Größe und Qualität ihre Wälder und Ländereien sowie dem Bedürfnis der neuen dominierenden Klasse, sich mit der alten dominierenden Klasse zu assoziieren und mit ihren traditionellen Symbolen zu spielen und sie sich anzueignen. Es dauerte nicht lange, bis die traditionellen feudalen Machtsymbole ihre Verbindung zur Macht verloren und zu Kuriositäten verkamen, deren einziger Wert ein nostalgischer war. Die neue dominierende Klasse hatte ihr »königliches« Vergnügen mit den alten Attributen und Überbleibseln der Aristokratie: der Monarchie, dem Hof, den Traditionsnamen und der Etikette. Der Paradigmenwechsel hatte sie ihrer metaphysischen Symbolik beraubt, und das Bürgertum führte vor, dass alles seinen Preis hat – indem es kaufte und verkaufte und sich in die nobelsten Titel einheiratete. Der Aristokratie blieb kaum eine andere Wahl, als das Spiel mitzuspielen und die Erniedrigung zu schlucken; sie war darauf angewiesen, Geld – den wichtigsten Wert im neuen Paradigma – zu verdienen.

Die ausgesprochen kruden Geschäftsbeziehungen, die aus dem akuten Geldbedarf der Aristokratie und dem Luxusstreben des Bürgertums resultierten, sind ein wiederkehrendes Thema der Literatur des 19. Jahrhunderts. Der schärfste und unterhaltsamste Beobachter dieser Transaktionen war Balzac, der selbst nicht davor zurückscheute, seinem Nachnamen ein »de« voranzustellen, um sich einen aristokratischeren Anstrich zu geben. Wenngleich die alten Majestätssymbole erhalten blieben, änderte sich ihre Funktion; die zeremonielle Bekleidung wurde zur folkloristischen Tracht. Dieselben Muster wiederholen sich heute, wenn die Netokratie als die neue dominierende Klasse des Informationszeitalters respektlos mit den heiligen Kühen des Bürgertums spielt – individueller Identität, gesellschaftlicher Verantwortung, repräsentativer Demokratie, Legislative, Bankensystem, Aktienmärkten und so weiter.

Es gehört zur Ironie der Geschichte, dass die Besessenheit des Bürgertums von der Massenproduktion – es war die Druckerpresse, die diese Phase der industriellen Geschichte einleitete und die kapitalistische Revolution maßgeblich prägte – den Markt für die hochgradig symbolischen aristokratischen Schätze untergrub, indem sie ihn mit billigen Imitationen überflutete. Das einstmals einzigartige Artefakt war nunmehr lediglich das Original, das zugegebenermaßen mehr wert war als alle Kopien, aber viel von seiner exklusiven Aura verloren hatte, seit sich jeder mit exakten Kopien umgeben konnte. Sein Wert als Statussymbol schmolz rasch dahin.

Während die neue dominierende Klasse die Regeln des Spiels und die Beträge auf den Preisschildern der alten Besitzungen festlegte, war die Rolle der Aristokratie in der kapitalistischen Wirtschaft hoffnungslos marginal. Solange sie über Besitz verfügte, den sie verkaufen konnte, konnte sie standesgemäß weiterexistieren, wenn auch weniger wohlhabend und in immer größerem Abstand zum Zentrum von Macht und Gesellschaft. Die Landgüter wurden von den Banken überschattet; Familiennamen und Wappen wurden von Finanzimperien und akademischen Titeln abgelöst; an die Stelle des Hofes und seiner Narren traten Parlament und politische Journalisten. Neue Akteure okkupierten die Bühne. Viele neue Rollen ähnelten den alten, aber das Skript wurde neu geschrieben und der Handlungsverlauf gründlich modernisiert.

Die angenommenen Konstanten des alten und des neuen Paradigmas sind so verschieden voneinander, dass sich jeder Anwärter auf eine Hauptrolle im neuen Theaterstück mit einer vollkommen neuen Kultur und einem gänzlich neuen Wertekanon vertraut machen muss. Häufig ist es für die ehemalige Unterklasse einfacher als für die ehemalige dominierende Klasse, sich an die kulturellen Anforderungen der neuen dominierenden Klasse des neuen Zeitalters anzupassen. Alles deutet auf eine groß angelegte Umschichtung hin. Die alte Unterklasse hat weniger zu verteidigen und zu verlieren, und es fällt ihr leichter, neue Spielregeln zu erlernen und sich zu verändern. Gemäß der These von der kontinuierlichen geschichtlichen Bewegung können wir feststellen, dass die Beschleunigung den bereits in Bewegung Befindlichen leichter fällt als den Ruhenden. Häufig brauchen wir eine Weile, bis wir erkennen, dass die alten Erfolgsrezepte ihre Gültigkeit verloren haben, und diese Erkenntnis ist schwer zu verdauen – das kann nicht geschehen; das darf nicht geschehen! Ein modernes Beispiel dafür ist die Beobachtung, dass es häufig den jungen Immigranten leichter fällt als ihren Zeitgenossen aus dem homogenen, einheimischen Bürgertum, sich den Forderungen des neuen Zeitalters nach kosmopolitischer Offenheit und kultureller Vielfalt zu stellen.

Die alte Unterklasse hat weniger zu verteidigen und zu verlieren, und es fällt ihr leichter, neue Spielregeln zu erlernen

Die Mitglieder der neuen dominierenden Klasse haben sich um ihre Nähe zur neuen angenommenen Konstante nicht besonders bemüht. Sie hatten einfach das Glück, sich zur rechten Zeit am rechten Ort zu befinden. Wie in der Natur, die ebenfalls ständig im Umbruch ist, geschehen gesellschaftliche Evolutionen zufällig: bestimmte Mutationen erweisen sich unter den gegebenen Umständen als vorteilhaft. Wer überlebt, ist weniger eine Frage der Stärke als vielmehr der Anpassung. Und welche Art der Anpassung die beste ist, wechselt mit den Umständen. Gemäß dem Prinzip der menschlichen intellektuellen Trägheit setzt sich die neue dominierende Klasse aus Personen und Gruppen zusammen, die sich rein zufällig in der Nähe des Punktes befinden, auf die sich die neue angenommene Konstante zubewegt.

In der kapitalistischen Gesellschaft wurde das Bürgertum zur neuen dominierenden Klasse. Und woher rekrutierten sich diese kapitalistischen Entrepreneurs, wenn nicht aus den Städten, in denen sie sich zufällig befanden? Sie wuchsen zudem unter einem Protestantismus auf, der sich durch eine starke Arbeitsethik auszeichnete. Das Bürgertum strebte nicht nach der Macht und griff auch nicht nach ihr – sie fiel ihm in den Schoß. Das Bürgertum erhielt die Macht geschenkt. Wenn wir diese neue dominierende Klasse näher studieren, erkennen wir, dass diejenigen, die bereits in Bewegung waren, gegenüber den Ruhenden im Vorteil waren. Neue Kandidaten für das Bürgertum entstammten in der Regel dem Bauernüberschuss – den Geringsten unter den Geringen in der alten Machtstruktur – und nicht den Erben aristokratischer Titel und Besitztümer.

Die soziologischen Entsprechungen der biologischen Gene werden als Meme – Ideen oder verwobene Systeme von Ideen – bezeichnet, und ein Vergleich der Entstehung und Verbreitung von Genen und Memen zeigt übereinstimmende Muster. Ähnlich der Darwin'schen Entwicklung in der Biologie existiert in der Soziologie ein memetischer Darwinismus. Vom genetischen Darwinismus lassen sich interessante Parallelen ableiten, die zeigen, wie der memetische Darwinismus funktioniert. Die Geschichte der Biologie ist ein harter, ewiger Kampf um Überleben und Reproduktion zwischen unzähligen nach Zufallsregeln existierenden Arten in einem unaufhörlich sich verändernden Umfeld. Koinzidenz entscheidet darüber, welche Arten auf Kosten anderer gedeihen; äußeren Umständen ist zuzuschreiben, dass manchen Arten die Anpassung gelingt, während andere zugrunde gehen. Die diversen Arten wetteifern mit ähnlichen Arten und Unterarten um einen begrenzten Ressourcenvorrat.

Die Natur steht niemals still; entsprechend ändern sich die Kriterien, welche Art von Mutation am besten geeignet ist, das Überleben zu sichern.

Der menschliche Einfluss wirkt sich ebenfalls auf die natürlichen Bedingungen des ewigen Überlebenskampfes aus, indem er manchen Arten die Anpassung erleichtert und sie anderen erschwert. Ein berühmtes Beispiel waren die Motten, die während des 19. Jahrhunderts in den industrialisierten Gegenden Englands deutlich dunkler wurden. Infolge der zunehmenden Verschmutzung der Umwelt konnten sich die dunkleren Motten auf Bäumen und Mauern besser tarnen und so ihren Feinden entkommen. Die Birken waren nicht mehr besonders weiß, so dass die dunkleren Motten sich leichter vermehren und verbreiten konnten, mit der Folge, dass sich die Erscheinung der gesamten Art innerhalb weniger Generationen veränderte.

Derselbe Grad an Koinzidenz kennzeichnet den memetischen Darwinismus in der Soziologie. Im dichten Dschungel der uns umgebenden komplexen und häufig widersprüchlichen Informationen erscheinen diejenigen Meme am Ende als die stärksten, die unter den gegebenen Umständen am besten überleben und sich vermehren können, während Meme, die keinen festen Halt finden, allmählich verblassen und als schwach erscheinen. Aber der Unterschied zwischen Stärke und Schwäche ist in diesem Fall selten im Voraus erkennbar – zumindest nicht, solange wir nur auf die Meme schauen und das informationstechnologische Umfeld und seine Entwicklung unberücksichtigt lassen. Es ist Aufgabe der Zukunftsforscher, jenes ökologische System zu skizzieren, in welchem die verschiedenen Meme miteinander kämpfen, und auf dieser Grundlage eine Prognose bezüglich der Überlebenschancen der einzelnen Meme zu erstellen.

Die Werte und das kulturelle Gepäck einer Person oder Gruppe setzen sich aus diversen Memen zusammen. Welche davon sich in Verbindung mit einem Paradigmenwechsel im Darwin'schen Sinne als »stark« oder »schwach« erweisen, lässt sich nur im Nachhinein konstatieren. Ebenso wenig, wie die diversen Gene einen Einfluss auf die natürlichen Veränderungen während einer genetisch-darwinistischen Revolution haben, können die Meme etwas ausrichten angesichts der enormen gesellschaftlichen Kräfte, die ein Paradigmenwechsel in Bewegung setzt. Die Träger sowohl der Gene als auch der Meme können lediglich hoffen, dass das Glück auf ihrer Seite ist. Hinsichtlich der zentralen theoretischen Bedingungen besteht kaum ein realer Unterschied zwischen biologischem und soziologischem Darwinismus.

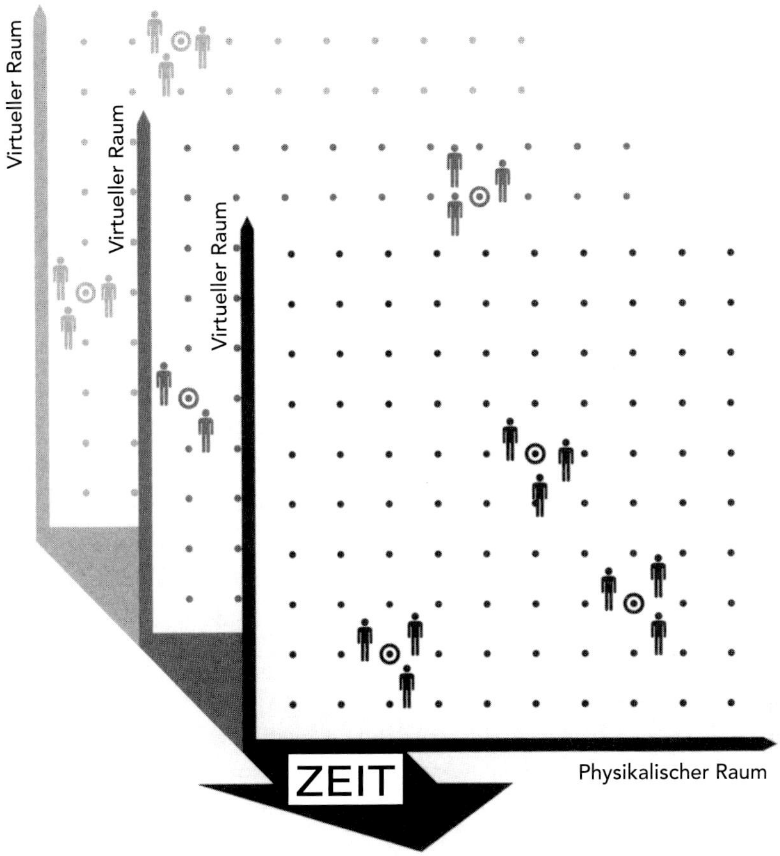

Diagramm der mobilistischen Identität

Um den memetisch-darwinistischen Prozess zu verstehen, können wir wieder auf die grafische Darstellung zurückgreifen, diesmal mit Menschen und Memen anstelle sozialer Kräfte als Variablen. Wir können Existenz wieder als dreidimensionalen Raum fassen, deren eine Ebene mit ihren zwei Achsen die Gegenwart bildet. In unserer Betrachtung der Menschen- und Memenvariablen stehen die beiden Achsen für den physikalischen und den virtuellen Raum. Die dritte Dimension ist die Zeit, die wir vorläufig ignorieren wollen. Indem wir die Zeit wie in einer Fotografie anhalten, erhalten wir ein zweidimensionales Diagramm, anhand dessen sich die internen Beziehungen in einer gegebenen Gesellschaft sehr viel leichter untersuchen lassen (siehe Abbildung). Wir können entweder die Menschen oder die Meme im Diagramm fixieren, um auf diese Weise die Beziehungen zwischen ihnen zu studieren.

In unserem gegenwärtigen Beispiel können wir die Meme fixieren und zugleich annehmen, dass sie gleichmäßig über das Diagramm verstreut sind. Wenn wir die Verteilung der Menschen studieren, stellen wir fest, dass diese Akteure – die Mitglieder der betrachteten Gesellschaft – lediglich von einigen der insgesamt zur Verfügung stehenden Meme angezogen werden und dort deutlich erkennbare Cluster bilden. Sie beziehen ihre gesellschaftliche Identität aus ihrer Beziehung zu diesen Clustern. Die Mitglieder eines solchen Clusters sind »wir«; die Mitglieder der anderen Cluster sind »die anderen«. Wir dürfen nicht vergessen, dass die Akteure sich ihre Beziehung zu den diversen Clustern nicht aus freien Stücken wählen; ihre Position gemäß der physikalischen und der virtuellen Achse spiegelt einen Zustand und nicht ein Streben oder eine Hoffnung wider.

Zu jedem fixierten Zeitpunkt erkennen wir aus dem Diagramm, dass sich der jeweils größte Cluster um dasjenige Mem gruppiert, das den Kern dessen bildet, was wir als angenommenen Wert des herrschenden Paradigmas bezeichnet haben. Zur Zeit des Feudalismus ist der Hof ein solcher zentraler Cluster mit der Monarchie als zugehörigem Mem. Ein weiterer starker feudaler Cluster ist die um das religiöse Mem gruppierte Kirche. Im Kapitalismus ist der mächtigste Cluster der Handel, mit Banken und Aktienmärkten als den zentralen Memen. Weitere kapitalistische Cluster sind der um das Mem der repräsentativen Demokratie gruppierte Staatsapparat sowie die akademische Welt mit dem zentralen Mem der Wissenschaft. In der Informationsgesellschaft wird das wichtigste Forum der Nexus – das Machtportal, der Knotenpunkt im allumfassenden Netz – sein. Um diese Funktion wird sich der wichtigste Cluster des informationellen Paradigmas gruppieren: das netokratische Netzwerk.

Zusammen mit der Zeit als dritter Dimension erhalten wir ein Hologramm. Zuerst fällt die rasche Abfolge der Meme auf: ihre unaufhörliche Erzeugung und eine fast ebenso unaufhörliche Zerstörung. Natürlich überleben die Meme mit den größten Clustern am leichtesten. Die Menschen stimmen mit den Füßen ab. Von allen religiösen Memen, die im alten Rom um ihr Überleben kämpften, sind heute nur noch zwei übrig:

Christentum und Judentum. Die anderen fielen dem Vergessen anheim – dem historischen Äquivalent zur kreativen Zerstörung.

Die Tatsache jedoch, dass bestimmte Meme eine besondere Anziehungskraft beweisen, bedeutet nicht, dass sie die Jahrhunderte unverändert überdauern. Sie müssen sich im Gegenteil ständig anpassen und modifizieren, so dass wir im Ergebnis von einem unaufhörlichen Zufluss neuer Meme sprechen können, die ihre Basis in alten Memen haben. Die meisten Meme sterben und machen Platz für neue. Gleichzeitig müssen sich die überlebenden Meme ständig anpassen und selbst neu erschaffen. Je geringer der Abstand eines neuen Mems zu einem wichtigen Cluster, oder mit anderen Worten je besser die Fähigkeit eines neuen Mems, die Bedürfnisse und Wünsche des Clusters zu erfüllen, desto größer sind seine Überlebenschancen im unaufhörlichen Kampf. Um ein Beispiel zu nennen: Bill Gates, der heute reichste Mensch auf Erden, wurde in Seattle geboren – einer Stadt, die sich in nächster geografischer, virtueller und geschichtlicher Nähe zu den rasant wachsenden Technologiebranchen Kaliforniens befindet. Wäre Bill Gates im 16. Jahrhundert auf Madagaskar als Bäuerin zur Welt gekommen, hätten wir niemals vom Microsoft-Mem gehört – was wiederum die geschichtliche Ebene, auf der wir uns heute befinden, verändert hätte.

Wie die Geschichte ein ums andere Mal beweist, sind die einzelnen Menschen zu konservativ und zu träge, als dass sie sich in ausreichender Zahl hinreichend schnell bewegten, um von den durch einen Paradigmenwechsel bewirkten Veränderungen profitieren zu können. Das Bewusstsein dafür, dass sich der angenommene Wert bewegt oder dass diese Bewegung Auswirkungen auf andere wichtige Meme und Cluster haben wird, genügt allein noch nicht, um eine hinreichend rasche Bewegung in die richtige Richtung anzustoßen. Dass ein Bauer auf Madagaskar von den Geschehnissen in Silicon Valley weiß, heißt noch nicht, dass er sich einfach dorthin begeben und eine Internetfirma gründen kann. Wir müssen eingestehen, dass die Positionen der einzelnen Menschen in diesem Szenario weitgehend dem Zufall – oder, wenn Sie so wollen, dem Schicksal – geschuldet sind.

Als der Kapitalismus seinen Einzug hielt, war die Aristokratie fern von den Bankhäusern und Marktplätzen der Städte mit ihren ländlichen Besitztümern beschäftigt. Die Mitglieder der Aristokratie waren es gewohnt, auf Handel und Geldwirtschaft verächtlich herabzublicken. Die alte dominierende Klasse begnügte sich damit, ihre ererbten Namens- und Besitzrechte zu verteidigen, ungeachtet der Tatsache, dass der Wert der heraldischen Namen in der breiteren Gesellschaft rasch abnahm. Die Aristokratie war damit ausgefüllt, ihr Silber zu polieren und Ruhmesgeschichten aus dem vergangenen goldenen Zeitalter zusammenzutragen. Sie hatte buchstäblich den Zug der Zeit verpasst. Die Entwicklung des Pietismus ermunterte die europäischen Christen zum freieren Umgang mit Geld und ermöglichte ihnen, Geld gegen Zinsen zu verleihen. Bis dahin war dies dem jüdischen Protobürgertum vorbehalten gewesen. Die Aristokratie hatte im Kampf um die Macht in der kapitalistischen Gesellschaft keine Chance im Vergleich zum Bürgertum, das sich zufällig zur richtigen Zeit am richtigen Ort befand. Es hatte sich in einem dynamischen Mutationsprozess aus der alten Bauernklasse herausgebildet und war aus memetisch-darwinistischer Sicht dafür prädestiniert, zur dominierenden Klasse des kapitalistischen Paradigmas aufzusteigen.

Ein interessantes und auffälliges Phänomen jedes Paradigmenwechsels ist die Gründung eines geheimen Paktes, einer unheiligen Allianz zwischen der alten und der neuen dominierenden Klasse. Sobald der Machttransfer nicht mehr zu leugnen ist, findet eine friedliche und diskrete Machtübergabe statt, von der beide Seiten profitieren. Dieser geheime Pakt dient dem Schutz der konvergierenden ebenso wie der divergierenden Interessen beider Gruppen. Auf den Abschluss dieses Paktes folgt häufig eine lange und geräuschvolle Zurschaustellung diverser Pseudokonflikte über bedeutungslose Symbole, die nur der Absicht dient, Existenz und Zweck des Paktes zu verschleiern.

Sobald der Machttransfer nicht mehr zu leugnen ist, findet eine friedliche und diskrete Machtübergabe statt

Die wichtigste Funktion dieses geheimen Paktes ist die Sicherung des Monopolanspruchs beider dominierenden Klassen auf den öffentlichen Raum während des Paradigmenwechsels. Es liegt im Interesse beider Seiten, möglichst viel Verwirrung zu stiften, damit der Machttransfer so ruhig und effizient wie möglich und ohne störende Eingriffe durch die Unterklasse oder interne Kritiker vonstatten gehen kann. Ein klassisches Beispiel eines solchen Paktes zwischen dominierenden Klassen waren im 19. Jahrhundert die Hochzeiten zwischen den aristokratischen Söhnen mit ihren ererbten Titeln und den bürgerlichen Töchtern mit ihrem ererbten Kapital. Aber dieser Vorgang musste mit konstruierten Pseudokonflikten flankiert werden, um die Existenz des Paktes zu verbergen. Entscheidend war, dass keine Seite als Teil einer Verschwörung in Erscheinung trat.

Das war der Hintergrund, vor dem sich der immer noch rumorende künstliche Pseudokonflikt um das Sein-oder-nicht-sein-Dilemma der europäischen und asiatischen Monarchien abspielte. Die Aristokratie durfte ihre kastrierten königlichen Familien und ihre staatlich subventionierten Opernhäuser behalten, solange sie im Gegenzug bei der Inszenierung und Durchführung der diversen historisch verklärenden Propagandaprojekte des kapitalistischen Nationalstaats mithalfen. Die Aristokratie zeigte sich bereit, die Rolle des »entwaffneten Unterdrückers« zu spielen. Sie durfte Museen und ähnliche Einrichtungen betreiben, in denen die Geschichte so revidiert wurde, dass die bestehende Gesellschaftsstruktur »natürlich« erschien. Als die Mitglieder der Aristokratie ihre Familienschätze veräußert hatten und ihren Unterhalt nicht länger vom Familienbesitz bestreiten konnten und als die Bürgertöchter begannen, reiche junge Vertreter aus der eigenen Klasse der titelgeschmückten Armut vorzuziehen, wurde der Aristokratie gestattet, auf ihren Anwesen zu verbleiben, unter der Bedingung, dass sie sie am Wochenende der Öffentlichkeit zugänglich machte. So wurden daraus staatlich finanzierte Geschichtsmuseen – leicht heruntergekommene, malerische Ausflugsziele für Bürgerfamilien. Die aristokratische Vergangenheit präsentierte sich als bezaubernde, tragische Theaterkulisse, vor der sich die kapitalistische Gesellschaft und ihr Bürgertum in ihrer selbst erklärten Perfektion sonnen konnten.

Indem die Mitglieder des Bürgertums sowohl der Aristokratie als auch der Kirche praktisch einen Maulkorb verpassten, konnten sie beginnen, die Geschichte umzuschreiben, als hätten die eigene Klasse und ihr Nationalstaat schon immer existiert. Die gesellschaftlichen Konstruktionen des neuen Paradigmas wurden als ewige und »natürliche« Wahrheiten präsentiert. Das Individuum schlüpfte in die Rolle Gottes, die Wissenschaft wurde zum Evangelium, die Nation war das Paradies und das Kapital das heilige Machtinstrument. So verteidigte das Bürgertum sein Monopol auf die Macht, die Geschichte, die Sprache und sogar das Denken selbst. Die ewigen Wahrheiten des Kapitalismus konnten, sollten und durften niemals in Frage gestellt werden. Hinter diesem Symbolhandel verbirgt sich die wichtige Rolle des geheimen Paktes für die Entwicklung der Machtstrukturen des neuen Paradigmas. Die neue dominierende Klasse, die sich eher zufällig als Erste in der Nähe des neuen zentralen Wertes befand, war in der Lage, diesen Vorteil maximal auszuschlachten. Sie tat es, indem sie Reichtum in großen Mengen anhäufte, erzeugt von der angenommenen Konstante des neuen Paradigmas und mit dem Segen der alten dominierenden Klasse. Die neue dominierende Klasse errichtete ein Monopol auf den öffentlichen Raum und nutzte diese Position, um anfangs die Existenz einer neuen Unterklasse zu leugnen und anschließend deren Mitgliedern jegliche Rechte zu verwehren.

In früheren Jahrhunderten hatte die Aristokratie die Kontrolle über sämtliches verfügbare Land übernommen, nachdem sich herausgestellt hatte, dass die Gesetze und ein Machtmonopol in den Händen des Adelsstands (dem Fundament des Feudalismus) geeignet waren, Land zu kontrollieren und schützen. Nicht einmal die entlegensten Wälder blieben ausgespart, hätten sie sich doch sonst für zukünftige Forderungen der Bauern nach Landbesitz eignen können. In vergleichbarer Weise gelang es dem Bürgertum mit dem Segen der Aristokratie, während der ersten Jahrzehnte der Industrialisierung die Rohstoffe und Arbeitskräfte des Landes und diverser Kolonien zu plündern und aus ihren mit Arbeitsknechten betriebenen Fabriken großen Profit zu ziehen. Es gibt wenig Grund anzunehmen, dass die Netokratie als die neue dominierende Klasse des Informationalismus mit den früheren dominierenden Klassen nicht ebenso verfahren wird. Das zunehmend marginalisierte Bürgertum wird sich bereitwillig an diesem ewig sich wiederholenden geschichtlichen Schauspiel – diesmal unter der Regie der Netokratie – beteiligen: einem Schauspiel, dessen Kern in der Leugnung der Existenz einer neuen Unterklasse besteht.

Wie die Aristokratie die wichtigsten rechtlichen Voraussetzungen für die Ausdehnung des Kapitalismus – staatlicher Schutz privaten Vermögens – schuf, so wird auch das zunehmend marginalisierte Bürgertum seine Kontrolle über die parlamentarische Gesetzgebung und die Polizei nutzen, um die wichtigsten Komponenten für die Errichtung der netokratischen Macht – Patente und Copyrights – zu legitimieren und zu schützen. Die Grundvoraussetzung für den Erfolg der neuen dominierenden Klasse ist folglich nichts anderes als ein Geschenk der alten dominierenden Klasse. Die Moral des neuen Zeitalters rankt sich um diese Übergabe des geschichtlichen Staffelstabs. Wie die Aristokratie und das Bürgertum einst die Unverletzlichkeit privaten Eigentums in alte Gesetze gossen, so erklären heute Bürgertum und Netokratie gemeinsam das Urheberrecht zum unverzichtbaren Garanten der Zivilisation. Große Mengen »Wissenschaft« werden mit dem Ziel produziert, den Nutzen von Copyrights für die Menschheit insgesamt zu beweisen. Innerhalb dieser Strategie wird jede Form der Macht, die sich nicht auf Copyrights stützt, als »unmoralisch« deklariert, was das rechtliche Monopol des Bürgertums sofort als »kriminell« interpretiert.

Früher oder später jedoch wird der geheime Pakt der dominierenden Klassen den gnadenlosen Kriterien der mobilistischen Analyse unterworfen werden, wonach eine jede Kraft sich ausschließlich durch eine Gegenkraft definiert. Wir können nicht von einer neuen dominierenden Klasse sprechen, ohne gleichzeitig eine neue Unterklasse zu definieren. Die dominierende Klasse wird ihren Anspruch auf die totale Kontrolle über die angenommene Konstante mit allen verfügbaren Mitteln verteidigen. Aber weil diese Konstante ihren Wert allein daraus bezieht, dass sie von jener Klasse anerkannt wird, die der neuen dominierenden Klasse untergeordnet ist, ist ein Konflikt über ihren Wert vorprogrammiert. Die Beziehung der dominierenden Klasse zur angenommenen Konstante basiert auf dem Wunsch, diese Konstante zu besitzen und zu kontrollieren. Die Unterklasse hingegen setzt sich aus jenen zusammen, deren Aktivitäten (in Herstellung oder Konsum) oder deren zufällige Position auf der geschichtlichen Landkarte der angenommenen Konstante ihren Wert verleihen. Das Monopol der neuen dominierenden Klasse auf den öffentlichen Raum endet in dem Augenblick, in welchem die neue Unterklasse sich ihrer selbst bewusst wird, sich organisiert, Forderungen stellt und die existierende Ordnung hinterfragt. Die Herr-Knecht-Beziehung wird brüchig. So setzt ein neuer Konflikt ein, dessen ständig wiederkehrende Kraftproben nach jedem Waffenstillstand immer wieder ausbrechen werden. Aus diesem Konflikt – diesem Machtkampf zwischen den Klassen – beziehen Gesellschaft und Geschichte ihr Momentum.

Als die Aristokratie den Staffelstab der realen Macht an das Bürgertum weiterreichte, fand gleichzeitig ein formeller Machttransfer von der absoluten Monarchie zum direkt gewählten Parlament statt. Eine vergleichbare geschichtliche Begegnung zwischen Unterklassen zweier unterschiedlicher Paradigmen hat es niemals gegeben. Der Grund ist erstens, dass sich die neue dominierende Klasse überwiegend aus Mitgliedern der alten Unterklasse rekrutiert, und zweitens, dass die beiden Unterklassen keinen gemeinsamen Berührungspunkt haben, eben weil sie miteinander nicht im Konflikt stehen. Alles deutet darauf hin, dass der Übergang zum Informationalismus in gleicher Weise ablaufen wird. Die durch die neue dominierende Klasse praktisch unsichtbar gemachte neue Unterklasse wird lange eine sogar sich selbst unbekannte Kraft bleiben. In einer Gesellschaft, die vor Informationen beinahe jeder Art überfließt, besteht in dieser Hinsicht ein bezeichnender Informationsmangel. Wieder einmal geht es um die ideologische Kontrollhoheit.

3

Plurarchische Gesellschaft: der Tod des Etatismus und die Krise der Demokratie

Der klassischen marxistischen Geschichtsauffassung zufolge bildet in jeder beliebigen Gesellschaft die Kontrolle über die Produktionsmittel die Grundlage für die Machtausübung der Herrschenden über ihre Untertanen. Macht ist gleichbedeutend mit dem Besitz und der Verfügungsgewalt über den Produktionsapparat. Die wichtigste Aufgabe von Kultur in diesem Herrschaftssystem besteht aus marxistischer Perspektive in der Rechtfertigung der bestehenden Machtstruktur, die als »natürlich« dargestellt wird. Die Hauptaufgabe der feudalen Gesellschaft war die Herstellung und Verteilung landwirtschaftlicher Produkte. Macht war eng mit der Kontrolle über den Boden und seinen Ertrag verknüpft, und so war die dominierende Klasse des feudalen Zeitalters, die Aristokratie, ständig damit beschäftigt, Land zu kontrollieren und diese Kontrolle zu rechtfertigen. Die Kultur wurde dazu genutzt, die Unterklasse der Bauern an ihrem Platz zu halten. Die existierende Ordnung der Dinge, die Struktur der gesellschaftlichen Hierarchie und das unbeschränkte Recht der Aristokratie, mit dem Land zu tun, was sie wollte, wurden fortlaufend als »natürlich« und ewig gültig präsentiert. Diese Weltsicht ließ keine Alternativen zu.

Das Mandat der Aristokratie, unbeschränkte Macht über die Produktionsmittel auszuüben, war göttlichen Ursprungs und leitete sich von einer für diesen Zweck – die Verteidigung des Rechts auf Landbesitz – maßgeschneiderten Religion ab. Im feudalen Europa nahm diese Rolle das Christentum ein. Bunte Kirchenfenster erzählten Moralgeschichten, in denen Gehorsam belohnt und Unabhängigkeit oder die Verfolgung von Eigeninteressen bestraft wurden. Religion hatte auf allen Ebenen eine absorbierende Funktion; sie neutralisierte, verwässerte und unterdrückte alle Formen gesellschaftlicher Unruhe und innovativen Denkens. Indem die Kirche die schärfsten Kritiker des Systems aus der Unterklasse anwarb und mit prestigeträchtigen Posten innerhalb der Organisation belohnte, schuf sie einen flexiblen Puffer zwischen Herrschern und Beherrschten.

Das intellektuelle Leben wurde in der feudalen Periode in die Klöster gelenkt, wo sich Mönche und Nonnen mit literarischem Talent mit der ewigen Erörterung unlösbarer theologischer Dilemmata und mit der manuellen Vervielfältigung biblischer Texte beschäftigten, die anschließend in aristokratischen Bibliotheken verstaubten; das alles mit dem ultimativen Ziel, die kritische Kraft ihres Verstandes zu negieren beziehungsweise in den Erhalt der bestehenden Machtstrukturen umzulenken. Sobald sich ein Mönch für persönlichen Einfluss und Ruhm zu interessieren begann, gab es immer ein farbenprächtiges Kardinalsgewand, um ihn ruhig zu stellen. Potenzielle Aufrührer wurden schon früh in Kutte und Soutane gesteckt, und die Unterdrückung der Unterklasse wurde auf diese Weise gefestigt.

Alles, was rechtens war, leitete sich von einem allmächtigen Gott ab, unter welchem eine heilige Hierarchie errichtet wurde. Gottes ernannter Stellvertreter auf Erden war der Monarch, dessen religiöse und weltliche Autorität in den Gesetzen formalisiert war, die er selbst produzieren und verbreiten ließ. Der Monarch wiederum gab der Aristokratie Garantien hinsichtlich ihrer Privilegien, indem er dieser dominierenden Klasse das Gewaltmonopol verlieh. Dieses Monopol umfasste das Recht und die Pflicht gegenüber Gott und dem Monarchen, jeden Versuch eines bewaffneten Aufstandes seitens der Unterklasse mit Gewalt niederzuschlagen. Im Gegenzug zu diesem Gewaltmonopol, das gleichzeitig eine konkrete Garantie für die Kontrolle über die Produktionsmittel darstellte, schworen die Söhne der Aristokratie einen Treueschwur auf die Krone. Sie stellten, wann immer der Monarch im Konflikt mit anderen Monarchen den Weg des Krieges wählte, die Offiziere.

Die feudale Gesellschaft wurde von dieser – von der Kirche abgesicherten und von der Armee verkörperten – Allianz zwischen Monarch und Aristokratie getragen. Damit wurde sichergestellt, was die dominierenden Klassen beliebiger Epochen anstreben: gesellschaftliche Stabilität. Der Status quo war das wichtigste gemeinsame Interesse von Monarch und Aristokratie. Jede Bedrohung der bestehenden Struktur musste im Keim erstickt werden. So entstand ein nahezu hermetisch abgeschlossenes Gesellschaftssystem, das keine Chance für die Errichtung alternativer Machtzentren bot, welche die herrschende Struktur hätten angreifen oder in Frage stellen können. So war aus dem System selbst keine Gefahr zu befürchten. Nur ein revolutionärer Wandel der zentralen technologischen Grundlagen des Feudalismus konnte eine nennenswerte Bewegung und Unruhe innerhalb der Hierarchie erzeugen, infolge deren sich schließlich – notgedrungen – eine völlig neue Gesellschaft herausbildete. Voraussetzung dafür war jedoch ein echter Paradigmenwechsel.

Der hohe Status der Religion während der feudalen Periode beruhte nicht auf einem besonders weit verbreiteten Interesse an existenziellen Fragen in der Bevölkerung insgesamt. Sie war vielmehr das Ergebnis der intensiven Ideologieproduktion der Aristokratie mit dem Ziel, das unbeschränkte Recht der herrschenden Klasse auf Landbesitz und -kontrolle zu sanktionieren. Die religiöse Botschaft war überall dieselbe: Jeder einzelne Landstreifen war von Gott für alle Ewigkeit einer speziell ausgewählten Familie überlassen worden, deren unveräußerliches Recht (und deren Pflicht) darin bestand, das Land von einer Generation zur nächsten weiterzureichen. Die konservative Religion der Kirche, die vom Monarchen erlassenen Gesetze und das Gewaltmonopol der Aristokratie beraubten die Bauern jedes wirksamen Mittels, um die feudale Hierarchie und die herrschenden Kräfte in Frage zu stellen. Land und Erbrecht waren für die Aristokratie von zentraler Wichtigkeit. Dass Besitz – mehr noch als Kapital oder Wissen – innerhalb der Familie durch Erbschaft weiterlebte, war die wichtigste Stütze der dominierenden Klasse. Besitz und Familienname waren entsprechend eng miteinander verwoben; sie wurden im Paket vererbt und bildeten gemeinsam das wichtigste Symbol des Feudalismus: das Familienwappen, das folglich einen außerordentlich hohen Statuswert besaß.

Ob Gott tatsächlich existiert, ist eine moderne Frage. Die herrschenden Klassen waren sich des Problems der Unsichtbarkeit Gottes stets bewusst. Gottes Nichtpräsenz auf der Erde schafft ein Vakuum, das mit einem Stellvertreter gefüllt werden muss, um keine Unruhe in der Gesellschaft aufkommen zu lassen. Es bestand immer schon Bedarf an einem letzten Schiedsrichter, der in moralischen und existenziellen Fragen Rat geben konnte. Ob Gott existiert oder nicht, spielt also keine Rolle, solange es jemanden gibt, der ihn vertreten kann. Der Aristokratie kam es in erster Linie darauf an, dass dieser Stellvertreter den richtigen Kreisen entstammte und ihren eigenen Interessen diente. Daher das Gastspiel des Monarchen in der Geschichte. Seit der explizit göttlichen Abstammung der ägyptischen Pharaonen – mit der Folge, dass sie ihre Schwestern heiraten mussten – wurden den Monarchen stets göttliche Qualitäten zugesprochen. Der Status des Monarchen sollte und konnte nicht in Frage gestellt werden, weil er ebenso wie das Recht, Besitz zu vererben, zu den Eckpfeilern der Religion gehörte. Auf diese Weise lebten Monarchie und Aristokratie in einem ausgewogenen Klima religiöser und rechtlicher Einschüchterung. Keine Bewegung war möglich; keine Seite konnte ernsthaft Autorität oder Rechte der anderen in Frage stellen, ohne die eigenen Privilegien in Zweifel zu ziehen.

Dieses Gleichgewicht der Einschüchterung half, eine offene Konfrontation zu verhindern, schuf zugleich jedoch einen fortgesetzten kalten Krieg. Solange keine unkontrollierten äußeren Bedrohungen existierten, schwelte ein ständiger Konflikt zwischen Monarch und Aristokratie. Der Monarch tat sein Bestes, um die vielköpfige Aristokratie zu spalten und somit besser kontrollieren zu können, während ihm bewusst war, dass eine zu schwache Aristokratie seine eigene Position gefährdete, weil die Bauern unter diesen Umständen Aufstände anzetteln konnten. Die Aristokratie wiederum strebte die innere Einheit an, um die isolierte Figur des Monarchen, der über vergleichsweise wenig Ressourcen verfügte, bestmöglich kontrollieren zu können. So groß die kombinierte Macht der Aristokratie war, so problematisch war ihre Beziehung zur Monarchie. Sie musste akzeptieren, dass sie nicht nach Belieben Monarchen absetzen und neu auf den Thron setzen konnte, weil ein solches Vorgehen die Achtung vor dem göttlichen Recht, Land zu vererben, untergraben und somit die Position der Aristokratie selbst schwächen würde. Die Aristokratie war folglich gezwungen zu akzeptieren, dass auch die Vererbung des Throns von Gott sanktioniert war, was wiederum die Position des Monarchen im Konflikt mit dem Adel stärkte. Das erklärt den allmählichen Machtzuwachs der europäischen Monarchen gegenüber ihren aristokratischen Untertanen seit dem späten Mittelalter – ihre Throne wurden ebenso wie zuvor diejenigen der ägyptischen Pharaonen und römischen Kaiser vererbbar.

Die Geschichte kehrte stets zu einer Hierarchie zurück, in der der Monarch über der Aristokratie und diese wiederum über der Bauernschaft stand

Die wichtigste Bedingung, die das aus dem darwinistischen Memekrieg um die religiöse Macht während der feudalistischen Periode siegreich hervorgehende Glaubenssystem erfüllen musste, war, dass es auf einer alles umfassenden, streng autoritären Machthierarchie aufbaute. So konnte der Monarch über der Aristokratie und die Aristokratie wiederum über den Bauern stehen. Gott musste über der Kirche und die Kirche über ihrem Glaubensvolk stehen. Die unbegrenzte Macht des Monarchen über das Justizsystem bot ihm eine Waffe, um die Aristokratie in Schach zu halten. Sollte er jemals mit dem Rücken zur Wand stehen, brauchte er lediglich das Gewaltmonopol der Aristokratie zu widerrufen, indem er den Bauern das Recht gab, Waffen zu tragen. Dies hätte den Bauernstand mit einem Schlag in die Lage versetzt, die Aristokratie zu entthronen und im Erfolgsfall vom Monarchen mit aristokratischen Privilegien inklusive des Rechts auf Landbesitz belohnt zu werden. Das war die Realpolitik des Feudalismus. Wir schließen daraus, dass die Geschichte nach Beendigung der allfälligen Palastrevolutionen und Bauernrevolten stets wieder zu einer Hierarchie zurückfand, in der der Monarch über der Aristokratie und diese wiederum über der Bauernschaft stand – zumindest so lange, wie der zentrale Wert der Gesellschaft an die Landwirtschaft gekoppelt war. In der Realität war die Macht der Bauern auf wenige Winkel des Lebens beschränkt, die so unbedeutend und peripher waren, dass sie die Aristokratie nicht interessierten – ähnlich wie später im kapitalistischen Zeitalter, als die verarmten Massen gezwungen waren, von den Brosamen zu leben, welche die dominierende Klasse ihnen übrig ließ.

Wie einst die Aristokratie eines Monarchen bedurfte, der als Gottes Repräsentant auf Erden an der Spitze der Machthierarchie thronte, so benötigte das Bürgertum als die dominierende Klasse der kapitalistischen Gesellschaft einen Repräsentanten des idealisierten Menschen, des Gottes des neuen Zeitalters. Und dieser Zenit der kapitalistischen Hierarchie, dieser Träger der Verantwortung dafür, dass sich der Mensch gehorsam und zugleich der Rolle als Nachfolger Gottes würdig erwies, war der Staat. Wie die Gottesvorstellung gestorben und durch das Menschenideal ersetzt worden war, so war auch die Monarchie gestorben oder auf eine rein dekorative Funktion reduziert und durch den Staat ersetzt worden.

Wie zuvor die Aristokratie, war sich auch das Bürgertum des Vakuums, das durch die physische Nichtpräsenz der Götter entstand, nur allzu bewusst. Der ideale Mensch als neuer Gott hatte ebenfalls keine konkrete Gestalt, sondern blieb ein Abstraktum, Inbegriff einer Idee, ein Phantom. Deshalb war es unabdingbar, einen mehr oder weniger glaubwürdigen Stellvertreter zu finden, der verlässlich war und über die Interessen der neuen dominierenden Klasse wachen konnte. Dieser neue Stellvertreter war der Staat im Allgemeinen und das Parlament im Besonderen; es war die Stimme des Volkes. In einer gewaltigen geschichtlichen Rochade trat an die Stelle des Monarchen (eines gesetzgebenden, ein fiktionales Kollektiv repräsentierenden Individuums) das Parlament (ein gesetzgebendes, ein fiktionales Individuum repräsentierendes Kollektiv). Der Feudalismus wurde durch den Kapitalismus ersetzt und ihm untergeordnet und der Paradigmenwechsel damit vollzogen.

Das Christentum setzte sich in der Frühphase des Feudalismus im darwinistischen Memekrieg aufgrund seiner besonderen Eignung als Leitinstrument für die Aristokratie gegen diverse andere Glaubenssysteme durch. Ähnlich schälte sich auch während des Übergangs vom Feudalismus zum Kapitalismus im meme-darwinistischen Krieg zwischen einer Unzahl möglicher ideologischer Mutationen allmählich ein Gewinner heraus. Das neue Paradigma verlangte nach einem neuen Mythos, wozu sich der Humanismus anbot, der bereitstand, um eine fiktionale Figur, Gott, durch eine andere, den idealisierten Menschen, zu ersetzen. Der Humanismus war für die neue Situation bestens geeignet und wurde zum perfekten Leitinstrument für das Bürgertum, das jetzt vor der Aufgabe stand, die neue Unterklasse der kapitalistischen Gesellschaft – die Arbeiter – niederzuhalten.

Wie zuvor das Christentum war der Humanismus ein Glauben, der sich als »die Wahrheit des neuen Zeitalters« präsentierte. Weil Gott nicht länger so aktuell oder zumindest so unstrittig war wie zuvor, stand nun der ideale Mensch an der Spitze der Werthierarchie: ebenso heilig wie einst Gott. Sprache – die Fähigkeit der menschlichen Spezies, verbal zu denken und sich auszudrücken, jetzt magisch zugänglich in massenproduzierten Publikationen – wurde zum Ausgangspunkt für eine neue fiktionale Struktur, in welcher der ideale Mensch aufgrund seiner Fähigkeiten über den Tieren stand. Aber der Mensch wurde nicht ideal geboren – denn das hätte bedeutet, dass der Humanismus ein äußerst armseliges Machtinstrument gewesen wäre –, sondern musste über einen langen Zeitraum erzogen und geformt werden, um dieses Ziel zu erreichen. Sicherheitshalber wurde daraus ein lebenslanges Projekt gemacht. Der Staat wurde als strenger Aufseher und der Markt als unveränderlicher Maßstab eingesetzt.

Das ist die Erklärung für die Schaffung von Einrichtungen wie Krankenhäusern, Gefängnissen und Bildungsinstituten sowie diversen politischen und akademischen Institutionen; ihr Zweck bestand darin, den idealen Menschen zu definieren und unerwünschte Abweichungen vom »natürlichen« Idealzustand in der Bevölkerung zu korrigieren. Der Kapitalismus hat in seiner ständigen Produktion neuer Krankheiten, Verbrechen und anderer Defekte unter den Bürgern seiner Gesellschaft, die alle behandelt und versorgt werden wollten, eine sensationelle Innovationskraft bewiesen. Das System ist so praktisch eingerichtet worden, dass jede neue

Innovation einen neuen Markt für Therapeuten in weißen Kitteln und andere Experten schafft und ihnen so einen Machtzuwachs garantiert. Zum perfekten Bürger wurde, wer sich bestrebt sah, das immer diffusere und unerreichbarere Menschenideal zu imitieren; wer von der Vorstellung besessen war, korrekt und in Übereinstimmung mit dem Rat der Experten zu leben. All dies hat die Schaffung eines maximal effektiven Produzenten während der Arbeitsstunden und eines unersättlichen Konsumenten während der Freizeit bezweckt – eines Bürgers, der jede wache Stunde des Tages dankbar im Hamsterrad des Kapitalismus verbringt.

Wie unabhängig Denkende aus der Unterklasse während der feudalistischen Ära auf ewige theologische Fragen in den Klöstern angesetzt und auf diese Weise unschädlich gemacht worden waren, wurden nun begabte Kinder aus der Arbeiterklasse hinter Schulpulte gesetzt, wo ihre Zukunft von den Gesellschaftswissenschaften innerhalb eben dieser abgesteckt wurde. Das gesamte Projekt erreichte seinen Höhepunkt während der spätkapitalistischen Periode des 20. Jahrhunderts mit der neuen Vorstellung von einer notwendigen »Selbstverwirklichung«. Dies führte den Humanismus in seine letzte extreme Phase, in welcher die einzelnen Bürger ermuntert wurden, ihre eigenen alles sehenden Moralpolizisten zu werden. Damit erreichte die höchste Ideologie des Kapitalismus ihren Kulminationspunkt. Das erklärt, warum das Bürgertum den heiligen Humanismus mit derart frenetischem Eifer gegen alle Angriffe, ob real oder eingebildet, verteidigt hat, und warum er zu einem ewigen Axiom und zu einer Religion heranwachsen konnte. Beinahe jede politische Partei, von den US-amerikanischen Republikanern bis zu den ostdeutschen Kommunisten, begriff sich selbst als humanistisch. Es ist die altbekannte Geschichte: das Bedürfnis nach einer Ideologie, welche die »Natürlichkeit« von Macht legitimiert. Es geht um die Position des Bürgertums als dominierende Klasse der kapitalistischen Gesellschaft und ihre Verknüpfung mit der Position des Humanismus als herrschender Ideologie. In diesem Licht betrachtet erscheint die kapitalistische Gesellschaft nicht als eine echte Demokratie, sondern als eine humanistische Diktatur.

Das Bürgertum strebte an, was jede dominierende Elite anstrebt: gesellschaftliche Stabilität – die ungestörte Machtausübung und ein gesellschaftliches Klima, das jedem denkbaren alternativen Machtzentrum gegenüber feindlich eingestellt ist. Wie zuvor die Aristokratie versucht hatte, den Status quo zu erhalten, so versuchte nun die neue dominierende Klasse, ein geschlossenes Gesellschaftssystem zu schaffen, und wie es dem Feudalismus gelungen war, seine eigenen inhärenten Widersprüche zu neutralisieren, so stellten auch die immensen Spannungen innerhalb der kapitalistischen Gesellschaft zu keiner Zeit eine reale Bedrohung für die Machthierarchie dar. Erst als sich die grundlegenden technologischen Bedingungen des Kapitalismus drastisch veränderten, tat sich etwas. Die Zeit war reif für einen erneuten Paradigmenwechsel.

Weil das kapitalistische System nicht funktionieren konnte, solange nicht wenigstens der Anschein einer Verbindung zu den arbeitenden Massen bestand, ruhte die ganze Legitimation des Staates auf dem Volkswillen, der vermeintlich im Parlament seine Verkörperung und seinen Ausdruck fand. Die Verleihung des Stimmrechts diente der Vermeidung einer Revolution. Die Vorstellung, dass das Parlament den wahren Willen des Volkes repräsentierte, wurde zum Axiom erhoben, das somit niemals in Frage gestellt werden konnte. Zwischen Herrschern und Beherrschten bestand ein Gleichgewicht der Einschüchterung, und das Bürgertum trug zwecks Absicherung seiner Macht dafür Sorge, dass zwischen seiner eigenen Klasse und dem Parlament ein Verhältnis gegenseitiger Abhängigkeit bestand.

Sobald der Staat zu einem Akteur unter all den anderen im kapitalistischen Markt wurde, während seine Existenz von den Steuern abhing, mit denen er Arbeit und Kapital belegte, wurde das Parlament zu einem untergeordneten Faktor im kapitalistischen System, unfähig, dessen fundamentale Basis in Frage zu stellen, ohne seine eigenen Aktivitäten aufs Spiel zu setzen. Die Kooperation wurde mit Geld und Privilegien belohnt. In das Parlament wurden nur Befürworter eines starken Staates gewählt, war doch alles andere definitionsgemäß ausgeschlossen. Ob die gewählten Volksvertreter sich selbst als rechts oder links definierten, war vergleichsweise unwichtig; entscheidend war, dass die parlamentarischen Debatten niemals die grundlegende Idee des Bürgertums in Frage stellten: den Etatismus. Während die Regierungen aus diesem oder jenem Grund die Farbe wechseln mochten, hielt die herrschende Elite die Macht fest im Griff.

Die für den bürgerlichen Parlamentarismus charakteristischen politischen Ideologien waren in Wirklichkeit nur unterschiedliche Nuancen ein und derselben höchsten Ideologie: eines Etatismus, der den fundamentalen Glauben an das Projekt Mensch und die historische Aufgabe des Staates in seiner Durchführung zum Ausdruck brachte. Damit die Etatisten ihre Macht in Ruhe und Frieden ausüben konnten, war es in ihrem Interesse, den Eindruck zu vermitteln, als fänden alle denkbaren politischen Kräfte unter dem parlamentarischen Schirm Platz. Das war genau das, was die dominierende Klasse während der feudalistischen Ära getan hatte: Potenzielle Unruhestifter wurden mit dem Angebot attraktiver Posten nahe an den Trog gelockt. Um einen Reichtum an Ideen und echten Widersprüchen vorzuspiegeln, wurde jede noch so kleine rhetorische Differenz zwischen den Parteiprogrammen zu grotesken Proportionen aufgeblasen. Es ging darum, so viel Lärm wie möglich zu erzeugen, um das bestehende Monopol der Etatisten auf die öffentliche Arena aufrechtzuerhalten.

Wie anderen Kollektiven liegt auch Parlamenten ein gemeinsames Programm zugrunde, wobei sie dies jedoch mit ihrer Aktivität zu vertuschen versuchen. Der starke Staat stempelt alles, was nicht das Lob des starken Staates singt, als Extremismus ab, denn so entspricht es den Regeln. Innerhalb des etatistischen Blocks werden gewaltige Widersprüche konstruiert, um zu verschleiern, dass seine verschiedenen Gruppierungen in Wahrheit an einem Strang ziehen, um die Entstehung alternativer Oppositionskräfte zu unterbinden. Sie alle – Konservative, Liberale und Sozialisten, in ihren demokratischen wie totalitären Ausprägungen – unterstützen dieselbe Grundidee, wonach das Überleben einer guten, »natürlichen« Gesellschaft von einem starken Staat abhängt. Viele Jahre gelang es den Parteien, die öffentliche Meinung zu manipulieren. Erst mit dem Beginn des Informationalismus in den Siebzigerjahren änderte sich die Situation.

Das charakteristischste Zeichen einer Gesellschaft am Rand des Übergangs vom Kapitalismus zum Informationalismus ist eine allgemeine Medialisierung. Vor dem Durchbruch der interaktiven Medien in den Neunzigerjahren waren die Medien von einer spätkapitalistischen Branchenstruktur gekennzeichnet. Die führenden Medien der Zeit – das Radio und noch mehr das Fernsehen – waren perfekte Instrumente für die Institutionen des Bürgertums, um ihre Botschaft ungehindert an die Massen zu übermitteln: in den USA in Form eines Oligopols, in welchem die größten Industrieunternehmen Fernsehsta-

Das charakteristischste Zeichen einer Gesellschaft am Rand des Übergangs vom Kapitalismus zum Informationalismus ist eine allgemeine Medialisierung

tionen besaßen, und in Europa vorrangig in Form von staatlichen Fernsehmonopolen. Aber mit der Pluralisierung der Medien – vor allem infolge des Bedarfs der Werbebranche an einer größeren Zahl stärker spezialisierter Werbemärkte – wurden sie allmählich aus der Pflicht entlassen, die ideologische Propaganda des Etatismus zu vermitteln. Die Medien begannen ein Eigenleben zu führen und zur Basis einer neuen Machtstruktur zu werden; dabei nahmen sie diverse Merkmale der Netokratie als der neuen dominierenden Klasse des informationalistischen Paradigmas an.

Als sich die Medialisierung der Gesellschaft beschleunigte, nahm die Bereitschaft der Vertreter der rasch wachsenden Unterhaltungs- und Medienindustrie zu, jene Interessengruppen anzugreifen, die sie als Hindernis auf ihrem Weg zur eigenen Unabhängigkeit und wachsenden Macht empfanden. In Anbetracht dessen, dass die Medien zunehmend unabhängig von gewählten Politikern existieren, verwundert es kaum, dass Politiker zu den wichtigsten Zielscheiben journalistischer Scharfschützen geworden sind. Die Strategie der Medien in ihrem Kampf mit dem Staat rankt sich um eine Fiktion: den Mythos von der Verachtung des Wahlvolks für die Politiker. Den Kern dieses Mythos bildet die Vorstellung, die allgemeine Bevölkerung der spätkapitalistischen Gesellschaft sehe in den gewählten Politikern eine Gruppe korrupter Gangster, die sich auf Kosten der Wähler und Steuerzahler ihr eigenes Nest schmücken und dabei die Aufgaben vernachlässigen, für deren Erledigung sie gewählt wurden. Jede Nation hat ihre eigene kulturelle Variante dieses Mythos; in jedem Land scheinen die Politiker ausgerechnet die heiligsten Werte der jeweiligen Kultur zu verletzen. So sind amerikanische Politiker ständig ihren Frauen untreu, während ihre europäischen Kollegen sich des Kreditkartenbetrugs, des Stimmenkaufs und der Steuerhinterziehung schuldig machen. Die Bürger kehren den Politikern angewidert den Rücken zu – sofern den Medien Glauben geschenkt werden darf.

Nur handelt es sich dabei um eine sich selbst erfüllende Prophezeiung. Indem die Medien ununterbrochen über diese vermeintliche Politikerverachtung sprechen, schaffen sie ein Phänomen, das allein durch seine Existenz die Nachfrage nach schockierenden Berichten anheizt. Der konkrete Gehalt all dieser Berichte beschränkt sich auf die Tatsache, dass die Wahlbeteiligung in den meisten westlichen Ländern seit den Sechzigerjahren kontinuierlich zurückgegangen ist. Die Politikerverachtung wurde zum Axiom, zur unleugbaren Wahrheit erklärt. Jeder Politiker oder Medienakteur, der ihre Existenz anzweifelt, gilt als Ketzer und Gegner, der unterdrückt werden muss, weil er die vorrangigen Ziele der Medien hintertreibt. Wie unschwer zu erkennen ist, werden öffentliche Meinung und Gesetze gleichermaßen von den Medien fabriziert und geformt. Die Politiker produzieren, die Wähler konsumieren, und die Medien übernehmen die zunehmend wichtige Rolle der Kuratoren der politischen Arena. Sie sind deshalb in der Lage, nach netokratischen Prinzipien die totale Kontrolle über den politischen Prozess innerhalb der informationellen Gesellschaft auszuüben.

Alles, was mit Politik zusammenhängt, findet heute zu Bedingungen statt, die von den Medien diktiert werden. Die Bannerträger der repräsentativen Demokratie sind in dieser Hinsicht völlig machtlos und können nichts anderes tun, als den Anordnungen ihrer neuen Meister zu folgen. Ein politisches Ereignis, das von den Medien keiner Aufmerksamkeit gewürdigt wird, ist definitionsgemäß ein Nichtereignis. Daraus folgt natürlich, dass auch die letzten Reste einer ernsthaften Politik auf das Schattenspiel einer mediengesteuerten Dramaturgie reduziert sind – eines Apparates, dessen Hauptattraktion die Politikerverachtung ist. Dass diese niemals in Frage gestellt wird, bedeutet nicht, dass sie tatsächlich existiert, sondern lediglich, dass diese »Wahrheit« in den Kreisen populär ist, deren Interessen sie dient: in den netokratischen Medien, die das Kommando über die öffentliche Arena übernommen haben.

Angenommen, eine Politikerverachtung der dargestellten Art existierte wirklich. Dann müsste sie verschwinden oder zumindest deutlich zurückgehen, sobald ein angeblich korrupter Politiker enttarnt und ausgetauscht wird. Aber das ist nicht der Fall. Die Wahlbeteiligung hängt nur unwesentlich davon ab, ob die Kandidaten neue und von Skandalen unbelastete oder dieselben alten Gesichter sind. Die vermeintliche Verachtung richtet sich nicht gegen spezielle Politiker, so dass der stete Rückgang der Wahlbeteiligung auch nicht auf die Politikerverachtung zurückzuführen ist. Wir müssen die Erklärung andernorts suchen. Folglich ist die Verachtung für die Politiker ein Mythos, und diejenigen, die ihn geschaffen haben, haben vermutlich ein Interesse daran, dass er überlebt und »natürlich« erscheint. Das führt zu einer weit interessanteren Frage: Wie ist dieser Mythos entstanden, und wessen Interessen ist mit seiner Verbreitung gedient?

Es ist eine Frage der Macht. Wenn wir die Wahlbeteiligung diverser Wahlen zu den unterschiedlichsten politischen Institutionen vergleichen, zeigt sich ein klares Muster. Es besteht ein unmittelbarer Zusammenhang zwischen Macht und Beteiligung: Je mehr Macht zur Disposition steht, oder anders gesagt, je mehr Macht mit der Position oder dem Gremium verbunden ist, für das gewählt wird, desto größer ist das Wählerinteresse. Folglich hängt die Krise der Demokratie nicht mit einem vermeintlichen Vertrauensverlust in die aktiven Politiker, sondern vielmehr mit ihrer zunehmenden Machtlosigkeit zusammen. Der schweigende Protest einer wachsenden Zahl von Couch-Potatoes richtet sich nicht gegen den Machtmissbrauch der Politiker, sondern gegen ihren Machtverlust.

Diese Einsicht ist zugegebenermaßen nicht besonders »sexy« und passt nicht in die Mediendramaturgie; sie bietet keine Aufmerksamkeit heischenden Schlagzeilen und liefert keine Munition für populistische Schlammschlachten. Und vor allem dient sie nicht den Interessen der Medien. Stattdessen werden wir mit einem fortgesetzten Propagandaschwall traktiert, in dem von der legitimen Verachtung der Menschen gegenüber der korrupten Politikerklasse die Rede ist. Das wiederum schwächt die Position der Politiker weiter und mündet in einem erneuten Spießrutenlaufen in den Medien. Dieser Prozess setzt sich turnusmäßig fort und kulminiert notgedrungen im Tod der repräsentativen Demokratie, der vollständigen Impotenz der Politiker und einer hyperrealen Mediendiktatur. Dieser Prozess verstärkt sich durch Rückkopplungseffekte. Durch Meinungserhebungen, deren Fragen von den Medien auf ihre eigenen Zwecke hin zugeschnitten werden, wird der Bevölkerung erzählt, was sie glauben und was sie für »natürlich« halten soll. Ferner führen die Medien vor, wie bereitwillig sich die Politiker dieser Norm in Wirklichkeit oder zumindest dem Anschein nach fügen, und so geht der Prozess weiter und nimmt kein Ende. Die von den Massenmedien betriebenen Umfragen sind auf der tiefsten Ebene Umfragen zu den Massenmedien selbst. Statistiken, die vorgeblich die öffentliche Meinung repräsentieren, sind in Wahrheit Instrumente, die von den Massenmedien zur Manipulation derselben öffentlichen Meinung genutzt werden.

Die schiere Absurdität dieser ganzen Vorstellung wird offensichtlich, wenn die Medien beginnen, die Kandidaten für politische Ämter aller Art nach ausschließlich medialen Gesichtspunkten zu bewerten. Qualifikation und Befähigung der Kandidaten für die jeweilige Position sind von nachrangiger Bedeutung; die größte Sorge gilt der Medientauglichkeit der Kandidaten. Dabei geht es um die Frage, ob sie in dramaturgischer Hinsicht nützlich erscheinen und ob sie sich folglich von den Medien, die ständig auf der Suche nach neuen Opfern und schlagzeilenträchtigen Sensationen und Skandalen sind, ausschlachten lassen. Dass diesem Aspekt – der »Medienfreundlichkeit« der Politiker – bereits während des ersten Auswahlprozesses Aufmerksamkeit geschenkt wird, zeigt, dass die Medien sich nicht damit begnügen, politische Vorgänge zu reflektieren und zu dokumentieren, sondern das Drehbuch dazu aktiv beeinflussen und schreiben.

Politische Journalisten beschäftigen sich weniger mit Politik als vielmehr mit medialer Dramaturgie. Politische Fragen sind häufig viel zu komplex, um gute Medieninhalte abzugeben, und so wird alles, was irgendwie kompliziert erscheint, zugunsten künstlicher Gegensätze, symbolischer Fragen und Details aus dem Privatleben der Politiker zurückgestellt. Die Politiker sind freiwillig bereit, sich auf eine intime Beziehung zu den Medienkonsumenten einzulassen – was sollten sie auch sonst tun? Eine Weigerung wäre gleichbedeutend mit dem selbst gewählten Ausschluss aus der politischen Seifenoper. Die Grenze zwischen Politik und Klatsch verwischt immer mehr. Die Politiker des neuen Zeitalters sind wie Kabarettkünstler mit einem Spezialgebiet, das der amerikanische Soziologe Richard Sennett als »seelischen Striptease« bezeichnete. Das heißt, sie schlagen aus ihrem Privatleben politisches Kapital. Intimität erzeugt Schlagzeilen, die wiederum Aufmerksamkeit erzeugen. Infolge dieses wachsenden Phänomens geraten die Gefühle öffentlicher Figuren zu diesem und jenem ins Scheinwerferlicht der Medien, während ernsthafte Themen, die Zeit und Überlegung erfordern, zurückgedrängt werden. Aber diese gesteigerte Intimität erhöht auch die Gefahr eines medialen Rückschlags. Die Beherrschung der schwierigen Kunst persönlicher Zurschaustellung wird so zum wichtigsten Schlüssel politischen Erfolgs.

Die Grenze zwischen Politik und Klatsch verwischt immer mehr

Der ganze Prozess wird also von ein und derselben Gruppe – den Medien – erzeugt, gesteuert, reflektiert und »untersucht«, und dieses System duldet seinerseits keine Überprüfung, Analyse oder Kritik von außen. Unter diesen Umständen fällt es nicht schwer zu glauben, dass das Ziel des gesamten Apparats darin besteht, den Interessen der Medien zu dienen.

Dabei gilt es zu bedenken, dass die Machtpositionen innerhalb der Medien nicht vom Volk (auf dessen Interessen ständig verwiesen wird) vergeben werden, wie das – zumindest formal – bei Politikern der Fall ist. Sie werden aus ihren eigenen Kreisen ausgewählt, von internen Netzwerken handverlesen und mit der Aufgabe betraut, den geschlossenen Logen und Gilden der Netokraten zu dienen. Das ist der Kern der wahren Krise der Demokratie: die Erschleichung der Macht durch die Netokratie.

Aber weil wir uns in einer Übergangsphase befinden, sind die alten Mythen nach wie vor lebendig. Das Bürgertum hegt immer noch die Vorstellung von der Unsterblichkeit der repräsentativen Demokratie und scheint sich darin durch den Zusammenbruch der kommunistischen Diktatur Osteuropas bestärkt zu sehen. Der amerikanische Gesellschaftstheoretiker Francis Fukuyama hat sich Gedanken zu der Theorie gemacht, wonach der geschichtliche Prozess an der Station der freiheitlichen Demokratie zum Stehen gekommen ist. Gleichzeitig konnte er sich jedoch nicht enthalten, Nietzsch'sche Zweifel zu säen: Führen Gleichheit und Stabilität, die sich bei feierlichen Gelegenheiten einzuschleichen pflegen, nicht zu einer unhaltbaren Stagnation?

Im Rahmen des Mythos von der repräsentativen Demokratie existiert die Vorstellung von der Vortrefflichkeit der zivilen Gesellschaft – deren dunkle Seite jedoch darin besteht, dass politische Apathie tabuisiert wird. Schweigen umhüllt die Tatsache, dass die Besitzer des Wahlrechts, für das so viele frühere Anwälte der Demokratie gekämpft haben und gestorben sind, in immer größerer Zahl den Gang zur Wahlurne verweigern, weil die Politiker zunehmend machtlos dem Treiben in der Arena zuschauen, wo der eigentliche Kampf zwischen gut organisierten Interessengruppen ausgetragen wird. Die Medien können offensichtlich nicht verantwortlich gemacht werden für diesen eklatanten Mangel an politischem Interesse: Wie könnten auch die Medien schuld sein, die doch in diesem Fall Richter und Jury zugleich stellen? Auch die Kunden – die Medienkonsumenten, die es zu unterhalten gilt – können nicht verantwortlich gemacht werden, solange die Publikumszahlen erhalten bleiben sollen. So fällt der schwarze Peter am Ende den naiven und schutzlosen gewählten Politikern zu. Die Politiker sind an allem schuld, während die Politik selbst angeblich in bester Verfassung ist. Das ist ein absichtlich konstruiertes Paradox, dessen sich die Netokratie bei ihrem informationalistischen Schlag gegen den tödlich verwundeten Staat bedient.

Die alten Mythen des Liberalismus von der Unsterblichkeit der repräsentativen Demokratie und der Vortrefflichkeit der Zivilgesellschaft basieren auf der falschen Annahme, diese Institutionen verkörperten für alle Zeiten die bestmöglichen Strukturen und könnten folglich weder umgestoßen noch in Frage gestellt werden. Nichts könnte weniger zutreffend sein. Das Bizarre und Tragische daran ist, dass eine Gesellschaft, die im Übrigen einen Sturm von Veränderungen durchlebt, weiterhin von denselben Mythen begleitet wird. Die Entwicklung des Informationalismus hat in Wirklichkeit die Bedingungen für den Erhalt von Gesellschaft und Demokratie radikal verändert. Seit der französische Gesellschaftstheoretiker Alexis de Tocqueville in den Vierzigerjahren des 18. Jahrhunderts begeistert nach Europa berichtete, wie die amerikanische Demokratie sicher auf einem Netzwerk von Interessengruppen ruhe, verkörperte die Zivilgesellschaft das Ideal und die Vorbedingung für eine funktionierende Demokratie. Das Schlüsselwort ist hier jedoch Netzwerk. Wenn wir eine neue geschichtliche Phase betreten, in der gesellschaftliche Netzwerke nicht länger ergänzende Funktion haben, sondern die politische Entwicklung dominieren, ändern sich die Bedingungen dramatisch. Tocquevilles Zivilgesellschaft – das Netzwerk von Interessengruppen – beginnt dank des Informationalismus, sein Potenzial zu verwirklichen und sich zum unersättlichen Kuckuck, zum Parasiten der Allgemeinheit, zum vielköpfigen Monster, Kerkermeister und Oberaufseher der repräsentativen Demokratie zu entwickeln.

In den USA hat dieses Netzwerk von Interessengruppen und Lobbyisten zumindest den guten Geschmack bewiesen, seine Aktivitäten selbst zu finanzieren. In Europa hingegen wird es über die Steuern von der Institution finanziert, gegen die es kämpft: dem Staat. Wenn wir dieses System aus der informationalistischen Perspektive untersuchen, erkennen wir, wie die neue Unterklasse über das Steuersystem die politischen Lobbygruppen der neuen dominierenden Klasse praktisch finanziert. Die repräsentative Demokratie wird also von mehreren Seiten gleichzeitig angegriffen. Die Netzwerke der Interessengruppen werden infolge der raschen technologischen Entwicklung sehr viel mächtiger, und ihre Fähigkeit, politischen Druck auszuüben, hat mittlerweile einen solchen Grad erreicht, dass sie den politischen Prozess praktisch kontrollieren. Vergessen wir den Slogan »ein Mensch, eine Stimme«. Heute zählt nur noch die Zugehörigkeit zu den richtigen Netzwerken, um mehr als nur symbolischen Einfluss auf wichtige Entscheidungen nehmen zu können. Heute lautet das Prinzip »ein Netzwerkmitglied, eine Stimme«.

Der neue starke Arm der Lobbygruppen und beratenden Nichtregierungsorganisationen (NGOs) wird immer mächtiger, weil die Arbeitsmethoden dieser Gruppen perfekt zur allgemeinen Medialisierung der Gesellschaft passen. Das hat zur Bildung einer unheiligen Allianz zwischen den Interessengruppen und den mächtigen Medien geführt. Sobald jemand aus der marginalisierten politischen Klasse versucht, in einer bestimmten Fragestellung eine bestimmte Richtung einzuschlagen, fabrizieren die betroffenen Lobbygruppen und beratenden NGOs rasch eine passende Meinungsäußerung, oder anders gesagt, eine künstliche und gelenkte Meute, die sich gegebenenfalls mobilisieren lässt, das fragliche politische Projekt sowohl physisch als auch virtuell anzugreifen. Von Greenpeace über Anwaltsverbände bis zu diversen netokratischen Mailinglisten lassen sich Besorgnis und Empörung nach Wunsch mobilisieren und produzieren. Immer wieder wird der politische Prozess gelähmt, bis er sich schließlich ganz unter die Kontrolle der Interessengruppen begibt. Diese sind in der Position, selbst Vorschläge zu diktieren, dafür bleiben im Gegenzug die armen Politiker von einer Schmähkampagne der Medien verschont.

Den Politikern bleibt lediglich eine rein zeremonielle Rolle: als Puppen in einem medialen Kaspertheater, wo sie Dokumente stempeln, die sie weder geschrieben noch – abgesehen von den oberflächlichsten Schlagworten – verstanden haben. In der kapitalistischen Gesellschaft musste sich der herabgesetzte Monarch mit dem Zerschneiden blauer Bänder zur Eröffnung von Einkaufszentren zufrieden geben. Ähnlich wird sich die Macht der Politiker unter den Netokraten darauf beschränken, mit ihrem Namen Entscheidungen zu bestätigen und zu formalisieren, die in Wirklichkeit von anderen getroffen wurden, die sich dem Einfluss der Politiker fast vollkommen entziehen. Aber bedeutet dieser Übergang zu einer informationalistischen politischen Struktur notwendigerweise, dass das Prinzip der Demokratie tot ist?

Die explosionsartige Ausweitung des Internets verleitet viele dazu, von einer Renaissance der Demokratie zu träumen. In Anbetracht der Möglichkeiten, die die technologische Entwicklung den Bürgern mittlerweile bietet – zu Hause, am Arbeitsplatz, in Bibliotheken und so weiter –, ihre Meinung zu allen Arten von politischen Fragestellungen augenblicklich kundzutun, könnte das Internet als eine Art virtuelles Parlament sowohl auf regionaler als auch auf nationaler Ebene fungieren. Es würde die repräsentativen Mittelspersonen erübrigen und so nicht nur die Demokratie vor der Medientyrannei retten, sondern zugleich ihre ultimative Vervollkommnung verkörpern – eine liberale Utopie und eine schöne Vorstellung. Das Problem ist nur, dass das Netz keinerlei Zugeständnisse an die physische Geografie und ihre Beschränkungen macht. Die Identitäten, um die herum die Menschen sich im Zeitalter des Kapitalismus versammelt und ihre Entscheidungen getroffen haben, basierten auf Bedingungen, die unmittelbar mit dem alten Paradigma verknüpft waren und mittlerweile vollkommen irrelevant geworden sind. Daraus folgt, dass die grundlegende Voraussetzung für eine Netzdemokratie – dass die Gruppe der Diskutierenden und um Entscheidungen Ringenden ein Interesse daran hat, sich in politischen Prozessen innerhalb eines beschränkten geografischen Gebietes, beispielsweise eines Landes, zu engagieren – nicht länger gegeben ist. Warum sollten sich Menschen im Netz für nationale politische Fragen einsetzen, wenn die Idee der Nation selbst in sich zusammengefallen ist?

Der Nationalstaat ist fundamentaler Bestandteil des kapitalistischen Paradigmas und verfügt deshalb über keinerlei Glaubwürdigkeit in der informationellen Gesellschaft, in der die Kommunikation auf Gruppenidentitäten und Subkulturen basiert, die nach ganz anderen Prinzipien konstruiert sind. Das erklärt, warum Kriege zwischen den Nationen während des Übergangs zum Informationalismus Konflikten zwischen Interessengruppen wie etwa Unternehmen oder Pressure Groups Platz gemacht haben. Die Menschen sind eben nicht mehr bereit, ihr Leben für eine Nation zu opfern, wie auch die Menschen des Kapitalismus nicht länger bereit waren, ihr Leben für feudale Ideen wie Gott oder den Monarchen herzugeben. Der Traum vom klinischen Krieg ohne Opfer, der im letzten Abschnitt des Kapitalismus genährt wurde (Golfkrieg, Kosovokonflikt und so weiter) muss deshalb im Kontext einer politischen Meinung verstanden werden, wonach die Verteidigung der Nation oder der Demokratie keine Opfer mehr rechtfertigt. Der Unterschied zwischen einem Actionfilm aus Hollywood und einem postmodernen Krieg ist zu vernachlässigen. Krieg ist nur ak-

Der Nationalstaat ist fundamentaler Bestandteil des kapitalistischen Paradigmas und verfügt deshalb über keinerlei Glaubwürdigkeit in der informationellen Gesellschaft

zeptabel, wenn er sich auf ein Videospiel reduzieren lässt, bei dem am Ende stets die »Guten« siegen. Von der Nation ist lediglich eine Bühnenkulisse geblieben.

In der virtuellen Welt sind virtuelle Identitäten sehr wichtig, und so wird es erforderlich sein, ein neues System der Beteiligung am politischen Prozess zu entwerfen, das diesem Umstand Rechnung trägt. Parlamentswahlen lassen sich sicherlich über das Netz durchführen, indem jeder Wahlberechtigte, statt ein Wahllokal zu besuchen, seinen persönlichen Code in den Computer tippt, aber das breite Fundament der Demokratie – die breite Debatte, in der alle interessierten Beteiligten innerhalb eines geografischen Gebiets ihre Meinungen zu einer bestimmten Frage kundtun – ist mittlerweile verschwunden. Im Netz sucht sich jeder Gleichgesinnte und errichtet zusammen mit ihnen einen neuen virtuellen Raum, frei von den Konflikten des realen Raums. Niemand sucht sich eine Gruppe von Leuten, mit denen ihn nichts verbindet. Gerade die durch das Netz gebotenen Möglichkeiten, gleichgesinnte Menschen zu finden und solche zu meiden, mit denen wir keinen Kontakt wünschen, macht das Netz als Instrument zur Verteidigung der Demokratie unbrauchbar.

Die politische Struktur, die sich im Netz entwickelt, unterscheidet sich grundlegend von der kapitalistischen Demokratie. Die immer präsente Fähigkeit der Netokraten, die Umgebung, in der sie sich befinden, zu verlassen und weiterzuziehen, sobald ihnen die Situation nicht mehr gefällt, ermöglicht die Entstehung eines gänzlich neuen und extrem komplexen politischen Systems: einer Plurarchie. Eine Plurarchie in ihrer reinsten Form ist definiert als ein System, in welchem jeder einzelne Akteur über seine Belange entscheidet, aber keine Möglichkeit hat, für andere Akteure zu entscheiden. Das Grundprinzip der Demokratie, wonach im Fall von Meinungsverschiedenheiten die Mehrheit über die Minderheit entscheidet, lässt sich folglich nicht aufrechterhalten. Im Netz ist jeder, ob er will oder nicht, sein eigener Herr. Das heißt aber, dass alle kollektiven Interessen, wozu nicht zuletzt die Gewährleistung von Recht und Ordnung gehört, stark unter Druck geraten werden. In einer reinen Plurarchie ist es unmöglich, die Bedingungen für einen Rechtsstaat zu formulieren. Der Unterschied zwischen Legalität und Kriminalität verschwindet.

Das erzeugt eine Gesellschaft, die sich kaum überblicken lässt und in der alle signifikanten politischen Entscheidungen innerhalb exklusiver, geschlossener Gruppen getroffen werden, zu denen von außen niemand Zutritt hat. Bereits während der spätkapitalistischen Periode haben die Rechtssysteme und die nationalen Banken Europas und Nordamerikas die demokratische Arena verlassen und sind zu expertengeführten Institutionen geworden, die den Herren der neuen Ordnung unterstehen: Judiziokraten in der Rechtsprechung und volkswirtschaftlichen Propheten. Politische Entscheidungen werden nicht länger durch Wahlen, im Parlament oder womöglich in Internetreferenden getroffen, sondern innerhalb geschlossener Netzwerke, deren Mitglieder vergleichbar mit den Mitgliedern mittelalterlicher Gilden aus ihren eigenen Rängen ausgewählt werden. Netokratische Prinzipien ersetzen etatistische. Kraftproben treten an die Stelle von Ideologien. Für die gerade im Geburtsprozess befindliche neue herrschende Klasse wird die Demokratie keinen anderen Wert als den einer nostalgischen Kuriosität besitzen. Der ideologische Apparat der Netokratie ist jetzt damit beschäftigt, diesen gesamten Prozess als »natürlich« erscheinen zu lassen.

4

Information, Propaganda und Unterhaltung

Am Anfang war nicht das Wort. Das kam später. Und es hatte lange Zeit ganz andere Bedeutungen als heute. Das lateinische Wort *informatio* besitzt zwei lexikalische Definitionen: erstens »Verkörperung«, »Abbildung«; zweitens »Erklärung«, »Interpretation«. So bezieht sich der Ausdruck auf den Verstand und auf unseren Begriffsapparat. Wenn Cicero das Verb *informare* gebraucht, beschreibt er damit eine komplizierte geistige Aktivität: einer Sache Form geben, einem Stoff mit Hilfe einer aktiven Vision Leben einhauchen und ihn dabei veredeln. Form und Stoff wurden als dialektische Gegensätze begriffen, die sich dieser Sichtweise zufolge zu einer Synthese vereinigen lassen, welche den Charakter eines Schöpfungsaktes hat. Stoff + Form = Leben, lautet eine aristotelische Formel. Diese Überlegungen beschäftigten zwar die Denker der damaligen Zeit, standen aber in keiner erkennbaren Verbindung zur Wirtschaft oder zur Gesellschaft im Allgemeinen. Diese Art von abstraktem Denken interessierte die Menschen auf der Straße nur wenig. Wenngleich das englische Substantiv *information* im Mittelalter entstand, führte es viele Jahrhunderte lang ein Schattendasein.

Der Bedeutungswandel erfolgte schrittweise und ohne dass der Begriff in den Augen des Volkes einen größeren Status oder eine besonders nützliche Funktion angenommen hätte – ganz im Gegenteil. Während der ersten Hälfte des 20. Jahrhunderts, als der Kapitalismus in voller Blüte stand, waren Informationen Dinge, die man in Nachschlagewerken oder in Ordnern und Archiven fand: Fakten, Details über dies und jenes, von mehr oder weniger Interesse – Zahlen, Namen, Adressen, Daten und dergleichen. Informationen wurden von geringen Bediensteten oder in den weniger prachtvollen Räumlichkeiten größerer Unternehmen verwaltet. Begriffe wie »Informationstheorie« oder »Informationstechnologie« existierten noch lange nicht, und eine Tätigkeit im Bereich des Informationsmanagement war nichts, womit man prahlen konnte.

In der Zwischenzeit hat der Begriff einen raschen und gründlichen Bedeutungswandel erfahren und kräftig an Status zugelegt. Informationen, die einst als langweiliges, aber notwendiges Schmiermittel für die Produktion von Waren und Dienstleistungen betrachtet wurden, gelten mittlerweile als die heißeste Ware der gesamten Wirtschaft. Aber damit nicht genug: Die Informationstheorie hat sich als übergeordnete intellektuelle Metastruktur etabliert, deren grundlegende Ideen tief in eine ganze Reihe weiterer wichtiger Wissenschaften eingedrungen sind. Zudem ist sie zu einem bestimmenden Faktor der sich innerhalb des neuen gesellschaftlichen und kulturellen Paradigmas herausbildenden Weltsicht geworden. Technologische Informationen gelten heute als Essenz der Gesellschaft, vergleichbar mit der Rolle der genetischen Informationen für die Biologie. Die Wirtschaft dreht sich um Informationen – ja das ganze Leben ist ein gigantischer, unendlich komplexer und raffinierter Verifikationsprozess, in dem Informationen gespeichert und zwischen uns zerbrechlichen Individuen hin und her transportiert werden.

Der Wandel in der Definition des Wortes *information* setzte in den USA in den Fünfzigerjahren parallel zum Evolutionssprung in der Entwicklung der frühesten Computer ein. Der Mathematiker Norbert Wiener sagte eine zweite industrielle Revolution voraus, gespeist von »denkenden« Computern, welche die Fähigkeit hätten, aus der Vergangenheit und ihren eigenen Erfahrungen zu lernen. Die zentrale Idee war die Rückkopplung: dass eine Maschine ihre eigenen Ergebnisse als neue Daten nutzte und notwendige Anpassungen selbst bewerkstelligte. Wiener sah in dieser Rückkopplung und in diesem »intelligenten« Umgang mit Informationen den Kern des Lebens selbst. Diese Ideen hatten zusammen mit den viel gerühmten Errungenschaften dieser bemerkenswerten Computer eine beträchtliche Wirkung, zuerst innerhalb der Wissenschaftlergemeinde und später in der allgemeinen Bevölkerung. Sie waren die Basis für die Einführung eines völlig neuen Forschungsfeldes im Schnittpunkt von Mathematik, Linguistik, Elektronik und Philosophie unter dem Namen KI: künstliche Intelligenz.

Die mathematische Informationstheorie vervollständigt den Wandel des Begriffes, der heute ein rein quantitatives Maß für den Kommunikationsaustausch definiert. Wenngleich das Wort »Information« auch zuvor keine Qualitätsgarantie bedeutete – Informationen konnten trivial oder irrelevant sein –, bezieht es heute keinerlei Position mehr dazu, ob es womöglich Unsinn oder reine Erfindungen bezeichnet. Informationen sind alles, was sich in digitalen Code übersetzen und durch ein Kommunikationsmedium von einem Sender an einen Empfänger kommunizieren lässt. Von der informationstheoretischen Perspektive aus betrachtet besteht kein prinzipieller Unterschied zwischen einer wissenschaftlichen Formel, einem Wiegenlied oder den falschen Wahlversprechen eines unter Druck geratenen Politikers.

Schon immer war es wissenschaftlicher Brauch, allgemein verwendete Begriffe mit Spezialbedeutungen zu unterlegen – in der Physik ebenso wie in der Psychologie. In der Regel hat dies keinen Einfluss auf den allgemeinen Sprachgebrauch, ist doch das wissenschaftliche Verwendungsumfeld viel zu speziell. Dieser Fall jedoch ist anders, weil er mit dem Paradigmenwechsel und dem allgemein gestiegenen Interesse an Informationen als verkäuflicher Ware zusammenhängt. Dass die Informationstheorie so erfolgreich war und die Basis für eine Reihe spektakulärer und gewinnträchtiger Anwendungen bildete, führte dazu, dass die wissenschaftliche Verwendungsweise des Wortes »Information« in den Journalismus und in alle Arten von öffentlichen Debatten und Subkulturen eindrang. Sowohl die Informationstheorie als auch die Wirtschaft sind in erster Linie an großen Informationsmengen interessiert. Je größer, desto besser.

Im Zentrum der Aufmerksamkeit steht also die Technologie selbst und ihre Fähigkeit, Informationen zu speichern und zu kommunizieren, und weniger der eigentliche Informationsgehalt. Das liegt in der Natur der Sache: Jene, die mit der Informationstheorie zu tun haben, beschäftigen sich vor allem mit dem Kommunikationsvorgang, während der Anreiz gering ist, sich Gedanken über die Qualität ihres Inhalts zu machen, die sich sowieso schwer messen lässt und sich kaum für spektakuläre Theorien anbietet. Sobald eine solche Perspektive das kulturelle Umfeld beherrscht, wächst die Erwartung, technologische Fortschritte allein seien geeignet, die gesellschaftlichen und kulturellen Konflikte unserer Zeit zu lösen. Man muss das Problem nur mit Informationen behandeln. Das ist die Denkweise der blinden Optimisten und ekstatisch enthusiastischen Cheerleader der neuen dominierenden Klasse.

Im Zentrum der Aufmerksamkeit steht die Technologie selbst und weniger der eigentliche Informationsgehalt

Diese Fixierung auf die Technologie, das Medium, ist im Prinzip nur allzu verständlich. Das Medium ist die Botschaft, wie Marshall McLuhan formulierte. Veränderungen im Informationsmanagement und in der Entwicklung der Kommunikationstechnologie sind die Hauptursache für den gesellschaftlichen und kulturellen Fortschritt. Ohne diese spezielle Einsicht wird die Entwicklung der Gesellschaft völlig unverständlich. Aber Informationen sind nicht dasselbe wie Wissen, und während Informationen zu einem Massenprodukt der *New Economy* werden und die Welt in einem Ozean ungefilterter Medienimpulse ertrinkt, wird relevantes und exklusives Wissen immer wertvoller. Die aufsteigende Netokratie hat dies verstanden – ganz im Gegensatz zu den ahnungslosen Cheerleadern des Kapitalismus.

Jede neue dominierende Technologie von ähnlicher Signifikanz wie der netzwerkfähige Computer schafft eine neue Konstellation von Gewinnern und Verlierern. Die Gewinner bilden das, was Harold Innis, der große Pionier der modernen Kommunikationslehre und Mentor McLuhans, als Wissensmonopol bezeichnet. Diejenigen, welche die neue Technologie und ihre Anwendungen kontrollieren, sammeln rasch beträchtliche Macht an, was unvermeidlich und unmittelbar eine Konsolidierung der neu gebildeten Gruppe bewirkt und einen starken Anreiz liefert, die Interessen dieser Gruppe zu schützen. Aus offensichtlichen Gründen kann man von einem geringen Bedürfnis ausgehen, dieses exklusive Wissen einem größeren Kreis zugänglich zu machen, würde dies doch die Macht und die Privilegien der ursprünglichen Gruppe entwerten. Eine Möglichkeit der Meinungsmanipulation besteht für die Gewinner darin, die Existenz von Gewinnern zu leugnen und zu verkünden, dass die Segnungen der neuen Technologie allen Mitgliedern der Gesellschaft in gleicher und gerechter Weise zugute kommen werden. Hier erweisen sich die Cheerleader, die in ihrer Mehrheit ausgerechnet zu den irregeführten Verlierern gehören, als besonders nützlich.

Norbert Wieners Vorstellung vom Informationsmanagement als dem innersten Geheimnis des Lebens fand seine spektakuläre Bestätigung, als die Biologen James Watson und Francis Crick 1953 den genetischen »Code« knackten und den Spiraltext der DNA-Moleküle »lesen« lernten. Die neue Biologie hat das Modell und die Terminologie der Informationstechnologie vollständig übernommen, und ihre Existenz ist so gut wie undenkbar ohne den Wechsel zum neuen informationstechnologischen Paradigma. Wir erkennen jetzt in der Proteinbiosynthese ein besonders feines Beispiel der Informationsübertragung. Und das DNA-Molekül selbst ist nichts weniger als ein perfekter Miniaturcomputer.

Die Zusammenarbeit der beiden Disziplinen wirkte sich sowohl auf ihr eigenes Ansehen in der Wissenschaftsgemeinde als auch auf ihren Status im allgemeinen Bewusstsein positiv aus. Der Nutzen ist wechselseitig. Die Biologie, die heute einer besseren Zukunft entgegensieht, zahlte der Informationstheorie ihre Schuld mit Zinsen zurück, indem sie ihr eine Art unfassbare, beinahe heilige Aura verlieh – ein Widerschein der aus den innersten Lebensgeheimnissen kommenden Mystik. Die Metaphysik des neuen Paradigmas begann, klarere Konturen anzunehmen: An die Stelle der von Newton entdeckten, von einem Uhrmacher-Gott geschaffenen und mehr oder weniger regelmäßig gewarteten alten mechanischen Welt trat jetzt eine von einem virtuellen Programmierer geschaffene Welt der digitalen Informationen.

Somit wurden Informationen in ihrer neuen theoretischen Bedeutung auch ein mit nahezu magischen Kräften versehener Gegenstand in der populärkulturellen Wahrnehmung. Davon profitierten die Gewinner des neuen Paradigmas und der neuen Wirtschaft, die diesen Trend natürlich enthusiastisch unterstützten. Aber der Informationswandel vollzieht sich bereits seit langer Zeit. Mit den frühesten elektronischen Medien wie beispielsweise der Telegrafie wurden Informationen zu einer Art Massenware, bestehend aus unzähligen kleinen »Paketen«, die sich ohne wesentliche Zeitverzögerung über große Entfernungen »transportieren« ließen. Die Fähigkeit, Informationen unverzüglich aus weit entfernten Orten zu empfangen, war häufig mit wirtschaftlichem und/oder militärischem Nutzen verbunden. Das machte die neue Technologie außerordentlich attraktiv. Aber wir müssen McLuhans These bedenken: Das Medium ist die Botschaft.

Geschwindigkeit und schrumpfende Entfernungen beschleunigten die Materialisierung von Informationen. Der Telegraf revolutionierte den Informationstransport über lange Entfernungen, so dass sich das Interesse fortan vor allem auf den Transport und die Geschwindigkeit richtete, während andere Aspekte wie Interpretation, Kontext und Verständnis vernachlässigt wurden. Einem rasch transportierten Informationspaket wurde als solchem bereits Wert beigemessen – unabhängig von seinem Bedeutungsgehalt und seinem Nutzen.

Aber indem eine Technologie ein bestimmtes Problem löst, lässt sie noch lange nicht sämtliche damit in Zusammenhang stehenden Probleme verschwinden oder weniger dringend werden. Die Möglichkeit, Informationen über weite Entfernungen zu transportieren, bedeutet nicht, dass die Menschen die Informationen in einem relevanten Kontext interpretieren und verstehen können. Um mit einem Bild zu sprechen: Wenn die Sonne über einem neuen Paradigma aufgeht, bleiben manche Dinge im Schatten. Für jedes von einer neuen Technologie gelöste Problem entsteht in der Regel mindestens ein neues Problem. Wir haben uns daran gewöhnt, Wandel als Fortschritt zu interpretieren, aber Wandel hat stets seinen Preis. Elektronische Informationen erscheinen als ein isoliertes Phänomen – vereinzelte Schreie ohne Echo in einer zunehmend fragmentierten Welt.

Am meisten interessierte die Menschen verständlicherweise die revolutionäre Möglichkeit, von einem Ende des Landes zum anderen hin und her zu kommunizieren, unabhängig davon, ob sie sich etwas Wesentliches zu sagen hatten. Die Tendenz der Materialisierung und Atomisierung verstärkt sich mit der Zunahme der bildlichen Informationsübertragung. Wörter benötigen immer noch ein Minimum an grammatischem Kontext, um überhaupt etwas zu bedeuten, während Bilder scheinbar für sich selbst sprechen. Ein Foto sagt alles Erforderliche über den erstarrten Augenblick; in der Welt der Fotografie eröffnet sich alles dem Blick. Die Gegenwart erscheint im Glanz eines Blitzlichts, die Vergangenheit zieht sich in die Schatten zurück, und der Kontext verflüchtigt sich zu einem dünnen Nebel. Informationen wird auch dann ein hoher Wert beigemessen, wenn ihr Wissensgehalt entschieden ungewiss ist.

Wenn eine trendbestimmende Wissenschaft wie die Informationstheorie eine quantitative Definition des Informationsbegriffs liefert und wenn ein immer größerer Teil der Wirtschaft auf großen Informationsmengen basiert, ist der Boden für einen geradezu religiösen Informationskult bereitet. Der Netokratie obliegt es, die Priesterschaft zu ernennen. Die Technologie definiert Problemlösung als das Produzieren und Vertreiben von möglichst großen Informationsmengen. Probleme werden mit Informationen überschüttet. Die mechanische Manipulation von Informationen gewährleistet scheinbar Objektivität und unvoreingenommenes Urteil – wie zuvor Kamera und Foto. Subjektivität wird zum Synonym für Unentschiedenheit, unnötige Komplexität und Beliebigkeit. Sie stellt eine Abweichung von der geraden Linie und somit die ketzerische Gegenthese zur Technologie dar. Nach dem Evangelium des Informationskults ist der unablässige, ekstatische Informationsfluss die Garantie für Freiheit, Kreativität und ewige Glückseligkeit.

Heute sind Informationen wohl kaum noch eine Mangelware. Man kann nicht ernsthaft behaupten, eine wesentliche Anzahl drängender Probleme unserer Zeit – gesellschaftliche, politische oder persönliche – hätten ihre Ursache in einem Mangel an Informationen. Der freie Fluss der immer stärker anwachsenden Informationsmengen stellt die Lösung für ein mittlerweile bereits gelöstes Problem aus dem 19. Jahrhundert dar, wie Neil Postman und andere feststellten. Heute fehlen uns nicht Informationen, sondern Überblick und Kontext. Der unaufhörliche und ekstatische Informationsfluss ist unsortiert und unstrukturiert: Er muss gefiltert, organisiert und vor dem Hintergrund einer kohärenten Weltsicht interpretiert werden, wenn er eine Quelle des Wissens und nicht der Verwirrung sein soll.

Heute fehlen uns nicht Informationen, sondern Überblick und Kontext

Vielfalt und Pluralismus sind die höchsten Attribute des neuen Paradigmas, die offensichtlichen Leitsterne für den Informationskult. Aber Masse und Pluralismus sind in sich höchst problematisch. Wie sollen wir wählen? Wie unterscheiden wir nützliche Informationen von Unsinn und täuschender Propaganda? In einer Diktatur unterdrückt der Machtapparat den Informationsfluss durch Zensur, um sich selbst unantastbar zu machen. In einer Demokratie hingegen können die Machteliten – die bestorganisierten Lobbygruppen, die einflussreichsten Medienimperien – praktisch dasselbe Ergebnis erzielen, indem sie alle Kanäle mit Strömen unzusammenhängender Informationen überfluten. Zu jeder gegebenen Ansammlung von »Fakten« erscheint augenblicklich eine andere; zu jedem alarmierenden wissenschaftlichen Forschungsbericht erscheint ein weiterer, der seine Brisanz relativiert. Und anschließend geht das Leben weiter, als wäre nichts gewesen. Es sieht wie eine lebendige Demokratie aus, ist aber in Wirklichkeit nur ein Schauspiel für die Massen. Diese Informationsflut ist folglich kein unvorhergesehenes Phänomen und erst recht kein Glück bringender Lotto-Jackpot für die Bürger und Verbraucher, sondern eine bewusste Strategie zur Sicherung der gesellschaftlichen Kontrolle. Mächtige Interessengruppen verbreiten dunkle Wolken verwirrender Informationen, um das eigentlich relevante Wissen geheim zu halten.

Die Informationsüberfrachtung und der Mangel an Kontext hängen eng miteinander zusammen – wie zwei Seiten einer Medaille. Gemeinsam mit anderen Faktoren wie rascher Urbanisierung, Zerfall der Kernfamilie und Niedergang traditioneller Autoritäten erzeugt dieser Zustand permanenter Unsicherheit ein Wertvakuum, das von den unterschiedlichsten, mehr oder weniger verlässlichen Experten gefüllt wird – allesamt gewappnet mit noch mehr Informationen. Ehe, Kindererziehung, Berufsqualifikation: Hinter allem steht mittlerweile ein Fragezeichen. Die Experten erlassen ununterbrochen neue Dekrete. Das einzig Sichere, was die Experten zu ihrer Rechtfertigung anführen können, ist die moderne Wissenschaft; von dieser wissen wir jedoch, dass alles Wissen vorläufig ist – dass alle Wahrheiten über die Welt früher oder später revidiert werden müssen. Wir wissen heute, dass Newton, um ein Beispiel zu nennen, in den meisten Dingen irrte, auch wenn sein Modell funktionierte, und nur darauf kam es an. Stets bahnt sich etwas Neues seinen Weg. *Die* Wahrheit gibt es nicht; stattdessen müssen wir uns jeweils mit dem letzten Stand begnügen.

Nicht nur in den Augen von Karl Marx übernahm die Wissenschaft von der Religion die Aufgabe, der Geschichte und der Existenz insgesamt eine Bedeutung zu geben. Die einzig realen Glaubensartikel der bürgerlichen Demokratie sind Wirtschaftswachstum und wissenschaftliche Rationalität. Folglich ruhen all unsere politischen und gesellschaftlichen Institutionen letztlich auf einem programmatisch ungewissen Wertekanon. Alles ist in Bewegung. Die Rationalität muss nicht nur rational handeln, sondern zunehmend auch die Funktionen der Irrationalität erfüllen. Das gilt für die gesamte parlamentarische Überideologie von rechts bis links quer durch das politische Spektrum: Alle glauben sie an die Rationalität. Selbst die romantisch gestimmte Umweltbewegung bezieht sich auf wissenschaftliche Rationalität, wenn sie die Wissenschaft und ihre Anwendungen attackiert. Ökologismus ist, um den britischen Journalisten und Buchautor Bryan Appleyard zu zitieren, »eine Methode, Wissenschaft gegen sich selbst zu kehren«. Wir glauben an die Wissenschaft, aber an was genau glauben wir eigentlich, wenn wir doch wissen, dass ständig etwas Neues auf dem Weg ist?

Die Experten sind die neue Priesterschaft, unsere Führer in seelischen und moralischen Fragen, die zwischen den allerletzten Informationen vermitteln und sie kommentieren. Statistik ist die Sprache des neuen Orakels, Informationen werden als Wissenschaft präsentiert. Aber was tut es wirklich zur Sache, wenn sich herausstellt, dass die Zahl der neugeborenen Zwillinge und die Zahl der weiblichen Detektive erkennbare Veränderungen zeigen? Was spielt es für eine Rolle, dass die Immigranten aus dem einen Ende des Kontinents intelligenter zu sein scheinen als diejenigen aus dem anderen Ende? Was bedeutet es, intelligent zu sein? Die Massen am unteren Ende aller statusarmen Netzwerke mit ihrem Informationsreichtum und ihrer Wissensarmut sind »dem letzten Stand« in seiner vulgarisierten und trivialisierten Form vollkommen ausgeliefert. Die häufigen Regenschauer widersprüchlicher Informationen haben eine gemeinsame Botschaft: Vertraut nicht euren Erfahrungen und Wahrnehmungen – hört stattdessen auf »den letzten Stand«. Aber dieser wird nur allzu rasch durch den allerletzten Stand abgelöst. Man kann sich einfach keine Informationen, keine Kombination neuer Fakten vorstellen, die den Status quo in irgendeiner maßgeblichen Weise beeinflussen könnten – teils aus praktischen Gründen, weil die Fakten so unbeständig und ihre Austauschraten so hoch sind, teils aus rein theoretischen Gründen, weil ein für das gesamte gesellschaftliche Kollektiv gültiger Kontext fehlt, aus dem heraus sich die Implikationen dieser Fakten bestimmen ließen.

Die Öffentlichkeit, bestehend aus engagierten Bürgern mit einem gemeinsamen Interesse am Gemeinwohl und einer gemeinsamen Verantwortung für dasselbe – die klassische Vorbedingung für die Demokratie –, hat es in Wirklichkeit niemals gegeben. Stattdessen werden die immer stimmgewaltigere Masse der Bevölkerung und die immer ambitioniertere Mittelklasse, die der privilegierten Elite des 19. Jahrhunderts so große Angst einflößten, unter dem unaufhörlich wachsenden Druck der Informationen in eine herrschaftsfreundliche Vielzahl von antagonistischen Interessengruppen aufgespalten. Somit sind all diese statistischen Erhebungen, all diese quasiwissenschaftlichen gesellschaftlichen Untersuchungen, mit anderen Worten: all diese neuen Informationen, die uns scheinbar die Welt ein wenig verständlicher machen sollen, in Wirklichkeit, um Karl Kraus' aphoristische Zusammenfassung der Psychoanalyse zu zitieren, »genau jene mentale Funktionsstörung, die sie zu heilen vorgeben«. Oder, um mit David Bowie zu sprechen: Es ist, als wollten wir Feuer mit Benzin löschen.

Aus der Philosophie der Aufklärung hingegen stammt der edle Gedanke, wonach Fakten für sich selbst sprechen und der Verstand dereinst triumphieren wird. Alle Privilegien werden abgeschafft und Gerechtigkeit obsiegt auf Erden. Thomas Jefferson gehörte zu jenen, welche die »Verbreitung von Informationen« ausdrücklich zu einem Grundpfeiler ihrer politischen Überzeugung erklärten. Die freie Presse wurde zur Verkörperung der Freiheitstugenden. Eine stark erweiterte Informationsverbreitung über alle neu gegründeten Zeitungen würde nicht nur diversen progressiven Ideen Nahrung bieten, sondern auch ein öffentliches Forum schaffen, in welchem die Menschen ihre angeborene Befähigung zum rationalen Denken trainieren und ihr natürliches Recht auf gesellschaftliche Partizipation wahrnehmen könnten.

So hat es sich dann, zumindest anfänglich, auch abgespielt. Informationen im Allgemeinen und Zeitungen im Besonderen waren eine wirksame und zu Recht gefürchtete Waffe in den Händen des Bürgertums, das im Begriff war, das alte und überlebte Regime zu beerben. Aber sobald die Macht errungen und gefestigt war, konnte in der neu etablierten Elite von einem brennenden Verlangen nach einer Fortsetzung des Experiments natürlich keine Rede mehr sein. Die Freiheit wurde bald wieder problematisch, und all jene Menschen mit ihren angeborenen Talenten und natürlichen Rechten tauchten in den Kolumnen der Zeitungen immer seltener auf. Waren die Zeitungen und Pamphlete des 18. Jahrhunderts Abbild einer echten revolutionären Einstellung gewesen, die von den Mächtigen nicht ignoriert werden konnte, so diente die Presse während des 19. Jahrhunderts weit mehr als ein Instrument der Macht, um die Öffentlichkeit bewusst zu manipulieren und eine allgemeine Einstellung künstlich zu schaffen. Folglich ist es immer noch korrekt, in der Presse und in Informationen eine Waffe zu sehen. Aber zugleich ist es wichtig, darauf zu achten, wer den Finger am Auslöser hat und wessen Interessen er vertritt.

Die kapitalistische Elite war wie jede andere Elite bestrebt, den Status quo zu erhalten. Die primäre Aufgabe ihrer Propaganda war der Schutz ihrer gesellschaftlichen, wirtschaftlichen und politischen Privilegien in einer Zeit, in der Privilegien nicht länger in Mode waren und zunehmender Wohlstand und verbesserte Bildung zu Forderungen nach einer rascheren Umsetzung der Gleichheit führten. Die Mächtigen versuchten durchaus bewusst mit Hilfe von PR-Experten, die zu Beginn des 20. Jahrhunderts anfingen, ihre Instrumente zu schärfen, den zunehmenden Wohlstand und die verbesserte Ausbildung zu ihrem eigenen Vorteil zu nutzen und die ambitionierte Mittelklasse von den Vorzügen eines stillschweigenden, aber nichtsdestoweniger effektiven Paktes zu überzeugen.

Der Trick bestand darin, die Alternative – politische Veränderungen – als etwas extrem Unerfreuliches darzustellen. Die Botschaft lautete, dass die Zeitung lesende Mittelklasse Gefahr lief, ihr hart erkämpftes privilegiertes Leben zu verlieren, sobald die bestehende Ordnung gestört würde; dass Chaos und Pöbelherrschaft drohten, falls die Winde der Veränderung losgelassen würden. Der Trick funktionierte. Es war, wie sich herausstellte, möglich, Meinung künstlich zu erzeugen. Die PR-Methoden standen auf wissenschaftlichem Fundament – was auch sonst? Die PR-Experten betrachteten sich selbst als Wissenschaftler. Zu ihren richtungsweisenden Vorläufern gehörte der Franzose Gustave Le Bon, der eindringlich davor warnte, wozu die leicht verführbaren Massen fähig wären und wie wenig sie sich um Gesetze und andere gesellschaftliche Institutionen scherten; des weiteren Gabriel Tarde, der es – schon vorsichtiger – vorzog, von der allgemeinen Öffentlichkeit statt von den Massen zu sprechen und der größere Hoffnungen in das mit Hilfe der sich entwickelnden Massenmedien Erreichbare setzte.

Tarde griff die Vorstellung der Aufklärung von der debattierenden Öffentlichkeit, der »grandiosen Vereinigung des gemeinen Menschenverstands« auf. Aber er sah auch die Macht und die Möglichkeiten, die sich einem geschickten Meinungsbildner boten. In der modernen Gesellschaft erreichte die sorgfältig fabrizierte Botschaft nicht nur die Zeitungsleser, sondern auch jene, die mit diesen Zeitungslesern sprachen, also praktisch alle. Laut Tarde hatten die Zeitungen die Bedingungen für einen koordinierten, öffentlichen Diskurs geschaffen, in dem es möglich war, die richtigen Meinungen im Voraus zu programmieren: »Eine Feder genügt, um eine Million Zungen in Bewegung zu setzen.«

Die elektronischen Massenmedien boten noch bessere Möglichkeiten, den Menschen die Zunge zu lösen. Das gedruckte Wort erfordert immer noch eine gewisse Vorbildung, um verstanden zu werden, während es beispielsweise für das Radio genügt, einen Knopf zu drehen und die Ohren aufzumachen. Das gab Propagandisten aller Färbungen die Möglichkeit, in geschichtlich beispielloser Weise in die häuslichen Privaträume der Menschen einzudringen. Der Film und später das Fernsehen erlaubten die unmittelbare Kommunikation über Bilder. Wer auf bewegte oder stehende Bilder schaut, wird in seiner Perspektive und in seiner Art zu schauen vom Urheber des Bildes beeinflusst. Das eröffnet, was der Kritiker und Philosoph Walter Benjamin als »das Optisch-Unbewusste« bezeichnete: eine Abkürzung, mit der die Kamera die verstandesmäßige Zensur umgeht, die dann zum Zuge kommt, wenn wir gegenüber einer Botschaft auf der abstrakten Ebene der Worte Position beziehen müssen; ein direkter Kanal in die private Traumfabrik der Einzelnen mit ihren unausgesprochenen Wünschen und Ängsten. Alle, die es fertig bringen, wach zu bleiben, werden eine stimulierende Massage ihres irrationalen inneren Selbst erfahren.

Die theatralische Präsentation der Demokratie erforderte eine stabile Richtung, um nicht vom Weg abzukommen: das war das zentrale Credo und die Geschäftsidee der sich entwickelnden PR-Branche. Geschichtliche Faktoren – Wohlstand und Bildung – machten es für die herrschende und verantwortliche Elite erforderlich, ein reichhaltiges Machtinstrumentarium zu entwickeln, um für alle Eventualitäten gewappnet zu sein. Die allgemeine Meinung erforderte ständige Betreuung und Pflege – kein unerwünschter Gedanke durfte ins Kraut schießen. Die Masse konnte allzu leicht auf eine Masse dummer Ideen kommen. Die geeignete Medizin waren Informationen, die jedoch von Experten in den Massenmedien und in der Welt der Gesellschaftspsychologie verabreicht werden mussten. Mit Hilfe präziser Wissenschaft wäre es, zumindest theoretisch, möglich, das Verstandes- und Gefühlsleben der Massen per Feinabstimmung zu steuern. Der Begriff dafür lautete *Engineering of Consent*.

Als das Bürgertum im Rahmen des letzten großen Paradigmenwechsels von der Aristokratie die Macht übernahm, waren Informationen, wie wir gesehen haben, eine wertvolle Waffe, und als das Bürgertum später bestrebt war, seine Position und seine Privilegien zu schützen, waren Informationen ein wirksames Kontrollinstrument. Heute jedoch, wo die Netokraten ihre Positionen in der gegenwärtigen Übergangsphase verlassen, bilden Informationen eine Art ständiger existenzieller statischer Einmischung, die es schwierig machen, die Figuren in dem Bild zu bestimmen. Mit Informationen lässt sich nicht länger etwas Kreatives erreichen; der ununterbrochene und ungehinderte Informationsstrom bewirkt nichts anderes als eine Zunahme der mentalen Verschmutzung in der Gesellschaft. Die charakteristischste Eigenschaft von Informationen in solchen Quantitäten sind die Quantitäten selbst, und alles Wichtige, das geschieht, spielt sich unter diesen dämpfenden und isolierenden Polsterschichten ab.

Mit Informationen lässt sich nicht länger etwas Kreatives erreichen

Die PR-Experten erkannten diese Zusammenhänge bereits früh. Diese qualifizierten Kräfte geben sich deshalb auch nicht mit so simplen Dingen wie dem Hausieren mit Informationen oder Meinungen ab; sie schaffen vielmehr Realität. Wir leben heute in einer Welt, in der praktisch jeder Moment der Aufmerksamkeit eines jeden Einzelnen unter der einfühlsamen Aufmerksamkeit der PR-Experten steht. Das gesamte Leben ist verpackt und stilisiert. Anstatt Meinungen zu den jeweiligen Tagesnachrichten feilzubieten, setzen die PR-Experten die Ereignisse, welche die Nachrichten liefern, überhaupt erst in Szene. Sie berichten nicht nur mit Schlagseite, sondern sorgen dafür, dass die zu berichtende Realität selbst bereits die nötige Schlagseite aufweist, damit die allgemeine Meinung die gewünschte Farbe und Nuance erhält. Faule Journalisten können natürlich fertige Artikel von einer PR-Agentur beziehen und lediglich ihren Namen daruntersetzen; wichtiger ist jedoch die Inszenierung des Ereignisses selbst.

Diese Aktivität findet in einem von der allgemeinen Bevölkerung ungeahnten Ausmaß statt. Ein anschauliches Beispiel, das der Soziologe Stuart Ewen anführt, ist die Art und Weise, wie die amerikanische Meinung zu Beginn der Neunzigerjahre gründlich und frühzeitig zugunsten einer möglichen militärischen Offensive gegen den Irak programmiert wurde. In einer von den Medien stark beachteten Untersuchung des Kongresses ging es um eine 15-jährige Kuwaiterin, die freiwillig Dienst in einem Krankenhaus in Kuwait City geleistet hatte. Dort hatte sie mit eigenen Augen gesehen, wie irakische Soldaten nach dem Einmarsch in Kuwait in das Krankenhaus eingedrungen waren, die frühgeborenen Babys aus ihren Brutkästen gerissen und auf den kalten Korridorfußböden hatten sterben lassen. Dieser barbarische Akt entsetzte ganz Amerika. Niemand dachte sich etwas dabei, dass das betreffende Mädchen anonym blieb – angeblich zu ihrer eigenen Sicherheit. Erst später, als der Krieg längst vorbei war, kam heraus, dass es sich um Nayirah al-Sabah, die Tochter des kuwaitischen Botschafters in den USA handelte, und dass sie die behaupteten Dinge niemals hätte sehen können. Wie weiter bekannt wurde, war ihr Erscheinen vor der Untersuchungskommission von einem gewissen Gary Hymel arrangiert worden, dem stellvertretenden Managing Director von Hill & Knowlton, einem der größten PR-Unternehmen der Welt, zu dessen reichen Kunden die kuwaitische Königsfamilie gehörte. Nayirahs Zeugenaussage war Teil einer bewussten und erfolgreichen Strategie und eines von zahlreichen inszenierten Medienereignissen, die allesamt dazu dienen sollten, die amerikanische Wut auf Bagdad anzuheizen.

Kranke und schwache Babys, aus ihren Inkubatoren gerissen und auf dem Fußboden ausgesetzt: Starke Stimulanzien sind erforderlich, um Aufmerksamkeit und Gefühle der Empörung zu erzeugen. Oder überhaupt Gefühle. Wenn das Informationsangebot die Nachfrage übersteigt, verhält es sich mit der Aufmerksamkeit aus nahe liegenden Gründen genau umgekehrt. Aufmerksamkeit – gespitzte Ohren und konzentrierte Augen – ist in der so genannten *New Economy* eine echte Mangelware. Das hat mit

Wohlstand und Bildung zu tun. Soziologen aus mehreren Ländern haben gezeigt, dass zwischen größerem Wohlstand und höherem Bildungsgrad einerseits und einem allgemeinen Gefühl von Zeitmangel andererseits ein klarer Zusammenhang besteht. Natürlich haben wir nicht weniger Zeit als frühere Generationen oder als Menschen in weniger gesegneten Regionen des Planeten. Hier geht es einmal mehr um Vielfalt; das Spektrum der möglichen Tätigkeiten und Freizeitbeschäftigungen ist so viel größer als zuvor. Es gibt so viel, für das wir innerhalb der verfügbaren Zeit gern Zeit erübrigen würden.

Unsere Geduld mit der Langsamkeit schwindet. Wir assoziieren alles Alte mit Langsamkeit, und wir vermeiden alles Alte wie die Pest. Kinder und Teenager vermeiden instinktiv Schwarzweißfilme, auf die sie beim Zappen stoßen, weil sie nicht ohne Grund Schwarz und Weiß mit Langsamkeit assoziieren. Alles, was Warten erfordert, erscheint als »tote Zeit«. Das unausgesprochene Ziel aller, die sich auf der Höhe der Zeit wähnen, ist es, in jeden Augenblick möglichst viel Erlebniswert zu quetschen. Starke Effekte vermitteln die Illusion reichen Erlebens, und Unterhaltung ist die Glasur, die den Kuchen essbar macht und von anderen Kuchen unterscheidet. Mit letzter Sicherheit wissen wir nur, dass das Leben kurz ist und dass unsere Aufgabe im Leben darin besteht, es mit möglichst vielen verschiedenen Erlebnissen und möglichst vielen Kicks anzufüllen. Gewinner ist nicht länger, wer möglichst nah an den Arsch des Königs herankriecht (wie zu Zeiten des Feudalismus) oder das meiste Geld auf dem Konto hat, wenn er stirbt (wie im Kapitalismus), sondern wer die meisten und die ausgefallensten Kicks erlebt hat.

Unterhaltung ist heute das, was Informationen zu sein vorgeben: der größte Aufmerksamkeitsmagnet überhaupt und somit der wichtigste Wirtschaftsmotor. Die Entwicklung nähert sich in Riesenschritten dem Punkt, an dem alle Wirtschaftsbranchen Unterhaltungscharakter annehmen. Das Einkaufserlebnis selbst wird mit Unterhaltung angereichert; ein breites Sortiment an Unterhaltungsprodukten wird an Tankstellen verkauft und in Bibliotheken verliehen. Unterhaltung vervollständigt und ergänzt das Konsumerlebnis und stellt somit einen entscheidenden Faktor für die Etablierung von Markennamen dar; der Unterhaltungsfaktor lässt einzelne Produkte attraktiver erscheinen als andere und fördert den Warenumsatz im traditionellen Ladengeschäft ebenso wie auf Internetportalen.

Alles muss stets Spaß machen. Wenn Menschen Langeweile empfinden, gehen sie weg und konsumieren anderswo. Las Vegas ist nicht nur der Ort mit dem größten Wachstum, sondern auch mit seinem intellektuellen Klima richtungweisend. Akademikerstars laden ihr Publikum zu großen Shows ein. Und die Notwendigkeit, in den Medien Unterhaltung zu präsentieren, ist zur wichtigsten Aufgabe von Politikern und Geschäftsleuten geworden. Alles deutet darauf hin, dass wir uns heute am Anfang einer Epoche befinden, in der ausgerechnet Informationen ihr Prestige in der allgemeinen Wahrnehmung einzubüßen beginnen. Die allzu leichte Zugänglichkeit von Informationen hat diese zu einem logistischen Problem und einer Art Umweltverschmutzung werden lassen. Wenn eine Suche im Netz 4 Millionen Treffer liefert, was sollen wir mit den Informationen dann anstellen? Es wird der Tag kommen, an dem die enthusiastischen Cheerleader erkennen werden, dass sie »gelinkt« wurden. Das Erstrebenswerte ist das schwer Erreichbare: Überblick, Kontext und Wissen. Hier liegt Macht begründet.

5

Kuratoren, Nexialisten und Eternalisten: Die Netokraten und ihre Weltsicht

CAELORVM TV ES
FIDES
MVNDO
AGNOS ET OVES
ERIT LIGATVM

Infolge des gegenwärtigen Paradigmenwechsels und des Übergangs vom Kapitalismus zum Informationalismus verlässt die Macht die Salons des Bürgertums und wandert in die virtuelle Welt, wo eine neue Elite, die Netokratie, zu ihrer Übernahme bereitsteht. Wer aber sind diese Netokraten, und was unterscheidet sie von ihren Vorgängern aus dem Bürgertum? Wo können wir sie finden, und was sind ihre charakteristischen Merkmale? Was sind ihre Ziele und Strategien, ihre Interessen und Werte? Wie sehen sie sich selbst und ihre gesellschaftliche Zukunft? Und wie ist diese neue Elite strukturiert: Welche internen Differenzierungen und Hierarchien weisen die Netokraten auf? Um uns ernsthaft mit diesem Fragenkomplex auseinander zu setzen, müssen wie zuerst die Denkweise und Umstände verstehen, auf denen der Erfolg dieser neuen dominierenden Klasse beruht. Wir müssen sie und ihre Werte in ihren geschichtlichen Kontext einordnen.

Seit der frühesten Philosophie war das westliche Denken in zwei Stränge unterteilt. Wir wollen hier von der totalistischen und der mobilistischen Tradition sprechen – im vollen Bewusstsein der Einwände, die sich gegen eine solche Unterteilung erheben lassen. Die Philosophie des Mobilisten Heraklit beispielsweise inspirierte Platon, den totalistischen Schüler des ebenso totalistischen Sokrates, nicht zuletzt zu seinen grundlegenden Vorstellungen von der Ideenwelt. Aus pädagogischen Gründen konzentrieren wir uns hier dennoch auf die Unterschiede zwischen beiden Strängen, anstatt ihre Überschneidungen zu studieren.

Die totalistische Tradition ist charakterisiert durch die Konstruktion des großen Systems: das Streben nach einer einzigen, Existenz und Geschichte vollständig umfassenden und erklärenden Theorie. Das chinesische Pendant zu dieser Denktradition ist der Konfuzianismus. Sokrates, Platon und Aristoteles sind die drei zentralen Figuren innerhalb der totalistischen Tradition, die das westliche Denken beherrscht haben: Ihre Ideen wurden von großen Systematikern von Descartes und Kant bis zu Hegel und dem Utopisten Marx genährt und weiterentwickelt. Aber selbst das Christentum und seine Theologie mitsamt all den politischen Ideologien der kapitalistischen Ära gehören zur totalistischen Gruppe. Kirche und Staat sind in der Form, die sie in unserer Zivilisation angenommen haben, als totalistische Institutionen zu betrachten.

Das totalistische Denken basiert auf dem unteilbaren Subjekt. Die Regeln der Philosophie sind axiomatisch und werden als von Anfang an gegeben angenommen. Den elementaren Baustein dieses Systems bildet das Ego, um das die gesamte Existenz wie der Mond um die Erde kreist. Das Denken ruht in sich selbst und ist bestrebt, das Sein von diesem angenommenen fundamentalen Punkt aus zu beleuchten und zu betrachten. Die Beobachtung zielt folglich vom Ego auswärts in die Welt. Die totalistische Philosophie interessiert sich für die Beziehung zwischen Seele und Körper (= Ego und Welt). Sie ist im Grundsatz dualistisch. Diese Denkweise reflektiert ihre eigene unverzichtbare Produktivität und liebt es, sich mit moralischen und politischen Fragen zu beschäftigen. Das Ziel besteht darin, ein System zu schaffen, das Leben und Welt erklärt und eine praktische Anleitung liefert. Die grundlegenden Fragen drehen sich um die menschliche Identität: Wer sind wir, und welcher Platz in der Welt kommt uns zu?

Die totalistische Frage ist eine Frage auf der Suche nach einer Antwort. Die Frage ist der Weg, die Antwort ist die Wahrheit, die Wahrheit ist das Ziel; und eine Welt, in der alle Fragen beantwortet sind, ist eine vollkommene Welt, eine glasklare Totalität (daher der Name Totalismus), eine manifest gewordene Utopie. Platon behauptete, dass diese Utopie bereits existiert und sogar realer ist als die Wirklichkeit, die wir wahrzunehmen meinen, obgleich sie nur eine schwache Imitation dieser hyperrealen Ideenwelt darstellt. Diese Ideen sind die unerreichbaren Originale; die Dinge, die wir wahrnehmen, sind notgedrungen nur unzulängliche Kopien. Das Christentum übernahm diese Vorstellung von der Utopie, die bereits existiert, aber in diesem Fall ist die Verbindung zur tatsächlichen Realität problematischer. Die Utopie existiert, aber nicht im Hier und Jetzt. Die christliche Utopie ist teils ein verlorenes Paradies, aber auch ein kommender Zustand himmlischer Freude: die Welt vor dem Sündenfall und die Welt nach dem Jüngsten Gericht. Wenn das Christentum in die Zukunft blickt, blickt es zugleich in die Vergangenheit; sein Ziel ist die Wiederherstellung von etwas, das bereits einmal existierte.

Für die Totalisten späterer Zeiten, besonders für die politischen Ideologen, ist die Utopie nicht ein Faktum, sondern ein mögliches und erstrebenswertes Projekt. Die Menschen selbst lassen diese Utopie allmählich Wirklichkeit werden, zuerst in Form einer Vision, dann in der Realität durch konzentrierte politische Aktivität. Seit Gott aus dem Spiel ist, müssen die Menschen sich selbst in Gott verwandeln und zum Meister ihres Schicksals werden, wenn sie ihre Utopie verwirklichen wollen. Die Aufgabe der totalistischen Philosophie ist es dann, einen Weg aufzuzeigen, wie dies möglich ist. Alle Totalisten eint die Vorstellung von einer irgendwie gearteten Utopie, die bereits realisiert wurde, realisierbar ist oder zumindest realisiert werden sollte. Daran knüpft sich die Vorstellung von einer objektiven Wahrheit, einem Absolutum an, aufgrund dessen sich der Istzustand bewerten lässt. Die Frage lautet nicht, ob das Leben einen vorbestimmten Zweck hat, sondern worin dieser Zweck besteht.

Das totalistische Denken beschäftigt sich infolgedessen mit moralischen Gegensätzen wie gut und böse, schwarz und weiß, hoch und niedrig, richtig und falsch, nützlich und nutzlos und so weiter. Das Ziel besteht darin, die menschlichen Gedanken und Handlungen auf unterschiedliche Waagschalen zu legen, deren Pole diese Werte bilden. Die Philosophie hat die Aufgabe, diese Werte ein für alle Male zu bestimmen, indem sie sie von einem imaginären Idealzustand, dem Absoluten, ableitet oder unter Berücksichtigung der ewigen Erfordernisse der Menschheit erzeugt. Damit versucht sie, ein stabiles Fundament für kategorische Urteile zu legen; jedes Mal, wenn wir gefragt werden, was wir über die eine oder andere Sache wirklich denken, ist der gute Totalist in uns gefragt. Zweieinhalb Jahrtausende totalistischen Denkens haben ein nahezu unüberschaubares Spinnennetz von Gesetzen, Regeln, Vorurteilen und kollektiven Besessenheiten geschaffen.

Allen Formen totalistischer Philosophie ist gemein, dass sie dem Denken selbst keinen Wert beimessen. Die Aufgabe der Philosophie ist letztlich rein instrumentell: sich selbst überflüssig zu machen. Wenn die Utopie erreicht ist, bedarf es keines totalistischen Denkens mehr, wie auch eine Leiter ihren Zweck für jemanden erfüllt hat, der mit ihr aus einem dunklen Brunnen geklettert ist. Bis dahin ist die Philosophie ein Arbeitswerkzeug, eine produktive Disziplin unter vielen, die den Menschen etwas Nützliches und zugleich Erfreuliches bieten. Der Unterschied zwischen den diversen totalistischen Strängen ergibt sich aus dem Absolutum, von dem sich die Philosophie jeweils herleitet und welches wiederum von der Art der angestrebten Utopie abhängt.

Die Sprache selbst ist von der totalistischen Tradition besetzt, so dass es schwierig ist, überhaupt in alternative Richtungen zu denken

Das bedeutet, dass die Totalisten in diversen zentralen Punkten tief gespalten sind: Innerhalb dieses großen Gebiets ist reichlich Platz für religiöse und ideologische Kriege und Konflikte, von denen die Geschichte viele traurige Beispiele bereithält. Die ungeheure Vielfalt der Inhalte unter dem totalistischen Schirm kann den Betrachter leicht zu der Ansicht verleiten, dass das Denken selbst totalistisch strukturiert und eine andere Denkweise einfach nicht möglich ist. Sowohl Kant als auch Hegel waren sich dessen bewusst und rangen mit dieser Frage. Dieser Eindruck wird noch dadurch verstärkt, dass das totalistische Denken die westliche Kultur so gründlich und so lange beherrscht hat. Die Sprache selbst ist von der totalistischen Tradition besetzt, so dass es schwierig ist, überhaupt in alternative Richtungen zu denken.

Die totalistische Philosophie ist geradezu besessen von der Fähigkeit des Menschen, abstrakt zu denken und beispielsweise die Zeit als die vierte Dimension zu erfassen, um so die Welt sowohl aus der vorwärts als auch aus der rückwärts gerichteten Perspektive zu betrachten. Für einen Totalisten ist es nur natürlich, dieses einzig dem Menschen verliehene Bewusstsein für die Zeit herauszustreichen und ständig seine daraus resultierende Sonderstellung in der Natur zu betonen. So teilen die Menschen zwar 98 Prozent ihrer Gene mit den Schimpansen, entscheidend sind jedoch die 2 Prozent, die sie von ihrer Umwelt unterscheiden. Leben ist ein Bewegungsprozess mit einer eindeutigen Richtung, einem klaren Anfang und einem vorhersehbaren Ende. Die Gegenwart ist dementsprechend nur zweitrangig: Das Interesse gilt in erster Linie dem Ausgangspunkt in der Vergangenheit und dem Endziel in der Zukunft.

Hierin liegt ein zentraler totalistischer Wert. In dieser anthropozentrischen Weltsicht hat alles einen Bezug zum Menschen und seinen Bedürfnissen: An einem Gegenstand, einem Ereignis oder einem anderen Lebewesen interessieren in erster Linie seine Ähnlichkeit und sein Nutzen in Bezug auf den Menschen, der folglich das Maß aller Dinge darstellt. Die Bedeutung des Lebens liegt in den Menschen selbst, ihren Wünschen und ihrem individuellen Heil. Je größer die Ähnlichkeit und/oder der Nutzen für die Menschen, desto größer der Wert. In Anlehnung an Descartes, den ersten modernen Philosophen, können wir das Credo des Humanismus wie folgt formulieren: Ich denke, also bin ich; und weil ich es bin, der denkt, entscheide ich auch; und indem ich entscheide, werde ich die Realität zwingen, meinem Willen zu gehorchen.

Das totalistische Denken ist in all seinen Ausprägungen streng hierarchisch. Der Mensch ist definiert als ein Wesen, das sich weigert, ein Tier zu sein, und deshalb über den Tieren steht. Wenn die Menschen das Maß aller Dinge sind, folgt daraus notgedrungen, dass sie einen objektiv einzigartigen Status genießen. Sie zeichnen sich durch ihre Fähigkeit aus, abstrakte Ideen zu denken und zu formulieren, und dies begründet ihren höheren Wert. Solange einzig die Menschen darüber verfügen, besitzen sie den höchsten Wert in der Schöpfung, und alles um sie herum ist ihnen untergeordnet. Es handelt sich offensichtlich um einen Zirkelschluss. Die Menschen stehen an der Spitze der Hierarchie, weil sie über die höchsten Qualitäten verfügen, die sie zu Menschen machen.

Das ist der Kern des großen und unlösbaren Dilemmas der totalistischen Denkweise: Wie kann eine Philosophie, die sich auf eine vorgegebene Hierarchie bezieht, in der die Menschen über allen anderen Lebewesen stehen, das Zugeständnis einer hierarchischen Ordnung innerhalb der einzelnen Arten und somit auch zwischen unterschiedlichen Menschen umgehen? Wie kann sie einem einzelnen Menschen das Recht absprechen, über den Rest der Menschheit zu herrschen? Vielleicht besitzt der Betreffende diese höchsten Qualitäten in besonders großem Umfang? Platon warb bekanntermaßen dafür, die Macht in die Hände der Philosophen zu legen. Viele andere Totalisten hatten dieselbe Idee. Manche Menschen sind einfach besser als andere in der Lage, über die stumpfen Massen zu herrschen. Und wenn das Prinzip der Hierarchie erst einmal anerkannt und etabliert ist, hat die Zahl ihrer möglichen Ebenen keine Schranke. Die weniger Befähigten finden sich dann möglicherweise weit entfernt von der Spitze wieder.

Dass das totalistische Denken die westliche Kultur in diesem Ausmaß dominierte, liegt weniger an seiner intellektuellen Überlegenheit als vielmehr daran, dass es unter dem reinen Machtaspekt eine ungeheuer nützliche Plattform für die Konstruktion der Gesellschaft bot. Im Feudalismus ebenso wie im Kapitalismus nahm jede nennenswerte gesellschaftliche Kraft und jeder Mythos eine Position unterhalb einer totalistischen Struktur ein. Jeder, der eine utopische oder eschatologische Vision hatte, konnte sich auf diese Struktur beziehen, was wiederum die Legitimität der Struktur stärkte.

Der Dynamismus im totalistischen Denken half nicht nur, bestehende Machtstrukturen zu stützen, sondern auch, sie zu kritisieren und umzustürzen. Mit dem Hinweis auf das totalistische Ideal wurden nicht nur Gott, Monarch, Staat, Demokratie und andere Symbole der an der Macht befindlichen Elite verteidigt, sondern auch Revolutionen und andere gesellschaftliche Umtriebe legitimiert. Aber mittlerweile ist Sand in das

Getriebe gekommen. Mit dem Durchbruch des informationalistischen Paradigmas gerät diese sorgsam konstruierte, allgemein anerkannte philosophische Plattform von mehreren Seiten gleichzeitig unter Beschuss. Es zieht und zerrt an allen Ecken und Enden. Das grandiose totalistische Modell, das Fundament des westlichen Gesellschaftssystems, bricht in sich zusammen.

Der Übergang vom Feudalismus zum Kapitalismus hing mit Paradigmenwechseln in Wissenschaft und Technologie zusammen. Die Fundamente der neuen Weltsicht wurden von Astronomen und Wissenschaftlern wie Kopernikus, Kepler, Galileo und Newton gelegt. Die Denker des frühen Kapitalismus, die so genannten Aufklärungsphilosophen, waren weniger mit wirklich neuen Gedanken beschäftigt als vielmehr mit der Reparatur und Anpassung traditioneller Denkweisen an die neuen Wissenschaften und ihre revolutionären Enthüllungen zum Wesen der Wirklichkeit. Der Wunsch, eine unabhängige, objektive Wahrheit und einen Mittelpunkt der Existenz dingfest zu machen, bestand jedoch unvermindert fort. Es gab keinen ideologischen Freiraum, um die philosophischen Folgerungen aus dieser neuen Weltsicht und dem Fehlen eines Zentrums zu ziehen. Das hätte bedeutet, die totalistische Plattform preiszugeben, die jedoch noch wichtige Aufgaben zu erfüllen hatte.

Das Bürgertum hatte keine Probleme, sich auf die neue Realitätswahrnehmung einzustellen, in der die Erde nicht länger den Mittelpunkt des Universums bildete. Diese unbestreitbare Tatsache war im Gegenteil eine äußerst nützliche Waffe im Kampf gegen die alte feudale Machtstruktur. Als klar wurde, dass sich die Erde um die Sonne dreht und nicht umgekehrt, untergrub dies die gesamte Autorität der alten Ordnung und brachte sie ins Wanken. Die ganze alte Konstruktion mit Gott, Kirche, Monarch und Aristokratie hatte ausgespielt; die Akteure konnten sich an den Rand des Spielfelds zurückziehen. Andererseits war es für das Bürgertum unmöglich, die Gedankenkette einen Schritt weiter zu führen und aus der neuen Weltsicht den Schluss zu ziehen, dass der Mensch selbst herabgestuft worden war und fortan nicht mehr das Maß aller Dinge und der zentrale Ausgangspunkt der Philosophie sein konnte. Ein solches Eingeständnis war inakzeptabel, weil es die vitalen Interessen des Bürgertums bedroht hätte. Der Mensch war der befugte Stellvertreter Gottes, und deshalb war es philosophisch unumgänglich, seine Sonderstellung an der Spitze der Hierarchie festzuschreiben. Zur Sicherheit wurde die Philosophie in Fesseln gelegt und marginalisiert, indem ihr eine untergeordnete Stellung als exzentrischem Abweichler unter den neuen humanistischen Wissenschaften zugewiesen wurde. Die kapitalistische Ära wurde zu einer humanistischen Diktatur.

Drei weitsichtige und bahnbrechende Philosophen verstießen gegen die Regeln der Anpassung, aber ihr innovatives Denken hatte einen hohen Preis. Der Holländer Baruch Spinoza wurde von seinen Zeitgenossen, nicht zuletzt von seiner eigenen jüdischen Gemeinschaft, ausgegrenzt und ignoriert. Sein Monismus bedeutete einen radikalen Bruch mit dem totalistischen Dualismus. Der Schotte David Hume wurde gezwungen, den Rückzug anzutreten und seine radikalsten Ideen abzuschwächen. Und der erste in einer Reihe großer deutscher Denker, G. W. Leibniz, sah sich genötigt, die wahrlich bahnbrechenden Elemente seines Denkens – wonach das innerste Wesen der Existenz Bewegung und nicht Stoff ist – hinter diversen Vorstößen innerhalb des totalistischen Denkens zu verstecken, die für seine Zeitgenossen leichter verdaulich waren. In totalistischen Geschichtsbüchern erscheint Leibniz häufiger als brillanter Mathematiker, als »der letzte große Renaissancemensch«, denn als ein Vorläufer des Barock in der Philosophie.

Der Durchbruch der neuen Weltsicht geschah mit unglaublicher Macht. Der kapitalistischen Machtmaschinerie erschien der Empirismus der Naturwissenschaften (die auf die reale Erfahrung angewandte Präzision der Mathematik anstelle luftiger Spekulationen darüber, wie die Realität geordnet sein sollte) als eine extrem attraktive Eigenschaft. In der Möglichkeit, Politik mit Wissenschaft in Verbindung zu bringen und sich von ihr Glaubwürdigkeit zu borgen, erkannte sie einen potenziellen Wert. Das würde der politischen Macht eine solide begründete Legitimität verleihen. Langfristig konnte aus der Politik eine eigenständige Wissenschaft werden. Die Verwirklichung des Projekts erfolgte im 19. Jahrhundert mit der Etablierung von Nationalökonomie, Soziologie und politischer Wissenschaft als akademische Disziplinen. So wurde eine unheilige Allianz zwischen Politikern und Akademikern begründet, wobei es den Akademikern überlassen blieb, Wahrheiten zu fabrizieren, die den Ambitionen des Bürgertums zupass kamen. Aber auch für die Wissenschaft, die mit umfangreichen Ressourcen versehen und mit einer Vielzahl attraktiver Aufgaben betraut wurde, brachte diese Allianz erhebliche Vorteile. Die akademische Welt ersetzte allmählich die alten, überholten Institutionen wie

Hof und Kirche als Rekrutierfeld für die politische Führungskaste. Ein akademischer Titel bildete neben einem gesunden Bankkonto das Hauptattribut des Bürgertums.

Bis Ende des 18. Jahrhunderts war die Wissenschaft frei gewesen, insofern sich die Forscher vergleichsweise ungestört den Themen widmen konnten, die sie interessierten: der Übersetzung der Bibel in neue Nationalsprachen, der Klassifizierung von Pflanzen und Sprachen, der Beobachtung des Himmels durch das Teleskop. Dann jedoch wurde die akademische Welt in dem Maße an die politische und kommerzielle Leine gelegt, wie der Wissenschaft im Kapitalismus große und prestigeträchtige Aufgaben übertragen wurden – wie der Schutz der Sonderposition des Menschen in der Natur und seine Platzierung an der Spitze der Hierarchie anstelle Gottes. Aus diesem Grund wurden die so genannten humanistischen Wissenschaften erfunden. Die akademische Welt wurde so in die kapitalistische Machtstruktur eingewoben; sie wurde ein unsichtbarer Teil von ihr. Das neue große Projekt Mensch hatte seinen Anfang genommen.

Weil sich das kapitalistische System als durch und durch rational definierte, bestand auf einmal kein Bedarf mehr an einer Philosophie, die definierte, was als intellektuell und moralisch korrekt und was als irrational und moralisch verwerflich zu gelten hatte, reichten doch Wissenschaft, Markt und repräsentative Demokratie vollkommen aus, um Fragen dieser Art zu beantworten. Die totalistische Philosophie hatte sich also selbst überflüssig gemacht. Weil das totalistische Denken aufs Engste mit dem überwundenen aristotelisch-ptolemäischen Weltbild zusammenhing – ein Umstand, den seine Vertreter nicht erkennen wollten –, ließ es sich auf eine Art therapeutischer Museumsaktivität reduzieren. Das Eingeständnis der Notwendigkeit einer neuen Weltsicht hätte die ganze Aktivität der Denker untergraben, und nur wenige waren bereit, diesen Preis zu zahlen – besonders in einer Gesellschaft, in der gesellschaftlicher Ausschluss auf dem schnellsten Weg in die stolzeste Erfindung der humanistischen Wissenschaften führte: die Irrenanstalt.

Gleichzeitig war das Bürgertum nicht bereit, eine philosophische Alternative zur totalistischen Tradition zu tolerieren, war diese doch die Basis der humanistischen Überideologie, die heilig und über jeden Zweifel erhaben war. Diese Blockade führte zu der tragischen Konsequenz, dass die Philosophie unter dem Kapitalismus von einer totalistischen Priesterschaft kontrolliert wurde, die dazu verurteilt war, langsam und ohnmächtig dahinzuwelken, aber weder abdanken wollte noch dazu ermächtigt war. Das wiederum bedeutete, dass der philosophische Paradigmenwechsel niemals stattfand: Humanismus stand in jeder Hinsicht für die Fortsetzung des Alten, Traditionellen; ein zwischen Paulus und Aristoteles festgenageltes säkularisiertes Christentum. Eine umfassende Revolution in der Philosophie ließ auf sich warten.

Erst jetzt, wo das weltweite Netz Formen annimmt und die kapitalistischen Machtstrukturen zu zerbröckeln beginnen, ist die Zeit gekommen, den Totalismus auf breiter Front in Frage zu stellen. Die netokratische Weltsicht basiert auf Vorstellungen, die sicherlich nicht neu sind und sich im Kern bis auf die alten Griechen zurückverfolgen lassen, sich aber bislang nicht als vollgültige Alternative zur bis heute vorherrschenden totalistischen Denkweise in der Philosophie eigneten. Wir bezeichnen diese Alternative, die das Denken und die konzeptionelle Welt der informationalistischen Elite charakterisiert, als die mobilistische Tradition. Sie hat ihren Ursprung im griechischen Philosophen Heraklit und entwickelte sich während der gesamten Geschichte mehr oder weniger im Geheimen, wo sie nur schwach im dunklen Schatten der vorherrschenden totalistischen Tradition vor sich hin glomm.

Erst jetzt, wo das weltweite Netz Formen annimmt, ist die Zeit gekommen, den Totalismus auf breiter Front in Frage zu stellen

Kennzeichnend für die mobilistische Tradition ist zuallererst der Wunsch nach universeller Offenheit. Der Einzelne hat das Bedürfnis, sich den aktuellen Bedingungen des Seins zu unterwerfen und sich mit den bestehenden Umständen zu arrangieren, um von dieser Position aus zu versuchen, die vom Schicksal vorgegebenen Bedingungen zu verbessern. Wir haben es also mit einer Haltung zu tun, die das direkte Gegenteil der totalistischen Philosophie darstellt: Das Denken wird hinaus in die Existenz verlagert und blickt von außen auf den Menschen. Das Ego wird nicht für selbstverständlich genommen. Die Philosophie arbeitet von der Welt in Richtung auf den Einzelnen – eine Haltung, die sich im östlichen Denken im Taoismus und im Mahayana-Buddhismus wiederfindet. Die mobilistische Frage verlangt nach keiner Antwort. Sie ist vielmehr eine Frage, die ständig nach der hinter der konkreten Antwort verborgenen Frage sucht. Die Frage ist Ausdruck des leidenschaftlichen Bedürfnisses nach einem freien und kompromisslosen Denken, nach intellektueller Integrität; die Antwort kann deshalb niemals etwas anderes als eine gedankliche Sackgasse sein – ein Ruhekissen für philosophische Feiglinge, ein Manöver, um von den Handlungen der zugrunde liegenden Kräfte abzulenken. Das Sein spielt sich in der Gegenwart ab, Aktualität ist gleichbedeutend mit Wirklichkeit.

Die Utopie in ihren vielfältigen Ausprägungen, der Traum von einer kontrollierenden Totalität, ist die Hauptzielscheibe der Mobilisten. Die Utopie erscheint als ein reines Machtinstrument, das totale Unterwerfung fordert und den Menschen daran hindert, frei zu denken und vollständig in der Gegenwart zu leben. Für die Aufgabe seiner Freiheit wird ihm eine Belohnung in einer mehr oder weniger fernen Zukunft versprochen. Er tauscht Freiheit gegen Fortschritt und die Hoffnung auf die Teilhabe an der kommenden Utopie ein. Der Pfad ist gesäumt von all den »objektiven Wahrheiten« der totalistischen Philosophie, jenen Axiomen, die der Mobilist in Frage stellt und als die Täuschungsmanöver der Macht enttarnt: Ego, Existenz, Dualismus, Hierarchie, Gesetze, Schuld, Opfer, Angst, Gedächtnis, Rache, Sympathie, Fortschritt und so weiter. All diese »Wahrheiten« konvergieren an dem Punkt, an dem die Belohnung winkt – eine Belohnung für die selbst gewählte Sklaverei, in die sich der Mensch freiwillig oder unfreiwillig locken lässt. Ein konkretes Beispiel liefern die Kapitalisten, wenn sie stolz auf die Gegenwart verzichten und die Befriedigung ihrer Bedürfnisse in eine ungewisse Zukunft aufschieben, in der dieser Aufschub von Leben, diese Kapitalisierung einen positiven Wert hat.

Die mobilistische Philosophie lehnt all dies ab und bietet stattdessen als einzige Belohnung den Rausch der Freiheit und die begrenzten, aber realen Möglichkeiten der Gegenwart. Die vorrangige Aufgabe der mobilistischen Philosophie ist die eines Pförtners: der Schutz des Denkens vor den umgarnenden Machenschaften der Macht. Das Ziel ist die Enttarnung jedes Versuchs, die Hierarchien, die zu konstruieren wir uns subjektiv gezwungen sehen, um das Sein verständlich zu machen, zu objektivieren. Dazu müssen die Philosophen ihre Machtkritik so formulieren, dass sie frei von Attitüden der »Konstruktivität« ist, weil die Forderung nach »Konstruktivität« gleichbedeutend mit der Forderung der Macht ist, die Philosophie selbst für die Macht nutzbar zu machen. Eine konstruktive Machtkritik ist in Wirklichkeit ein integraler Bestandteil des ideo-

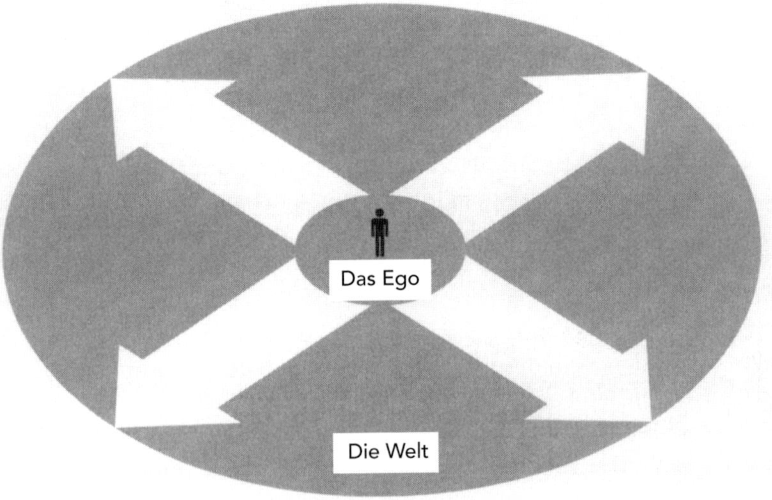

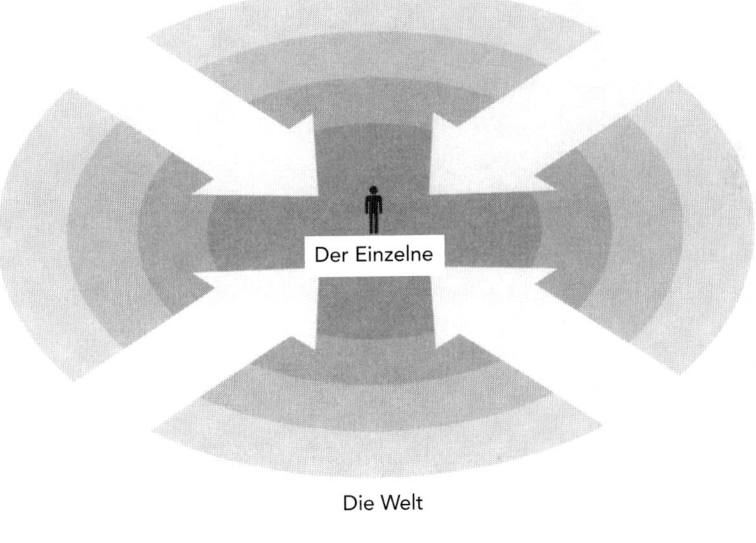

Totalismus und Mobilismus

logischen Machtsystems, weil ein Kritizismus dieser Sorte domestiziert und selbst in dem Augenblick, in welchem er formuliert wird, harmlos ist. Die Aufgabe der Kritik beschränkt sich auf den Schutz der Macht, deren Schwachstellen sie aufdeckt, um sie letztlich gegen zukünftige Angriffe zu wappnen und ihre Position zu festigen.

In der mobilistischen Tradition hat das Denken einen Wert an sich. Der mobilistische Kritizismus führt deshalb keinen Dialog mit der Macht und lässt sich nicht auf Kuhhandel ein, sondern enttarnt die gegebenen »Wahrheiten«, »Fortschritt« und »Belohnungen« als Illusionen und fixe Ideen. Er steht somit »außerhalb der Zeit«. Die Forderung nach Freiheit gilt auch für die Beziehung der Philosophen zu ihrer eigenen Philosophie: Das Denken hat vollkommen frei zu sein. Sobald Philosophen Besitzansprüche auf ihre Ideen erheben, verbünden sie sich mit der Macht, die sie kritisieren. Das ist natürlich problematisch, bedeutet es doch, dass mobilistische Denker niemals für die tatsächlichen und praktischen Konsequenzen ihres Denkens verantwortlich gemacht werden können. Das birgt ein enormes Risiko, aber ebenso jene unermesslichen Möglichkeiten, die stets Teil der mobilistischen Philosophie waren. Es lässt sich niemals im Voraus bestimmen, wohin die Reise am Ende führt.

Ironischerweise genossen die mobilistischen Denker schon immer die Bewunderung ihrer totalistischen Kollegen, die häufig Züge von Habgier annimmt. Ein Beispiel liefern Machiavellis aufschlussreiche Betrachtungen zur Wirksamkeit bestimmter Strategien in Machtspielen, die sowohl bei den Politikern der europäischen Renaissance als auch bei spätkapitalistischen Unternehmensführern höchste Wertschätzung genossen und als instruktives Lehrmaterial genutzt wurden. Oder Nietzsches prinzipiell antifaschistische Philosophie, die jedoch von den Nationalsozialisten im Deutschland der Dreißigerjahre vollkommen verdreht und als Angriffswaffe verwendet wurde. So sind die größten Bewunderer der Mobilisten häufig ihre ärgsten Feinde. Nachahmung ist bekanntlich die aufrichtigste Form der Schmeichelei, wenngleich die Imitatoren häufig den Kern dessen, was sie imitieren, verfehlen oder missverstehen. Totalisten interessieren sich für den Nutzen – nicht zuletzt ihren eigenen – und bestehen auf logischer Stringenz. Das Denken hat in den Grenzen der Sprache zu bleiben. Deshalb muss die Offenheit der mobilistischen Philosophie für Paradoxien – interessefreies Denken, das sich selbst genügt – den Totalisten unverständlich erscheinen.

Wenngleich mobilistische Gedanken auch von Zynikern verwendet werden können, erscheinen die mobilistischen Denker selbst häufig als unverständlich oder sogar lächerlich. Das ist der Preis für ihre Weigerung, am Tanz rund um die totalistischen Wahrheiten teilzunehmen. Aber mit dem Aufkommen der informationellen Gesellschaft ändern sich die Bedingungen für das Denken in dramatischer Weise. Damit ist nicht gesagt, dass das informationalistische Denken seinen Vorläufern in irgendeiner Weise »überlegen« oder »voraus« wäre; wer so argumentiert, demonstriert sein Gefangensein in totalistischen Werten, die von den Umständen für obsolet erklärt wurden. Vielmehr wird die informationelle Gesellschaft ihren Teilnehmern in vieler Hinsicht mehr Ehrlichkeit abverlangen. Sie wird intellektuell brutaler sein als vergangene Epochen. Diese Ehrlichkeit und Brutalisierung sind für das Verständnis der Netokratie und ihrer Werte von zentraler Bedeutung. Der Mobilismus bietet diese Qualitäten bereits an und verwirft deshalb – in meme-darwinistischer Weise – den Totalismus, der unter dem Gewicht seiner diskreditierten Axiome zusammenbricht. Ausgerechnet der Mobilismus ist also jener immanenten »Wahrheit« besonders nahe, deren Existenz er so entschieden leugnet.

Der Übergang vom Kapitalismus zum Informationalismus zwingt den Menschen zu einer radikalen Revision seines Selbstbildes und seiner Weltsicht. Die veränderten Umstände erfordern ein neues Denken, wenngleich dieses neue Denken in Wirklichkeit gar nicht neu ist. Was zuvor ignoriert, marginalisiert und missinterpretiert wurde, rückt nunmehr in den Blickpunkt. Aus der biologisch-evolutionären Perspektive betrachtet begünstigen die sozioökonomischen Veränderungen eine Mutation des Denkens, die in der Vergangenheit zu einer geschwächten Existenz führte. Stimmen aus der Peripherie werden immer lauter. Seit das Christentum im Kampf um die Nachfolge der alten Mythologie als Staatsreligion des Römischen Reiches über den Mithraismus triumphierte, blieb die mobilistische Tradition auf eine abgeschiedene Nische am Rand des westlichen Denkens beschränkt. Freidenker wie Lukrez, Spinoza und Hume erkannten die Beschränkungen der totalistischen Tradition und griffen sie in dem Maße an, wie sie es für ratsam hielten. Aber erst im 19. Jahrhundert konnte die mobilistische Tradition mit Friedrich Nietzsche erstmals in der philosophischen Arena punkten.

Die veränderten Umstände erfordern ein neues Denken, doch dieses neue Denken ist in Wirklichkeit nicht neu

Immanuel Kant öffnete die Tür, aber erst Nietzsche tat den entscheidenden Schritt in die neue Weltsicht.

Nietzsche ignorierte traditionelle totalistische Fragen aus dem philosophischen Kanon zur Bedeutung und Moral aller Dinge und wandte sich unmittelbar den anspruchsvollen mobilistischen Fragen zu: wer das sagte, was gesagt wurde, und warum. Mit seiner *amor fati*, der Schicksalsliebe, riss er Löcher in die Lesart, welche die Philosophie seit den Zeiten Descartes bestimmte. Er setzte das große totalistische Projekt – das Streben nach einer Totalität des Seins in Philosophie, Politik, Wissenschaft und Kunst, eine ewige und universell gültige Wahrheit – einer vernichtenden Kritik aus. Nietzsche verwarf jeden Gedanken an einen inneren Kern oder einen objektiven Zweck des Seins. So gibt es lediglich eine unendliche Masse kollidierender, ständig miteinander ringender Kräfte. Es ist im Grunde sinnlos, von einem festen Seinszustand zu sprechen; konstant ist nur der Zustand des unaufhörlichen Werdens. Das Sein ist nicht etwas, sondern wird etwas in dem ständig wechselnden Widerstreit der Kräfte.

Laut Nietzsche diente alles Gerede über Moral nur als Instrument, mit dem die Mächtigen die Massen und die Massen den Einzelnen im Zaum halten konnten. Infolgedessen stellte er das gesamte totalistische Aufklärungsprojekt in Frage. Aus Nietzsches Sicht ging es darin nicht um die Schaffung einer offeneren und besseren Welt für jedermann, sondern vielmehr um das Gegenteil: den Einschluss der Menschen in ein abgeriegeltes System, dessen Leitstern Normalität und dessen vorherrschende Eigenschaften Missgunst und Konformität waren. Die beiden Hauptzielscheiben seines Angriffs waren das paulinische Christentum und das, was er als dessen modernen Nachfolger begriff: der Humanismus. Nietzsche betrachtete diese Kräfte als reaktiv und deshalb verwerflich. Er vertrat stattdessen sein eigenes Ideal, den Übermenschen, dessen Handlungen aktiv und positiv waren. Er stellte das Leben und seine ungeheure Vielfalt über alles andere. Die freie, ungehinderte Kreativität fand ihren Ausdruck in dem, was Nietzsche als Willen zur Macht bezeichnete.

Das Ereignis, das den tiefsten Eindruck in der Philosophie des 20. Jahrhunderts hinterließ, war die Pariser Studentenrevolte von 1968. Studenten und organisierte Kommunisten trafen sich auf den Barrikaden in einem gemeinsamen Aufstand gegen die bürgerliche Gesellschaft. Die große Nachkriegsgeneration, die in den französischen Universitäten das Ruder übernommen hatte, war, ähnlich wie Flower Power und die Friedensbewegung in den USA der Vietnamkriegsära, von der Überzeugung getrieben, dass das kapitalistische System bankrott war und lediglich eines Gnadenschusses bedurfte, um Erlösung aus seinem Elend zu finden. Diese vielgestaltige Bewegung wurde von einer Auswahl charismatischer Figuren angeführt und inspiriert, zu denen der stark von Mao beeinflusste Marxist und Existenzphilosoph Jean-Paul Sartre gehörte.

Aber die Studentenrevolte schlug fehl. Die Fantasie kam niemals an die Macht. Nach wenigen Monaten war die Ordnung wiederhergestellt. Diese Niederlage führte zu einer umfassenden Neubewertung akzeptierter Wahrheiten, die von der französischen Intelligenzija gehegt worden waren. Die arbeitenden Massen hatten, anders als von den maoistischen Studenten und Akademikern erwartet und erhofft, keinerlei Interesse an einem bewaffneten Konflikt gezeigt. Die gegebene Utopie hatte sich nicht als hinreichend attraktiv erwiesen. Während mehrerer hektischer Jahre wurde die intellektuelle Szene gründlich umgestülpt. Zu Beginn der Siebzigerjahre gab es einen allgemeinen Durchbruch in Richtung einer neuen Philosophie mit den beiden Nietzscheanern Gilles Deleuze und Michel Foucault in der Vorhut. Die mobilistische Tradition fasste so Fuß in der akademischen Welt und begann, ihren wachsenden Einfluss auszuüben. Nietzsche eroberte Frankreich und dehnte sein Reich rasch weiter aus.

Deleuze, Foucault und ihre vielen Nachfolger wurden, insbesondere von ihren philosophischen Gegnern, als Postmodernisten bezeichnet. Dieser kontroverse Begriff basiert auf der Vorstellung, ihre Kritik richte sich in erster Linie unmittelbar gegen das große Projekt des modernen Totalismus: den Modernismus. Als Gegengewicht zu den dominierenden totalistischen Denkern propagierte Deleuze stattdessen die Pioniere der mobilistischen Tradition – von Heraklit über Spinoza und Hume bis zu Nietzsche –, entwickelte jedoch auch seine eigenen Gedanken, die nach Meinung Foucaults und vieler weiterer Beobachter als bedeutendster Beitrag zur Philosophie des 20. Jahrhunderts in die Geschichte eingehen werden. Indem der Deleuzianismus den Monismus Spinozas mit dem Ultramaterialismus Nietzsches vereint, greift er den Totalismus in seiner Wahrnehmung des Ego als stabiles Phänomen, in seinem Dualismus und in seiner Dialektik frontal an.

Wie Nietzsche begreift Deleuze das Sein als einen steten Konflikt zwischen Kräften unterschiedlicher Ausrichtung; die Machtbalance zwischen ihnen befindet sich im konstanten Fließzustand. Was ihn interessiert, sind die Differenzen zwischen den diversen Kräften. Von dem Punkt, an dem eine solche Differenz auftritt (Deleuze spricht von einer Singularität), dehnt sie sich ungehindert aus, während sie zugleich ständig neue Differenzen gebiert. Wir haben es also mit einer Weltsicht zu tun, in der das Sein nicht im menschlichen Bewusstsein enthalten sein kann, weil es sich in alle Richtungen unterschiedlich schnell verändert und in Mustern ausdehnt, deren Komplexität unsere Verständnismöglichkeiten überschreitet. Folglich erscheint das totalistische Streben, einen kompletten Überblick über das Sein zu erhalten, als absurd. Deleuze hat keinerlei Interesse am linearen Denken des Totalismus mit seinen Einführungen, Schlussfolgerungen und Gesamtschauen. Seine Philosophie konzentriert sich vielmehr auf den Mittelpunkt der mobilistischen Zeitachse – das Ereignis, die Rückkopplungsschleife im Zentrum der Dinge.

Nicht das Ego produziert das Denken, sondern das Denken produziert das Ego. Mit dem Denken ändert sich auch das Ego. Ein konstantes, feststehendes Ego – die Grundprämisse des Totalismus – gibt es nicht. So lässt sich unmöglich behaupten, der Mensch in seiner Eigenschaft als souveränes Subjekt könne der Wahrheit durch Erforschung seiner Umwelt auf die Spur kommen. Vielmehr müssen wir erkennen, dass sich der Mensch die Wahrheit weitestgehend seinen Zwecken und Umständen entsprechend konstruiert. Keine Wahrheit überlebt außerhalb der Umstände, in denen sie geschaffen wird und eine Funktion erfüllt. Die Suche des Totalismus nach der »universellen Wahrheit« ist deshalb absurd. Nach Deleuze ist die Aufgabe der Philosophie eine sehr viel bescheidenere: die Erzeugung funktionaler Konzepte, die den Menschen helfen, sich im Sein zurechtzufinden, indem sie diese ermuntern, aus ihrem Leben ein Kunstwerk zu machen. Ein neues Paradigma erfordert neue Konzepte.

Wie Nietzsche preist Deleuze die Kunst. Er begreift Philosophie als eine mit der Malerei und der Musik verwandte Kunstform. Er interessiert sich für die Ideengeschichte, ist davon fasziniert, wie Ideen in bestimmten geschichtlichen Perioden Cluster bildeten, nur um sich anschließend allmählich wieder aufzulösen. Diese Ideen sind wie Körper in ständiger Bewegung. Er bezeichnet sein Denken folglich als nomadische Philosophie. Sein Ideal beschreibt er als »einen Körper ohne Organe«, eine komplexe Struktur, vergleichbar mit einem Ei, wo die unterschiedlichsten Faktoren, zwischen denen keine Hierarchie besteht, miteinander in Wechselwirkung treten können, um ein Ganzes zu schaffen, das größer ist als die Summe seiner Teile. Deleuze wird deshalb meist jener mobilistischen Bewegung zugerechnet, die als mobilistische Naturphilosophie bekannt ist.

Die Deleuz'sche Vorstellung von einem Körper ohne Organe stellt eine passable Parallele zu den darwinistischen Genen und Memen dar. Im Schnittpunkt von Nietzsche, Darwin und Deleuze sind die Bedingungen für die erste von drei zentralen Figuren im netokratischen System gegeben: den Denker, den wir – nach der Nietzsch'schen Vorstellung von einem ewigen Werdezustand – als Eternalisten bezeichnen. In der eternalistischen Weltsicht haben alle Existenzen, ob Gene oder Meme, und die Deleuz'schen Cluster einen Ausgangspunkt, eine Singularität. Von dieser Singularität aus dehnt sich das Phänomen in alle Ewigkeit aus, wobei es von Zeit zu Zeit neue Singularitäten und neue komplexe Muster hervorbringt.

In den letzten zitternden Minuten des kapitalistischen Paradigmas wurde das Universum selbst durch die Konsolidierung der Physik hinter der Urknall-Theorie zu einem einzigen unermesslichen eternalistischen Phänomen. Die Urknall-Theorie basiert auf der Vorstellung, dass das Universum aus einer Singularität entstand, von der aus es sich nun in alle Ewigkeit ausdehnt. In der eternalistischen Weltsicht lässt sich dies auf alle Kräfte übertragen. Und wenn eine Reihe solcher Kräfte als ein Deleuz'sches geschichtliches Cluster, als ein Körper ohne Organe zusammenwirkt, dann entsteht das, was die Eternalisten eine Resonanzerscheinung oder eine Rückkopplungsschleife nennen. Diese für begrenzte Zeit blühenden Cluster und Resonanzen bilden die Zivilisationsknoten. In der eternalistischen Weltsicht ist somit der Einzelne, das Subjekt, eher ein Resonanzphänomen als ein feststehendes Ego.

Wenn sich Singularitäten, die auseinander hervorgegangen sind, in einem begrenzten Raum wiederfinden, werden sie sich früher oder später begegnen. Die dabei entstehenden Muster bilden eine genaue Parallele zum System der Kontakte, die sich in der Entwicklung eines Netzwerkes ergeben. Hier begegnet die eternalistische Weltsicht der Realität in der netokratischen Gesellschaft. Die Welt erscheint als einheitliches organisches Netzwerk, als umfassendes Netz, dessen Knoten die entstehenden

In der netokratischen Gesellschaft treten die Kuratoren an die Stelle der Politiker, die Nexialisten an die Stelle der Entrepreneure und die Eternalisten an die Stelle der Akademiker

Gen- und Memcluster darstellen. Wenn die Eternalisten die Interpreten dieser Realität sind, dann bilden die Entrepreneure, jene Akteure, die an den Knoten erscheinen, eine weitere Kategorie von Netokraten: die Nexialisten (nach dem lateinischen *nexus,* »Knotenpunkt«). Der Weg zu diesen Nexialisten oder die Verbindung zwischen ihnen wird von der dritten und mächtigsten der netokratischen Kategorien verwaltet: den Kuratoren. Die Kuratoren weisen den Nexialisten den Weg, während ihre gemeinsame Weltsicht von den Philosophen der netokratischen Gesellschaft, den analytischen Eternalisten, entworfen wird. Im Zusammenwirken dieser drei Rollen entsteht die netokratische Gesellschaft. Im Vergleich mit den Machthierarchien des Kapitalismus ergibt sich, dass in der netokratischen Gesellschaft die Kuratoren an die Stelle der Politiker, die Nexialisten an die Stelle der Entrepreneure und die Eternalisten an die Stelle der Akademiker treten.

Wenn Deleuze zum wichtigsten mobilistischen Philosophen wurde, dann wurde Foucault zum großen mobilistischen Historiker oder Wissensarchäologen, wie er sich selbst nannte. Für Foucault ist nichts in der Gesellschaft »natürlich«: Das Wort selbst ist Ausdruck der totalitären Ambitionen der Mächtigen, des Wunsches, sich alles Unerwünschten zu entledigen, indem es als »unnatürlich« erklärt wird. In gesellschaftlichen Konflikten geht es in erster Linie um die Erringung der Definitionsgewalt. Foucault arbeitet von den marginalisierten Gruppen der kapitalistischen Gesellschaft aus – den Ausgestoßenen mit ihren Wünschen und Bedürfnissen, den Ausgeschlossenen, zu denen er sich selbst zählte. Laut Foucault besteht die Aufgabe der Philosophen darin, die Macht zum Stillschweigen zu bringen und die Menschen aus der Sklaverei der Utopien zu befreien. Das Ziel ist es, den Schwachen die Möglichkeit zu verschaffen, sich selbst zum Ausdruck zu bringen.

Anstelle einer Demokratie, in der die Mehrheit ständig die Minderheit überstimmt, befürwortet Foucault eine Plurokratie, eine Gesellschaft, in der jeder Entscheidungen für sich selbst treffen kann, aber keine Erlaubnis hat, über andere zu entscheiden. Foucault sah jedoch nicht voraus, dass diese Plurokratie einst in großen Zügen realisiert werden würde: durch den technologisch getriebenen Übergang der informationellen Gesellschaft von der Demokratie zur Plurarchie (Plurokratie ist ein konzipiertes politisches Modell, während Plurarchie einen gesellschaftlichen Zustand beschreibt). Deleuze und Foucault waren beide von den elektronischen Medien fasziniert und bewiesen ein fast intuitives Verständnis für die Veränderungen und neuen Möglichkeiten, die sich infolge der technologischen Entwicklungen einstellen würden. Ihr Denken ähnelt in vielen Aspekten unserer eigenen Analyse des informationalistischen Paradigmas und eignet sich für alle, die verstehen möchten, wie die Netokratie als die neue Elite und das Konsumtariat (Konsumentenproletariat) als die neue Unterklasse sich selbst und die Welt sehen.

Ein Beispiel für ein typisches netokratisches Dilemma ist die immer wieder zu treffende Entscheidung zwischen Exklusivität und Inklusivität. Angenommen, zwei Netokraten begegnen sich auf einer einsamen Insel mit malerischen Ruinen und schönen Stränden, aber ohne jegliche Tourismusindustrie – ein typisch netokratisches Reiseziel, der perfekte Ort für jemanden, der Tourismus in Form eines exklusiven Konsums praktiziert. Während die beiden Netokraten auf ihren Liegestühlen zum Sonnenuntergang kühle Getränke nippen, beschäftigt sie die Frage, ob sie die Existenz der Insel geheim halten und nur ihren engsten Freunden davon erzählen oder ob sie Hotels und einen Flughafen errichten und die Insel dann als Reiseziel für alle Touristen der Welt vermarkten sollen. Mit anderen Worten: Sollen sie die Insel verbessern und dann an den Meistbietenden verkaufen?

Wenn sie die Insel als Geheimnis behalten, folgen sie einer exklusiven Strategie; wenn sie aus ihrer Erfindung Kapital schlagen, folgen sie der gegenteiligen, der inklusiven Strategie. Der Unterschied zwischen Netokraten und klassischen Kapitalisten besteht darin, dass Netokraten diese beiden Optionen haben. Das Wissen um die Existenz der Insel hat für die Netokraten einen so hohen Wert, und der mögliche Gewinn ist vergleichsweise so gering, dass die Exklusivität sehr wohl schwerer wiegen kann als der wirtschaftliche Gewinn. Der Kapitalist hat keine Wahl. Für ihn stellt die Kapitalvermehrung das zentrale Lebensprojekt dar, dem alles Übrige untergeordnet ist. Aber Netokraten teilen diese Sichtweise nicht. Im Bewusstsein der Tatsache, dass ihr neu entdecktes Paradies seine einzigartige Aura über seiner Ausbeutung verlieren würde, können Netokraten dank ihrer Unabhängigkeit und ihrem fehlenden Interesse an Kapital entscheiden, die Insel stattdessen exklusiv zu nutzen, indem sie diese als Geheimnis erhalten und nur zu ihrem eigenen Vergnügen und dem ihrer netokratischen Kollegen verwenden.

Ein Charakteristikum des inklusiven Konsums ist, dass mit Kapital bezahlt wird. Beim exklusiven Konsum hingegen ist Geld weitestgehend uninteressant; was zählt, sind Wissen und Kontakte sowie die Zugehörigkeit zu den wenigen Auserwählten, die über exklusive Informationen verfügen. Der Zugang zu diesem Zirkel kann nicht in der Weise mit Geld erworben werden, wie die Neuen Reichen sich mit den Gewinnen ihrer Geschäfte Status zu kaufen pflegten; als einzige Währung eignen sich wiederum Wissen, Kontakte und exklusive Informationen. Daraus folgt, dass sich das Bürgertum als die alte dominierende Klasse und das Konsumtariat als die neue Unterklasse mit dem inklusiven Konsum zufrieden geben müssen. Exklusiver Konsum ist der Netokratie vorbehalten.

Dieselbe Dynamik liegt den Machtstrukturen der informationellen Gesellschaft zugrunde. Einem unter den Informationstheoretikern des Spätkapitalismus verbreiteten Missverständnis zufolge wird die Transparenz des Netzwerks zu einer offeneren Gesellschaft führen, mit vollem demokratischen Durchblick auf allen Ebenen und der Möglichkeit für alle Beteiligten, Zugang zu denselben Informationen zu erhalten. Ein solches Argument sollte jedoch als einlullende netokratische Propaganda verstanden werden. Diese demokratische Utopie ist Symptom eines rationalistischen Wunschdenkens und beruht auf dem Missverständnis, die interne Dynamik der Netzwerke auf der Mikroebene sei automatisch auf die Gesellschaft als Ganze übertragbar. So einfach verhält es sich nicht. Was innerhalb eines Netzwerkes gilt, gilt nur dort und besagt nichts über die Dynamik auf der Makroebene, zwischen den diversen Netzwerken oder in der virtuellen Gesellschaft als Ganzer.

Die informationelle Gesellschaft wird in hohem Maße von Machthierarchien bestimmt. Diese sind jedoch nicht in traditioneller Weise strukturiert – auf der Basis von Individuen, Unternehmen oder Organisationen –, sondern aufgrund der Zugehörigkeit zu Netzwerken. Auf der untersten Ebene dieser Machtpyramide finden wir wieder einmal das Konsumtariat, gefangen in einem Netzwerk des inklusiven Konsums, in welchem jeder Mitglied werden kann. Kennzeichnend für dieses unterste Netzwerk ist, dass seine Hauptaktivität, der gelenkte Konsum, von oben gesteuert wird. Das System löst durch Werbung Bedürfnisse aus und liefert anschließend ausreichend Zahlungsmittel, um den Konsum auf einem von der Netokratie für nützlich erachteten Niveau zu halten. Das ist zu einem Schlafmittel sublimierter Hyperkapitalismus: Die Hauptsorge gilt nicht der Gewinnmaximierung, sondern der Verhinderung von Unruhen und virtueller Gewalt gegen die Netokratie. Über diesem breiten Basisnetzwerk entstehen kleinere, ständig sich erneuernde und miteinander konkurrierende Netzwerke. Sie funktionieren nach kapitalistischen Prinzipien (der traditionelle Golfklub ist ein gutes Modell). Nur wer es sich leisten kann, wird hier Mitglied. Aber an der Spitze der Hierarchie erhalten nur Anwärter mit attentionalem Wert Zutritt; also jene, die Wissen und Kontakte mitbringen, die ihrerseits für das Netzwerk von Wert sind. Hier, an der Spitze der Hierarchie, finden wir die dominierende netokratische Klasse.

Auf diese Weise entsteht eine gnadenlose Machtstruktur von Netzwerken – mit dem exklusivsten Netzwerk, zu dem nur die oberste netokratische Elite Zutritt hat, an der Spitze. Familiennamen bedeuten hier, anders als im Feudalismus, nichts. Reichtum bedeutet hier, anders als im Kapitalismus, ebenfalls nichts. Der entscheidende Faktor, der bestimmt, wo in der Hierarchie die Einzelnen landen, ist vielmehr ihre Attentionalität: ihr Zugang zu wertvollen Informationen und ihre Fähigkeit, diese zu absorbieren, zu sortieren, zu beurteilen, Aufmerksamkeit dafür zu erzeugen und sie weiterzugeben. Macht wird sich schwerer lokalisieren und noch schwerer beaufsichtigen und beeinflussen lassen als je zuvor. Der gesellschaftliche Aufstieg wird noch komplizierter sein als im Kapitalismus, die ungeschriebenen Regeln noch komplexer und unzugänglicher.

Das auf Exklusivität und Verschwiegenheit gerichtete Interesse der netokratischen Mächte zusammen mit dem immer rascheren Veränderungstempo innerhalb der Gesellschaft wird dazu führen, dass sich die Regeln der netokratischen Gesellschaft unmöglich formalisieren lassen. Weil Netikette eher eine Frage von Unausgesprochenem als von Niedergeschriebenem, von Intuitivem als von Rationalem ist, wird sie das einzig mögliche Regelwerk für die gesellschaftlichen Beziehungen in einer Gesellschaft sein, die von Diskretion und Mobilität geprägt ist. Gesetze und Bestimmungen der traditionellen westlichen Art haben ausgedient. Das Paradoxe ist, dass die Netokratie ihre Vormachtstellung sowohl vor den Kapitalisten als auch vor dem Konsumtariat mit Hilfe der Tugenden der mobilistischen Philosophie erringt. In Netzwerken mit hohem Status ist kein Platz für Angeberei und Selbstbestätigung. Erwünscht sind stattdessen Eigenschaften wie Offenheit und Freigebigkeit.

Ausgerechnet die Fähigkeit der Netokraten, über ihr eigenes Ego hinauszudenken, ihre Identität auf Gruppenmitgliedschaft statt auf Individualität, auf elektronischen Tribalismus statt auf massenmediale Selbstbestätigung zu gründen, versetzt sie in die Lage, die sich neu entwickelnde Welt zu verstehen und zu kontrollieren. Ängstliches Basteln am eigenen Ego und altmodischer Individualismus sind hingegen Kennzeichen der neuen Unterklasse. Diese Unfähigkeit, über das eigene Ego und seine Bedürfnisse hinauszublicken, bedeutet, dass die Unterklasse Unterklasse bleiben wird. Die viel gerühmte Selbstverwirklichung wird zu einer Art Therapie, die das alte Bürgertum und das neue Konsumtariat mit privaten Problemen beschäftigt hält, anstatt ihr Interesse zu wecken, die neue Ordnung in Frage zu stellen. In einer von der Netokratie dominierten Gesellschaft ist jeder, der »an sich selbst glaubt«, *eben dadurch* ein hoffnungsloser Verlierer. In wichtigen Netzwerken hat niemand Zeit oder Lust, einem selbstversessenen Ego zuzuhören. Netzwerkaktivitäten, Rückkopplungsschleifen und gesellschaftliche Intelligenz bilden das Herz der Netokratie.

6

Globalisierung, der Tod der Massenmedien und das Wachstum des Konsumtariats

Glück ist die beste Unterhaltung!
DIE BAYERISCHEN SPIELBANKEN
GARMISCH-PARTENKIRCHEN • BAD KISSINGEN • BAD REICHENHALL • BAD WIESSEE • LINDAU

Nach der mobilistischen Philosophie gehört zu jeder Kraft eine Gegenkraft; jede Bewegung trifft auf eine Gegenbewegung, die mehr oder weniger Widerstand bietet. Indem wir von einer neuen dominierenden Klasse, der Netokratie, sprechen, setzen wir die Existenz ihres antithetischen Schattens voraus – einer neuen Unterklasse, die die Position und die Rolle der Arbeiterklasse aus dem kapitalistischen Paradigma übernimmt. Die Frage lautet: Welche Eigenschaften charakterisieren und definieren jene Massen von Menschen, die die Untertanen der Netokratie darstellen werden? Die definierende Eigenschaft sowohl der Bauern als auch der Fabrikarbeiter war, dass sie ihren Herren mit ihrer Körperkraft dienten. Technologische Entwicklungen in Richtung immer ausgefeilterer und stärker automatisierter Produktionsprozesse haben die Bedeutung des menschlichen Faktors in den Fertigungsbranchen drastisch reduziert; der Körperarbeiter ist entweder in die Dienstleistungsbranchen abgewandert oder wurde zum spezialisierten Überwacher empfindlicher und komplizierter Apparaturen – ein Arbeitsmannequin, um mit dem Philosophen Jean Baudrillard zu sprechen.

Die Unterklasse besteht also nicht länger aus Arbeitern im gewohnten Wortsinn. Die definierende Eigenschaft der neuen Unterklasse ist nicht ihre Funktion als Ausgangsmaterial oder als Kostenfaktor für die Unternehmen der dominierenden Klasse, sondern als Konsumenten dieser Unternehmen. Entscheidend ist nicht, was die Unterklasse produziert oder ob sie überhaupt etwas produziert, sondern vor allem, was sie konsumiert und insbesondere, dass sie überhaupt konsumiert. Das Proletariat des Informationalismus ist in erster Linie ein Proletariat des Konsums oder ein Konsumtariat, wie wir es nennen wollen. Die definierende Eigenschaft dieser Klasse ist nicht ihre untergeordnete Rolle in der Produktion, sondern die Tatsache, dass sie nach den Anordnungen ihrer »Vorgesetzten« konsumiert.

Im kapitalistischen Paradigma stellte bezahlte Arbeit die Basis des gesamten Wirtschaftssystems dar. Das bedeutete, dass der Arbeit eine zentrale ideologische Bedeutung zukam. Ein Mensch war definitionsgemäß genau dann erfolgreich, wenn er produktiv war. Talent bezeichnete die quantifizierbare Fähigkeit, Waren und Dienstleistungen herzustellen, die sich auf dem Markt verkaufen ließen. Der vom Markt bestimmte ökonomische Gesamtwert sämtlicher Lohnarbeit – unabhängig davon, wie viel davon als Lohn in den Taschen der Arbeiter, als Gewinn in den Taschen der Investoren oder als Steuern in der Staatskasse landete – war das Maß, nach dem die gesamte nationale Produktion berechnet wurde. Das war der einzige Aspekt menschlicher Aktivität, für den sich das Bürgertum ernsthaft interessierte.

Die Hauptsorge eines jeden einzelnen Kapitalisten galt der Gewinnmaximierung, was häufig in einer Jagd nach unnötigen Kostenfaktoren und den damit einhergehenden Entlassungen mündete. Der Kapitalismus selbst jedoch ist sowohl praktisch als auch in seiner Eigenschaft als zentrale gesellschaftliche Ideologie immer bestrebt gewesen, die Zahl der Lohnarbeiter zu maximieren und so viele Menschen wie möglich in den Produktionsapparat einzubinden. Staat und Märkte sind deshalb häufig irrtümlich als Gegensätze angesehen worden, besonders während des Kalten Krieges. Tatsächlich sind sie zwei separate, aber dennoch wechselseitig abhängige Säulen der organischen Struktur des Kapitalismus, ganz gleich, wie der Name des politischen Systems lautet. Das Streben des Staates nach einer verstärkten Produktion und das Streben des einzelnen Kapitalisten nach mehr Gewinn sind zu einem einzigen Ziel verschmolzen, zu einer Ehe zwischen Staat und Arbeitsmarkt, die zu verhindern keiner der Beteiligten fähig oder willens war, zu einer Symbiose, der andere Kräfte nichts anhaben konnten. Diese unheilige Allianz, diese erzwungene Ausrichtung des kollektiven und individuellen Wollens ist vom alles überragenden Ziel der kapitalistischen Ideologie gefördert und verteidigt worden: der Erzeugung eines maximalen Wirtschaftswachstums um seiner selbst willen. Die diversen politischen Strategien unterscheiden sich lediglich in der Methode, wie dieses gemeinsame Ziel am besten zu erreichen ist.

Die vermeintlichen Konflikte der späten kapitalistischen Ära zwischen Individualismus und Kommunitarismus erscheinen bestenfalls als politisches Theater

Hinter diesem vorherrschenden Bestreben verbirgt sich die philosophische Utopie des Rationalismus: Alle menschlichen Bedürfnisse, die als konstant angenommen werden, lassen sich durch ein stetiges Wachstum befriedigen. Sobald dieser Punkt erreicht ist, ist die rationalistische Utopie realisiert. Angesichts eines gemeinsamen und abstrakten Ziels für die gesamte Gesellschaft inklusive aller politischer Ideologien und kommerziellen Kräfte braucht niemand mehr für sich selbst zu denken. Die vermeintlichen Konflikte der späten kapitalistischen Ära zwischen Individualismus und Kommunitarismus erscheinen bestenfalls als politisches Theater, beruhten sie doch zu keiner Zeit auf tief greifenden Differenzen zwischen den diversen politischen Programmen. Dem libertären Individualismus beispielsweise ging es zu keiner Zeit um die Befreiung des Individuums von einer erzwungenen kollektiven Identität, sondern um Forderungen einzelner Unternehmer nach niedrigeren Steuern (»Steuern sind Diebstahl«) und um eine höhere Produktivität im Staatsapparat (»Nachtwächterstaat«). Dass der Kapitalismus wiederum die Einzelnen nötigte, allgemeine Qualitäten ihrer eigenen Identität zugunsten einer vom System geforderten Spezialisierung zurückzudrängen, wurde niemals in Frage gestellt.

Die vorherrschende Rolle des Staates während der spätkapitalistischen Ära hat sich auf zwei Arten manifestiert: die europäische, wo der Staat zu den führenden Akteuren im Markt gehört, und die amerikanische, wo große Unternehmen mittels Zuckerbrot und Peitsche großen Einfluss auf die Politik ausüben. In beiden Fällen war das Resultat eine weitestgehende Verschmelzung von Politik und Wirtschaft. Politische Ökonomie und ökonomische Politik wurden zu ein und derselben Sache: dem rhetorischen Ritual einer rationalistischen Religion. Weder Staat noch Markt können irgendeine Form von menschlicher Aktivität außerhalb ihres kollektiven Zivilisationskonstrukts akzeptieren. Die Messung des Wirtschaftswachstums wurde zur kapitalistischen Methode einer Quantifizierung des Zivilisationsgrads selbst. Am Ende sah das Bürgertum sein Ziel erreicht: eine universelle Koalition hinter der Idee von der Gesellschaft als sich selbst erhaltende, gut geschmierte und sich selbst verbessernde Produktionsmaschine. Der Haken an der Sache ist, dass der Kapitalismus nicht wirklich gesiegt, sondern seine geschichtliche Rolle ausgespielt hat. Das Bürgertum hat jetzt ein neues Problem: eine neue und sich entwickelnde dominierende Klasse mit völlig anderen Ideen als den von den Herren des kapitalistischen Paradigmas propagierten.

Aus dieser Entwicklung folgt unter anderem, dass das, was wir als Globalisierung bezeichnen, in Wirklichkeit für zwei vollkommen separate Phänomene steht. Der kapitalistische Globalisierungsprozess ist ein rein wirtschaftliches Phänomen, das eine immer stärkere Spezialisierung und Diversifizierung umfasst. Der zunehmende Wettbewerb manifestiert sich weniger in der direkten Konfrontation als vielmehr in der Unterteilung jedes Marktes in immer kleinere und spezialisiertere Untereinheiten. Jeder Akteur, ob Mensch oder ganze Kultur, ist gezwungen, auf Kosten des breiten und allgemeinen Wissens jene Qualitäten zu destillieren, die augenblicklich im vorherrschenden Nischenmarkt besonders gefragt sind. Das führt zur Entwicklung eines immer fester geknüpften engmaschigen Netzwerks gegenseitiger Abhängigkeit. Wir sprechen von einem merkantilen Balanceakt, einer erzwungenen Kooperation im Schatten des drohenden Zusammenbruchs des Welthandels. Dieser Aspekt der Globalisierung hängt unmittelbar mit dem alten Paradigma zusammen und ist streng zu trennen vom parallelen Globalisierungsprojekt im Kontext des neuen Paradigmas.

Das kapitalistische Globalisierungsprojekt strebt eine Verknüpfung zwischen den effektivsten und deshalb rentabelsten Produktionsapparaten und den reichsten und deshalb zahlungswilligsten Konsumapparaten an. Dieses Arrangement zielt ausschließlich auf die Förderung des Waren-, Dienstleistungs- und Kapitalverkehrs über alte nationale Grenzen hinweg. Das Interesse an der Bewegungsfreiheit für Personen beschränkt sich auf ihre Eignung als Arbeitskraft. Daraus folgt nicht automatisch ein Interesse an den Menschen oder ihren Ideen. Ideen interessieren nur in ihrer Eigenschaft als durch Urheberrechte geschützte Produkte oder, anders gesagt, als Handelswaren.

Dieses Projekt resultiert aus der Entwicklung neuer Technologien, der durch sie gewährleisteten extremen Mobilität, ihrer Geschwindigkeit und diffusen Lokalität. Gemeinsam bedeuten diese Qualitäten, dass sich der Markt gänzlich von traditionellen Gesetzen, Regeln und Beschränkungen befreit. Die Grundidee des Projekts ist es, die Politiker der Welt vor vollendete Tatsachen zu stellen und einen von allen Zöllen, Beschränkungen und, soweit möglich, Steuern befreiten globalen Markt durchzusetzen. Zweck der Veranstaltung ist natürlich die Gewinnmaximierung. Weil die Möglichkeiten der neuen Technologien dem Kapital so gelegen kommen, zwingt die bereits weit fortgeschrittene Globalisierung das politische Establishment zum Rückzug. Das zeigt sich auf unterschiedliche Weise: entweder in Form eines resignierten und letztlich unhaltbaren Isolationismus oder, was häufiger ist, in Form eines völlig neuen Tons im rhetorischen Repertoire. Plötzlich machen alle demokratischen Sozialisten eine Kehrtwende und predigen Freihandel und klassischen Liberalismus. Diese Art von politischer Volte sollte als ein letzter verzweifelter Versuch der professionellen Politikerklasse des Kapitalismus gesehen werden, sich an die letzten illusorischen Reste der Macht zu klammern. Zugleich erscheint durch diese Manöver die Politik als wichtig und relevant, was wiederum ihre Medientauglichkeit erhöht.

Das netokratische Globalisierungsprojekt ist etwas vollkommen anderes – eher ein gesellschaftliches Phänomen, das auf den inhärenten Möglichkeiten der neuen Technologien beruht, über große Entfernungen und zwischen unterschiedlichen Kulturen zu kommunizieren und Kontakte herzustellen. Wenn das große Ziel der Kapitalisten darin besteht, maximalen Gewinn zu erzielen, um sich irgendwann aufs Altenteil zurückzuziehen und der individuellen Identität zu frönen, dann sind die Netokraten bestrebt, die Kommunikation zwischen sich und all den fremden Erfahrungen und Lebensweisen zu verbessern und zu erleichtern, welche die neuen Technologien in ihre Reichweite bringen. Den Netokraten geht es um den universellen Aspekt der globalen Arena; sie sind an einer universellen Sprache interessiert, durch die sie all jene exotischen Impulse erfahren können, die sie sich wünschen.

Wir wollen damit nicht behaupten, dass ein Projekt besser ist als das andere: Es handelt sich schlicht um zwei verschiedene Kräfte mit unterschiedlichen Zielen innerhalb unterschiedlicher Systeme. In beiden Fällen geht es um elektronischen Kolonialismus – einen wirtschaftlichen bürgerlichen und einen kulturellen netokratischen. Interessant ist die Möglichkeit, dass beide Kräfte zukünftig nicht in dieselbe Richtung wirken. Sobald sich das kapitalistische Projekt in eine Richtung entwickelt, die den von den inhärenten Eigenschaften der Technologie kontrollierten Strukturen des Netzwerks entgegenläuft, wird seine Kontrolle immer schwieriger – besonders für die Kapitalisten selbst, die langsam, aber sicher ihre Macht an die Netokraten verlieren werden. Das netokratische Globalisierungsprojekt wiederum kann nicht scheitern und wird seine Teilnehmer – die Netokraten selbst – mit wachsender Macht belohnen.

Das späte kapitalistische Zeitalter leidet unter Schizophrenie. Wie eh und je überlebt es durch Anpassung, ist jedoch von Kontrolle, Totalität und Nullrisikospielen besessen. Würde der Kapitalismus beispielsweise den Nationalstaat preisgeben, wäre dies kein Zeichen eines prinzipiell neuen Denkens, sondern das reine Eingeständnis, dass die höchste Kontrollinstanz auf eine supranationale, föderale Instanz verlagert werden muss. Die Gesamtheit weitet sich aus, aber der Kontroll- und Lenkungsanspruch bleibt derselbe. In der Übereinkunft zwischen Kapitalismus und Netokratie geht es nicht nur um unterschiedliche Hintergründe,

Lebensweisen und Einstellungen. Der Paradigmenwechsel geht mit einer grundlegenden Veränderung der Weltsicht einher. Die Geschichte verliert ihre vorbestimmte Richtung, die Utopie verschwindet. Der »einzige Weg« nach vorn ist nicht länger der einzige Weg; von jedem Ausgangspunkt gehen unendlich viele Möglichkeiten in Form von unbegangenen Pfaden aus. Totalität, Rationalismus und orchestrierter Kollektivismus fallen unter dem Druck der Vielfalt der virtuellen Welt in sich zusammen. Die Netokratie ersetzt das Bürgertum und zieht das Konsumtariat hinter sich her.

Die kapitalistische Welt ist definitionsgemäß eine Welt der Wirtschaft, und die Alternativen, die sich uns täglich bieten, sind im Wesentlichen wirtschaftlicher Art. Die kapitalistische Welt beleuchtet nur jene Aktivitäten, die sich in wirtschaftlichen Begriffen registrieren und messen lassen. Folglich macht der Kapitalismus jeden möglichen Markt zu Geld und verwandelt jede denkbare Ressource in eine Ware. Diese erzwungene wirtschaftliche Ausbeutung von allem und jedem bezeichnet der australische Philosoph und Gesellschaftstheoretiker Brian Massumi als die »Additivität des Kapitalismus«. Staat und Markt sind vereint in der Feindschaft gegenüber Aktivitäten, die außerhalb des wirtschaftlichen Sektors stattfinden – Hausarbeit, diverse Formen unbezahlter freiwilliger Arbeit und so weiter. Diese Feindschaft erklärt die umfassende Verwandlung solcher Tätigkeiten in kontrollier- und besteuerbare bezahlte Arbeit. Statt dass sich Eltern gegenseitig bei der Aufsicht ihrer Kinder unterstützen, wurde aus dieser Aufgabe ein von ausgebildeten Experten gegen Bezahlung ausgeübter Beruf. Der Professionalismus weitet sich aus, und keine noch so simple Aktivität entgeht der Aufmerksamkeit der Experten. Nicht die Aufgabe selbst begründet einen Status, sondern erst der Beruf, der aus ihr gemacht wird.

Wenn Eltern auf anderer Leute Kinder statt auf ihre eigenen aufpassen, kann ihre Tätigkeit besteuert und in den staatlichen Statistiken geführt werden. So entsteht Wachstum; die Eltern werden in den Produktionsapparat einbezogen, registriert und staatlichen Bestimmungen zur Regelung der Pflege Minderjähriger unterworfen, und alle sind sie glücklich. Diese kombinierte Umdefinition und Umleitung diverser Arten von Arbeit ist ein typisches Beispiel, wie sich in den späten Stadien der kapitalistischen Gesellschaft Wachstum mit wenigen einfachen Manipulationen künstlich erzeugen lässt. Hier wird zudem deutlich, dass nicht nur gewinnmaximierende Unternehmen, sondern in ähnlichem Ausmaß auch der Wohlfahrtsstaat akute Zeichen einer sich beschleunigenden Additivität zeigen. Wir sprechen hier über einen »Ökonomismus«, dessen Hegemonialanspruch nie ernsthaft in Frage gestellt worden ist.

Der Kapitalismus war schlicht und einfach äußerst erfolgreich; er funktionierte. Das führte dazu, dass seine Ideologie wie eine Selbstverständlichkeit wirkte – aller Kritik enthoben und darum fast unsichtbar. Die Erscheinungsformen des Kapitalismus unter ihren diversen Namen verschleierten sein faktisches Machtmonopol, indem sie politische Dispute zwischen Parteilinien inszenierten, die in Wahrheit unter demselben metaideologischen Schirm friedlich koexistierten. Aber der Erfolg des Kapitalismus hat noch einen weiteren Grund, nämlich seine hervorragende Eignung für das bestehende technologische und gesellschaftliche Umfeld. Seitdem sich jedoch die Bedingungen drastisch ändern, wird plötzlich alles mit einem Fragezeichen versehen. Mit dem Durchbruch des Informationalismus gerät die einst uneinnehmbare, vom Kapitalismus besetzte Position von vielen Seiten gleichzeitig unter Beschuss.

Mit dem Durchbruch des Informationalismus gerät die einst uneinnehmbare, vom Kapitalismus besetzte Position von vielen Seiten gleichzeitig unter Beschuss

Die Aufgabe der Arbeiterklasse bestand darin, für geringen Lohn zu arbeiten. Bürgertum und Staat waren gleichermaßen daran interessiert, die Lohnkosten so gering wie möglich zu halten, ohne jedoch gewaltsame Zusammenstöße zu provozieren und den Frieden auf dem Arbeitsmarkt zu gefährden. Streiks spielen in diesem Zusammenhang eine zentrale Rolle. Indem das Bürgertum den Arbeitern erlaubte zu streiken – friedlich gegen niedrige Löhne zu protestieren –, konnte es das eigene Machtmonopol sichern. Die Arbeiterklasse wurde dadurch praktisch entwaffnet, während gleichzeitig ein Mittel geschaffen wurde, um unter vergleichsweise geordneten Bedingungen genau zu bestimmen, an welchem Punkt niedrige Löhne und schlechte Arbeitsbedingungen in offene Unzufriedenheit umzuschlagen drohten. Indem die Unternehmen die Löhne eben oberhalb dieses kritischen Niveaus beließen, konnten sie ihre Gewinne maximieren, und alle waren scheinbar zufrieden. Die Revolution war noch einmal aufgeschoben – zum geringstmöglichen Preis. Dieses Ritual wiederholte sich von Jahr zu Jahr mit viel Brimborium.

Diese gesamte Prozedur und die gesamte klassische kapitalistische Mythologie waren durchdrungen und größtenteils getragen von dem vagen, doch darum nicht minder großartigen Versprechen des Bürgertums, die Arbeiterklasse mit Hilfe materieller Verbesserungen auf sein eigenes Niveau zu heben und so die marxistische Utopie einer klassenlosen Gesellschaft auf friedlichem Wege zu verwirklichen. Für eine unmoralische oder gewaltsame Revolution bestand keine Notwendigkeit; die Arbeiterklasse musste sich nur am Riemen reißen und ins Zeug legen und würde dafür reich belohnt. In dieser Weise gelang es der Elite mit Hilfe der Illusion gemeinsamer Interessen, Allianzen mit den Sprechern der Arbeiterklasse zu bilden. Die »Anhebung« der Arbeiterklasse war ein großes Projekt des kulturellen Revisionismus und erfüllte ihren Zweck perfekt: die Befriedung der einzelnen Arbeiter und die Kanalisierung ihrer Energie in die individuelle Verbesserung des Lebensstandards anstelle kollektiver Unzufriedenheitsmanifestationen. Hier wurden zwei Fliegen mit einer Klappe geschlagen: Die Revolution wurde aufgeschoben, und die Arbeiterklasse mit ihrem Traum vom sozialen Aufstieg machte sich durch fleißige Entwicklung ihrer Fähigkeiten nützlich.

Es gibt einen sehr interessanten Unterschied zwischen westeuropäischem und nordamerikanischem Bürgertum einerseits und dem russischen Bürgertum andererseits, das in der Mitte des 19. Jahrhunderts versuchte, das zaristische Reich im großen Stil zu industrialisieren: Die europäischen und amerikanischen Industriellen zeigten ein Gespür für die richtige Verwendung der verfügbaren Instrumente und für die angemessene Höhe der Löhne, während diese Instrumente in Russland, wo der Kontakt zwischen den verschiedenen Klassen von jeher minimal gewesen war, komplett fehlten. Nur in der polarisierten gesellschaftlichen Atmosphäre Russlands, wo die dominierende Klasse vollständig isoliert und ignorant gegenüber den Forderungen der Arbeiterklasse war, war es möglich, eine Revolution zu veranstalten.

Je weiter sich eine industrielle Gesellschaft von den feudalen Strukturen wegbewegte, desto flexibler und entwickelter wurde ihre kapitalistische Ausprägung und desto kleiner war das Risiko einer Arbeiterrevolution. Nicht von ungefähr erlebten die feudalsten und agrarischsten Gesellschaften der entwickelten Welt, Russland und China, die turbulentesten Revolutionen, als sich die Industrialisierung zu beschleunigen begann. Der Unterschied zwischen der revisionistischen und der revolutionären

Entwicklung innerhalb des kapitalistischen Paradigmas hing mit dem Zugang der dominierenden Klasse zu Informationen über die Forderungen und Wünsche der Unterklasse zusammen. Die gewaltsame Revolution galt es um jeden Preis zu vermeiden; der Marsch des demokratischen Sozialismus zur Macht war unmittelbar verknüpft mit den ausgefeilten Mechanismen der kapitalistischen Gesellschaft. Die nominelle Macht über den Staat wurde zur Grundlage des Kompromisses zwischen den Forderungen der Arbeiterklasse und den Interessen der Elite. Der sozialistische Revisionismus ist die Ideologie hinter diesem genialen Kompromiss. Wer kann im Namen des Volkes eine Revolution fordern, solange die Mehrheit im Staat das Sagen hat?

Der Terror der politischen Korrektheit heutiger Prägung ist ein Akt bitterer Rache seitens der Minderheit gegenüber dieser Anbetung der Mehrheit. So genannte benachteiligte Gruppen sammeln sich in lautstarken Allianzen und fordern Rechte in Form von Quoten und speziellen Privilegien. Druck wird vornehmlich über die Medien ausgeübt, und in diesem symbolischen Kampf um Kontrolle und Definitionen obsiegen die Minderheiten mit der größten Medienmacht. Das Ergebnis ist die totale Verarmung der politischen Kultur: Die politische Arena wird allmählich ihrer Substanz beraubt und zur Bühne für eine erbitterte Schlacht zwischen Interessengruppen. Die meinungsbasierte Repräsentation – das der westlichen Demokratie zugrunde liegende System, wonach Wortführer ihre Wähler durch die Überzeugungskraft ihrer Meinungen und nicht aufgrund von Geschlecht oder anderen Eigenschaften vertreten – weicht einer bizarren Rechenübung: Jede Zweite muss eine Frau, jeder Fünfte ein Rentner, jeder Zehnte ein Immigrant sein und so weiter, *ad absurdum*. Dieses Spektakel ist noch verständlich in einer spätkapitalistischen Gesellschaft, wo die Wahrnehmung politischer Macht und die Schlüsselrolle der Massenmedien in Form eines partikularisierten Wunschdenkens fortbestehen. Aber in einem informationalistischen Paradigma erscheint dies alles nur noch als erbärmliches Theater. Wenn das Konsumtariat der Zukunft den Wünschen der Netokratie irgendwelche Machtambitionen entgegensetzen will, muss es dies auf völlig neue Weise tun.

Auf der rein materiellen Ebene kann die Unterklasse vermutlich auch weiterhin auf gewisse Verbesserungen hoffen; die mit dem Kapitalismus begonnene soziale Evolution der Unterklasse wird sich fortsetzen und neue Formen annehmen. Aber weil die neue Unterklasse durch ihre Konsummuster und nicht durch ihren vergleichsweise hohen Lebensstandard definiert ist, kann man nicht von einer echten Reduzierung des Abstands zwischen den Klassen sprechen. Mitglieder des Konsumtariats werden nicht einfach zu Netokraten, sobald sie eine größere Wohnung oder ein größeres Auto haben: Sie sind immer noch genauso machtlos wie zuvor; nur der Preis für ihre Kooperation wurde nach oben korrigiert.

Wenn der Nachschub an Arbeitern mit einer bestimmten Befähigung abnimmt, steigen in dem betreffenden Sektor die Löhne. Wenn mit diesem Lohnanstieg keine entsprechende Produktivitätssteigerung einhergeht, resultiert dies notgedrungen in einer steigenden Inflation. Eine solche Inflation nützt keiner der beteiligten Parteien und wird entsprechend verbissen bekämpft. Die traditionelle Methode einer Produktionssteigerung ohne die Auslösung einer Inflationsspirale besteht in einem verstärkten Bevölkerungswachstum. Eine stetig wachsende Bevölkerung hat schon immer den steten Durst der Industrie nach mehr Arbeitskräften gestillt. Eine solche Entwicklung lässt sich jedoch nicht unendlich fortsetzen; die notwendige Verbesserung der Ausbildung der Arbeitskräfte und die für die Sicherung der gesellschaftlichen Stabilität erforderliche Hebung des Lebensstandards führen im Allgemeinen zu niedrigeren Geburtenraten. Als die Geburtenraten nach dem Zweiten Weltkrieg in der westlichen Welt zu sinken begannen, war die Zeit für eine alternative Methode des Bevölkerungswachstums gekommen, um die fehlende Kinderschar zu ersetzen: Zuwanderung.

Eine vorübergehende Konjunkturflaute in der Weltwirtschaft während der Ölkrise der Siebzigerjahre brachte Westeuropa und Nordamerika langsamere Wachstumsraten und wachsende Arbeitslosigkeit. Ein verstärkter Wettbewerb auf dem Arbeitsmarkt bedeutete, dass die Beliebtheit der Immigranten deutlich abnahm und erheblich weniger Arbeitskräfte importiert wurden. Aber die dramatischen Produktivitätszuwächse der frühen Neunzigerjahre während der einsetzenden IT-Revolution haben eine tolerantere Einstellung gegenüber Immigranten erforderlich gemacht. Aus dem einfachen Grund, dass die westlichen Volkswirtschaften ihre Eigenständigkeit in Sachen Arbeitskräfte verloren haben. Überall in der industrialisierten Welt folgt die demografische Entwicklung demselben Trend: Es gibt mehr alte und weniger junge Menschen.

Gleichzeitig mit dem Rückgang der heimischen Arbeitskräfte wächst die Wirtschaft rasant. Der Bedarf an externen Arbeitskräften steigt dramatisch an, weshalb die westliche Welt nicht nur in der Lage, sondern geradezu gezwungen ist, ihre Grenzen zu öffnen. Daraufhin wird es von offizieller Seite viele große Worte zur multikulturellen Gesellschaft geben; die Elite wird den Isolationismus und den romantisierten Nationalismus so hart wie möglich bekämpfen. Toleranz und Neugier auf alles Unbekannte werden zunehmend zum hervorstechenden Kennzeichen dieser überhitzen Rhetorik. Das bedeutet natürlich nicht, dass rein ethnische oder kulturelle Konflikte oder allgemeiner klassenmotivierte Konflikte verschwinden werden. Vielmehr deutet alles auf eine verstärkte Polarisierung in der westlichen Kultur hin: Die Furcht vor ausgedehnten Unruhen wird berechtigter.

Man muss zugeben, dass die Perspektive der neuen dominierenden Klasse kosmopolitisch ist. Das netokratische Globalisierungsprojekt bringt eine elektronische globale Kultur hervor. In der Praxis bedeutet dies, dass sich die Netokraten aller Länder auf der Basis eines engen Kontakts und gemeinsamer Interessen zusammentun werden, jedoch ohne nennenswerte Solidarität mit den Immigranten, die ihnen die Rasen mähen und die U-Bahnzüge fahren. Die Netokraten definieren sich dadurch, dass sie Informationen manipulieren, anstatt Grund und Boden zu verwalten oder Waren herzustellen; ihre Aktivität ist auf diese Weise mit globalen Netzwerken verknüpft, ihre Loyalitäten sind virtuell und nicht regional basiert. Für sie ist der Multikulturalismus zu Hause teils eine Frage der simplen Verrichtung von Aufgaben und teils eine exotische Bereicherung des Lebens: eine aufregende Vielfalt von Restaurants, Mode und Unterhaltung. Die Netokraten werden den erforderlichen Preis für das Mähen ihrer Rasen und die Tandoori-Hähnchen zahlen, aber keine weiteren Verpflichtungen eingehen.

Die Netokraten definieren sich dadurch, dass sie Informationen manipulieren, anstatt Grund und Boden zu verwalten oder Waren herzustellen

Die neue Elite wird im Gegensatz zur alten zwischen sich und der Gesellschaft im Allgemeinen kaum eine Beziehung wahrnehmen. Dank den neuen Technologien verfügt sie über die denkbar besten Möglichkeiten, um sich einer lästigen Besteuerung zu entziehen, wobei sie den Wohlfahrtsstaat auch nicht großartig belastet. Private Versicherungen gewährleisten die private medizinische Versorgung, soweit erforderlich, private Schulen erziehen die Kinder der Elite, private Wachleute halten Diebe und

Vandalen von den privaten Grundstücken fern. Das politische Establishment wird zunehmend machtlos, und die gemeinsame Sphäre der Gesellschaft wird kleiner. Pflichten und Rechte verschwinden miteinander.

Die Ideologie, die diesen Zustand als »natürlich« erscheinen lässt, ist die Meritokratie, sobald sie vollständig implementiert ist: Nichts steht im Voraus fest, weder Herkunft noch Geld bestimmen unser Schicksal, sondern nur unser Talent und unser Fleiß. Derselbe alte Unterklassentraum also vom glänzenden gesellschaftlichen Aufstieg, nur diesmal mit dem Unterschied, dass die Möglichkeiten, die Hierarchie zu erklimmen, weitgehend real sind. Ob dies als eine gute Sache wahrgenommen wird, hängt von der gewählten Perspektive ab. Wenn wir mit größerer Gleichheit die verbesserten Möglichkeiten der Einzelnen meinen, ihren eigenen Erfolg zu beeinflussen, dann nimmt die Gleichheit zu. Zugleich werden jedoch auch die individuelle Zuständigkeit und die individuelle Verantwortung zunehmen; ein persönliches Scheitern wird sehr viel persönlicher. Von der Klassenperspektive aus betrachtet bedeutet Meritokratie, wie Christopher Lasch dargelegt hat, dass der Unterklasse ständig Talente und folglich potenzielle Führungspersönlichkeiten abhanden kommen. Die Elite wiederum wird durch diese ständige Zirkulation und den Zuwachs neuer Talente gestärkt. Privilegien lassen sich leichter rechtfertigen, wenn sie auf Verdienst beruhen und nicht ausschließlich vererbt werden.

Die neuen Immigranten werden ihren Platz vorwiegend in der Unterklasse der westlichen Welt finden. Zugleich werden ihre Lebensbedingungen mehr oder weniger erträglich sein, weil ihre Arbeit wirklich benötigt wird und weil die Wachstumssektoren in ihren Heimatländern attraktive Alternativen bilden. Unterschiede in Macht, Status und Lebensstandard werden dennoch nicht zu vermeiden sein. Nichts deutet darauf hin, dass die spezifischen religiösen und kulturellen Identitäten der verschiedenen Immigrantengruppen infolge von Globalisierung und Migration ineinander aufgehen und miteinander verschmelzen werden; vielmehr werden Menschen mit Macht und Status ihre Identität um ihre definierenden Merkmale herum konstruieren. Ein denkbares Szenario ist der invertierte Rassismus: Gewalt wird nicht mehr nur von armen Einheimischen gegen »schmarotzende« Immigranten, sondern ebenso von armen Immigranten gegen vergleichsweise gut situierte Einheimische oder gegen andere Immigrantengruppen ausgeübt, die erfolgreicher zu sein scheinen.

Das Wachstum der informationellen Gesellschaft wird mit einer umfassenden Migration einhergehen. Im Fall der Unterklasse handelt es sich natürlich um Wanderbewegungen von Orten mit geringen Wachstums- und hohen Geburtenraten zu Gebieten mit umgekehrten Verhältnissen. In Nordamerika resultiert daraus eine große Migration von Süden nach Norden, in Europa von Ost nach West. Die Netokratie jedoch wird die Entwicklung leiten und ihre Richtung vorgeben. Die neue Elite ist hochgradig mobil und wird sich vorwiegend aus kulturellen Gründen in Richtung der attraktivsten Orte bewegen. Es handelt sich hierbei im Wesentlichen um eine netokratische Lifestyle-Migration. Die wirtschaftlichen Bedingungen zählen dabei kaum; vielmehr werden jene Städte und Regionen verlieren, die in Sachen Lifestyle und Kultur kein ausreichend attraktives und anregendes Umfeld zu bieten haben. Das Konsumtariat wird gute Gründe haben, sich anzupassen und Mobilität zu zeigen. In Gegenden mit hoher Nachfrage und starker Kaufkraft lohnt es sich mehr, Rasen zu mähen, Tandoori-Hähnchen zuzubereiten und Löhne zu kassieren.

In Europa lässt sich bereits eine Migrationsbewegung innerhalb der entstehenden Netokratie hin zu einem Gürtel großer Städte von London im Nordwesten bis Mailand im Südosten beobachten. Für den Rest des Kontinents resultiert daraus ein immer ernsteres Problem der Entvölkerung: ein so genannter Braindrain, vergleichbar der europäischen Land-Stadt-Bewegung während des 20. Jahrhunderts, als sich Talent und Initiative in den wirtschaftlich dynamischen Stadtregionen konzentrierten. Auf diese Urbanisierung im Zeitalter des Kapitalismus folgt jetzt die Nodalisierung: eine umfangreiche Migration über nationale Grenzen hinweg von Orten an der kulturellen Peripherie zu den kulturellen Zentren des neuen Paradigmas – seinen geografischen Knotenpunkten oder Schnittstellen. Nur wenige Oasen in den entvölkerten Gebieten werden die Weitsicht besitzen, diese Entwicklung zu ihrem Vorteil zu nutzen, indem sie die Folgen der Nodalisierung rechtzeitig erkennen und die richtigen Konsequenzen für ihre eigene Situation ziehen. Wichtig ist die Schaffung von Lebensbedingungen, die der Netokratie attraktiv erscheinen, und die Vorbereitung eines fruchtbaren Bodens für eine kulturelle Entwicklung. Dieser Prozess erfordert ein untrügliches Gespür für die Wünsche der Netokratie, was wiederum einen neuen florierenden Markt für eine postkapitalistische Metanetokratie, die Herren der Herren, erzeugen wird.

Eine wesentliche Erfolgsvoraussetzung in diesem wiederbelebten System mittelalterlicher Stadtstaaten ist, dass die politische Verantwortung von den Nationalstaaten an die Städte selbst delegiert wird und die Regionen die Nationen als die Grundeinheit politischer Strukturen ablösen. Mit der Globalisierung wird der Staat, der einst einen Vorteil darstellte, zu einer Belastung. Sobald Verteidigung, Außen- und Finanzpolitik an supranationale Instanzen delegiert sein werden, bleibt für die nationalen Parlamente nichts Wichtiges mehr übrig, über das sie debattieren könnten, während gleichzeitig das Globalisierungsprojekt der Elite und die Ghettoisierung der Unterklasse die Auflösung der nationalen Identität vorantreiben werden. Dynamische Städte, denen es gelingt, sich der zwangsweisen Subventionierung des Umlandes zu entziehen, werden für diesen Kampf gut positioniert sein. Wie zuvor die mittelalterlichen Städte der Hanse werden sie Allianzen mit anderen Städten schließen, sobald dies, was häufig der Fall sein wird, zu ihrem Vorteil ist.

Bei alledem geht es darum, der Netokratie zu Gefallen zu sein, ihren Wünschen zu genügen. Der Gewinner zieht das große Los: Wo immer es die Netokratie hinzieht, folgen ihre Diener, und mit einem gut entwickelten Dienstleistungssektor wird die betreffende Stadt nur umso attraktiver. Größe ist sicherlich nicht alles, denn Quantität ist vor allem ein kapitalistischer Maßstab. Während wir dieses Buch schreiben, können wir beobachten, wie es die Netokratie in den USA zu mittelgroßen Städten wie Seattle, Miami, Austin und San Francisco statt zu den Megametropolen New York und Los Angeles zieht. Eine ähnliche Entwicklung steht in Europa und Asien zu erwarten. Eine sorgfältige Balance zwischen diversen Faktoren zählt mehr als bloße Größe. Dabei geht es natürlich auch um Wohnen, Infrastruktur und Kommunikation, aber das allein ist noch nicht genug. Die Netokraten sind ein Herdenvolk – sie suchen die Gesellschaft ihresgleichen sowie Orte, an denen das Spektrum der angebotenen Lifestyles besonders mannigfaltig ist. Sie streben zu den Orten mit der größten kulturellen Dynamik.

Aufgrund des steten Zusammenspiels diverser Ebenen, die sich gegenseitig beeinflussen, fällt es schwer, zwischen Ursache und Wirkung zu unterscheiden. Das kulturelle Klima wirkt sich auf Migration und Demografie aus, die natürlich ihrerseits das kulturelle Klima beeinflussen. Aus der zunehmenden Alterung der Bevölkerung folgt, dass die garantierten Renten immer mehr an Wert verlieren, was wiederum dazu führt, dass sich der Beginn des Rentenalters allmählich nach oben bewegen wird. Der Trend des späten 20. Jahrhunderts hin zur Jugendkultur – einer Art bis ins Erwachsenenalter reichender kultureller Pubertät – wird dadurch noch verschärft, wenngleich auch diese Entwicklung nicht ohne Ausnahmen bleiben wird. Das auffälligste Muster wird anderer Art sein: ein zunehmender Abstand zwischen der Kultur der netokratischen Elite und der Kultur des passiven Konsumtariats. Um die Wirkungsweise dieser Dynamik zu verstehen, müssen wir uns mit der Entwicklung der Medienbranche befassen.

Das 20. Jahrhundert war das goldene Zeitalter der Massenmedien. Die Technologie machte es möglich (erst über das Radio, dann über das Fernsehen), mit ein und derselben Botschaft zu ein und derselben Zeit eine ganze Nation und schließlich über Satellit die ganze Welt zu erreichen. Die ätherbasierten Medien waren die besten Propagandainstrumente, welche die Welt je gesehen hat. Die Bedeutung des Radios für den Erhalt der nationalen Einheit Großbritanniens sowie der USA während des Zweiten Weltkriegs lässt sich gar nicht überbewerten. In der zweiten Hälfte des 20. Jahrhunderts spielte das Fernsehen die Hauptrolle, und die Vorherrschaft des Fernsehens in der Massenkultur hat dem langsam sterbenden Nationalstaat beträchtliche Rückendeckung gegeben. Ob die Sender wie in Nordamerika privat oder wie in Europa staatlich kontrolliert waren, spielte keine Rolle. Die zentrale Botschaft war stets dieselbe: Die Nation ist eine »natürliche« Einheit und steht außer Diskussion, weil Nation und Fernsehpublikum identisch sind. Die Menschen, die dieselben Programme schauen, bilden eine geschlossene und auf »natürliche« Weise abgegrenzte Gruppe. Wir Fernsehzuschauer müssen alle zusammenhalten und uns wie gute Staatsbürger und Konsumenten verhalten, damit sich die Räder des Produktionsapparats reibungslos drehen.

Ausgerechnet die Weiterentwicklung jener Technik, die einst Nationalstaat und Kapitalismus am Leben erhielt, beerdigt jetzt das alte Paradigma. Als sich die Sitcom *Cosby*, in der alle zentralen Rollen von Schwarzen gespielt werden, in den Achtzigerjahren zur beliebtesten Fernsehserie in den USA entwickelte, wurde dies als viel versprechendes Zeichen einer wachsenden Toleranz der Fernsehmedien und ihres wohltuenden Einflusses auf das Publikum und die Gesellschaft insgesamt

Der verminderte Fernsehkonsum war ein klares Anzeichen für die Marginalisierung der Medien

interpretiert. Tatsächlich jedoch bestätigte diese Entwicklung ein Phänomen, das der Soziologie bereits vertraut war: die Fragmentierung des Fernsehpublikums und den allmählichen Niedergang der Massenmedien. Die Zahl der verfügbaren Kanäle nahm zu, während die Zuschauerzahlen zurückgingen. Der verminderte Fernsehkonsum (in Bezug auf jede vertriebene Einheit) war ein klares Anzeichen für die Marginalisierung der Medien. Aus »Broadcasting« wurde »Narrowcasting«; statt zu versuchen, große Zuschauerkreise zu erreichen, waren die Fernsehkanäle gezwungen, sich auf streng abgezirkelte Publikumssegmente zu konzentrieren.

Dass *Cosby* eine Zeit lang die Charts der Zuschauerzahlen anführte, war weniger ein Anzeichen für ein neu erwachtes Interesse an Rassenfragen oder sozialer Gerechtigkeit im amerikanischen Fernsehen als vielmehr dafür, dass beschäftigungslose schwarze Singlefrauen für die Fernsehwerbekunden zur größten identifizierbaren Zielgruppe geworden waren. Das deutet nicht nur auf eine Fragmentierung von Publikum und Medien, sondern auch auf einen alarmierenden Braindrain hin. Während sich die Werbung für Produkte wie Windeln und Waschpulver im Fernsehen nach wie vor lohnt, wäre Reklame für trendige Kleidung oder gehobene Unterhaltungselektronik Zeit- und Geldverschwendung. Die neue Elite selbst hat wenig Interesse am Fernsehkonsum, ist sie doch viel zu sehr damit beschäftigt, Netzwerke mit Hilfe neuer, interaktiver Medien zu errichten. Das hindert die Netokraten nicht daran, die Kontrolle über das Medium Fernsehen zu erringen und rasch zu lernen, die heterogene, nur durch ihren geringen Status und ihre zunehmende Machtlosigkeit vereinigte Unterklasse aufzuspalten und zu narkotisieren.

Mit einem Schlag wurde alles Unterhaltung: das Wetter, die Nachrichten, ganz zu schweigen von politischem Journalismus und Wahlreportagen. Sie alle werden speziell für eine Unterklasse aus passiven Konsumenten produziert: Couch-Potatoes mit Fernbedienung im flackernden Licht postmoderner Lagerfeuer, bereit, sich bis in den Schlaf unterhalten zu lassen, mit der Aussicht, als Höhepunkt der Woche in irgendeiner Fernsehlotterie einen Preis zu gewinnen. Denjenigen, die zufällig aus ihrem Schlaf erwachen, bietet das Fernsehen ein gelehrtes und zynisches Niveau vermeintlicher Interaktion. Rufen Sie an und stimmen Sie für den besten Spieler in einem Match oder den besten Song in einem Programm; teilen Sie uns mit, wie das Thema der heutigen populistisch orchestrierten Abenddebatte lauten soll! Natürlich werden all diese Quasiaktivitäten der

Zuschauer detailliert beobachtet und zwecks verbesserter Zielgruppenansprache ausgewertet.

Das Bürgertum hat seit eh und je den größten Respekt gegenüber dem Fernsehen und verfolgt mit banger Lust seine infernalische Wirksamkeit als Propagandainstrument. Es hat in seinen Augen das Zeug sowohl zum Wunschtraum als auch zum Albtraum, sollte es, was Gott verhüten möge, jemals in falsche Hände gelangen. Für das Bürgertum ist Fernsehen das Größte überhaupt, während die Netokratie eine sehr viel zynischere Einstellung dazu hat. Televisuelle Unterhaltung funktioniert immer noch einigermaßen als Opium für die Massen, aber ihre Zukunft ist alles andere als glamourös. Die Rolle des Fernsehens wird wie die aller von der Technologie überholten alten Medien darin bestehen, Inhalte für die neuen interaktiven Medien zu liefern, wie der Roman Stoff für den Film und der Film Stoff fürs Fernsehen lieferte. Das erklärt die Nonchalance der Netokratie gegenüber dem Fernsehen. Der zeremonielle Pomp, der einst das Fernsehen umgab, ist ebenso passé wie die gepanzerten Studiobunker und glitzernden Büropaläste; die große, prestigeträchtige Programmgestaltung ist ebenso Vergangenheit wie ihr stetig wachsendes Budget. Netokratisches Fernsehen ist minimalistisch und funktionell, fließend und flexibel und wird von einer Vielzahl von unabhängigen Produktionsfirmen hergestellt. Das alles bedeutet jedoch nicht, dass Fernsehen nicht absichtlich dumm und verdummend ist; die Netokratie wird ihre Kreativität nicht in ein Medium kanalisieren, das seine Zukunft bereits hinter sich hat und dessen Publikum sie lediglich kontrollieren will, ohne Teil von ihm zu sein.

In den letzten Tagen des kapitalistischen Paradigmas ist es immer noch möglich, Fernsehwerbung als notwendiges Übel zu sehen – ein Gegengift gegen die bedauerliche Tatsache, dass jemand für die Produktion zahlen muss, hoffentlich mit einem Restgewinn. In der Welt des netokratischen Fernsehens wird es keinen realen Unterschied zwischen Werbung und Programm mehr geben. Jedes Detail wird zum Produktplacement. Die Schauspieler sind Produkte, die sich selbst als Produkte verkaufen, solange sie nicht damit beschäftigt sind, während der Werbeunterbrechungen tatsächliche Produkte zu verkaufen. Die Produkte wiederum sind Darsteller, die sich selbst sowie die Schauspieler verkaufen, die in den Werbespots erscheinen. Das Ergebnis ist Werbung für Werbung für Werbung, und dem Konsumtariat, das weder über die Möglichkeit noch über die Fähigkeit einer aktiven Teilnahme verfügt, bleibt die einzig praktikable Option, die geweihten Regeln des Spiels passiv zu akzeptieren. Die Zuschauer bezahlen ihre Unterhaltung mit einem Minimum an Aufmerksamkeit und üben ihre Teilnahme aus, sobald sie das nächste Mal zwischen unterschiedlichen Waschmittelmarken wählen. Auf diese Weise sollen sie sich im Konsumtariat verwirklichen und einen individuellen Lebensstil etablieren: indem sie für ihre schmutzigen Handtücher und Unterhosen Waschmittel X oder Waschmittel Y wählen. Sind Sie ein umweltbewusster Käufer von X oder ein preisbewusster Käufer von Y? Wählen Sie Ihre Identität und gewinnen Sie eine Gratispackung: Hier ist die Internetadresse!

Seitdem die informationelle Gesellschaft in den Siebzigerjahren Gestalt anzunehmen begann, stellen Philosophen und Soziologen traditionelle Konzepte und Unterscheidungen wie die zwischen Arbeit und Freizeit oder Produktion und Konsum in Frage. Inwieweit haben diese Begriffspaare im Kapitalismus als Kontrollinstrumente gedient? Wie lassen sich unterschiedliche menschliche Aktivitäten in einem vom Informationalismus diktierten gesellschaftlichen Konstrukt definieren? Wieder einmal können wir beobachten, wie alte und bewährte Konzepte neue Bedeutungen annehmen, sobald sich ökologisches Umfeld und Technologie ändern. Konsum statt Produktion wird zur definierenden Aktivität der Unterklasse, in der sich der Umfang der von Beschäftigten und Beschäftigungslosen ausgegebenen Ressourcen nicht wesentlich unterscheidet. Der Konsum von Waren und Dienstleistungen sollte deshalb laut Vordenkern wie Baudrillard und Deleuze als eine alternative – die gesellschaftlichen Mechanismen erhaltende – Form der Produktion angesehen werden.

Diese Umdeutung der Begriffe »Konsum« und »Produktion« ist von zentraler Bedeutung für das Verständnis des informationalistischen Paradigmas. Im Kapitalismus erbringt ein Arbeitsloser beziehungsweise jemand, der sich von der Arbeitsstelle fern hält, an dem betreffenden Tag keine Leistung. Der Tag mag zwar mit diversen praktischen Tätigkeiten und gesellschaftlichen Kontakten sowie einem bestimmten Konsumniveau angefüllt sein, aber das alles bedeutet nichts in einem Paradigma, in welchem allein die Produktion von Gütern und Dienstleistungen mitsamt dem erwarteten Mehrwert zählt. Die Produktion ist produktiv und somit für den Kapitalisten automatisch etwas Positives, während der Konsum als negativ, als die Verminderung des erzeugten Wertes und eine Form pietätloser Schwäche gesehen wird, die man sich selbst zugestehen darf, nachdem man besonders produktiv gewesen ist.

Vom mobilistischen Gesichtspunkt aus betrachtet sind diese Unterteilung und diese gesamte mechanistische Kette aus Ursache und Wirkung reine Illusion. In Wahrheit bedingen beide Aktivitäten einander: Keine ist ohne die andere möglich; sie sind zwei Aspekte ein und desselben Prozesses. Der entscheidende Faktor in der ganzen Konstruktion ist der Wunsch der Konsumenten nach all den Produkten und Dienstleistungen, von denen sie nicht wirklich behaupten können, sie zu brauchen, und dieser Wunsch muss genährt werden. Der Prozess ist kompliziert, aber die Formel ist einfach: Werbung + Konsumtariat = Wunsch. Alles zusammen bildet einen informationalistischen Zyklus, analog zur Photosynthese. Werbung ist das Sonnenlicht, das Konsumtariat die vielfältige Vegetation, die das Licht in jene Energie verwandelt, ohne die keine Biologie stattfindet. Das ist die Rolle des Konsumtariats in dem ganzen Prozess: untergeordnet, aber gleichzeitig unverzichtbar. Welche Beschäftigung die einzelnen Konsumenten ausüben, ob sie überhaupt eine haben, ist in diesem Kontext mehr oder weniger belanglos.

Wir können nicht entscheiden, ob es der Wunsch ist, der die Waren und Dienstleistungen hervorbringt, oder ob die Produkte und Dienstleistungen den Wunsch erzeugen. Tatsächlich erzeugen sie sich gegenseitig. Der Versuch, beides voneinander zu unterscheiden, wird sinnlos, wenn Konsumenten zunehmend dafür bezahlt werden, dass sie auf Werbung achten und reagieren, und wenn sie selber zunehmend mit ihrer Aufmerksamkeit anstatt mit Geld bezahlen. Wer leistet die eigentliche Arbeit, und wer bezahlt wen wofür? Was auf den ersten Blick wie ein triviales Wortspiel erscheint, ist in Wirklichkeit der entscheidende Faktor im Kampf um die Macht. Im kapitalistischen Paradigma basierte die überlegene Position des Bürgertums auf seiner Macht, die Arbeit der Arbeiterklasse zu definieren; unter dem neuen Paradigma beherrscht die neue dominierende Klasse die neue Unterklasse, indem sie manipuliert, was sich als die Konsumaufgabe des Konsumtariats bezeichnen lässt – den Wunsch. Der grundlegende Unterschied zwischen Netokratie und Konsumtariat ist also der, dass Erstere ihre eigene Wunscherzeugung kontrolliert, während Letztere den Befehlen der Ersteren gehorcht. Folglich besteht für die Netokratie ein entscheidender symbolischer Wert in der Demonstration, dass die eigene Wahl des Lebensstils unabhängig von der konsumorientierten Produktion manipulierter Wünsche ist, und somit in der Demonstration des eigenen gesellschaftlichen Abstands zu den vulgären Massen.

Ein netokratischer Lebensstil erfordert einzigartige Fähigkeiten und einen besonderen Überblick, weil eine Ware, eine Dienstleistung oder eine Idee in dem Augenblick, in welchem sie Teil einer Werbebotschaft wird, zum profanen und schäbigen Gegenstand des Massenkonsums wird. Die Netokratie zeichnet hingegen ein »exklusiver« Konsum aus: bewusst minimalistisch und frei von jeder Fremdbestimmung. Netokraten reisen an Orte ohne Tourismusindustrie, hören Musik, die von keinem Plattenlabel vertrieben wird, beziehen ihre Unterhaltung von Abonnement-Channels oder Websites, die weder Werbung enthalten noch für sich selbst Werbung treiben, und konsumieren Waren und Dienstleistungen, die niemals in den Medien erwähnt werden und folglich den Massen unbekannt sind. Dieser Lebensstil lässt sich nicht fixieren: Er befindet sich in einem ständigen Wandlungsprozess. Wenn die Netokraten eines Wunsches überdrüssig sind und das Erlebnis seinen Wert verloren hat, können sie es immer noch den Massen hinwerfen – indem sie es durch Werbung für das Konsumtariat neu erschaffen –, und auch das hat seine wirtschaftlichen Vorteile. Was jedoch im jeweiligen Augenblick der Netokratie vorbehalten ist, bleibt für das Konsumtariat ewig unbekannt, unverständlich und unerreichbar.

Die Netokratie zeichnet hingegen ein »exklusiver« Konsum aus: bewusst minimalistisch und frei von jeder Fremdbestimmung

In einem Zeitalter, in dem die Produktion von Waren und Dienstleistungen zunehmend von automatisierten Fabriken und Arbeitern in Billiglohnregionen ferner Kontinente geleistet wird, taugt Arbeit nicht länger als Organisationsprinzip der Gesellschaft. Die ermüdenden Diskussionen um die »New Economy« beschränken sich in beklagenswertem Maße auf glamouröse Slogans und kapitalistisch gefärbte Beschreibungen der Zukunft des Internets, als handelte es sich dabei vornehmlich um ein Medium für elektronische Versandbestellungen. Demnach hat sich nichts Grundlegendes geändert, und die neuen Technologien beschränken sich auf eine Reihe modischer Anwendungen, mit denen wir glücklich unsere alten Systeme aus- und aufbessern können. Das Interessante an allem Neuen wird nur allzu selten erkannt: dass alte Definitionen und Konzepte vollkommen auf den Kopf gestellt werden und wir gezwungen sind, all unsere Assoziationen, die wir mit diesen Konzepten verbinden, zu revidieren. Ein neues Paradigma führt zu neuen Regeln und neuen Impulsen im Kampf zwischen dominierender Klasse und Arbeiterklasse. Sowohl die Kapitalisten als auch die Werktätigen arbeiteten, aber die Kapitalisten diktierten die Bedingungen. Sowohl die Netokraten als auch das Konsumtariat konsumieren, aber auch hier diktiert die Elite die Bedingungen.

7

Die neue Biologie und die netokratische Ethik

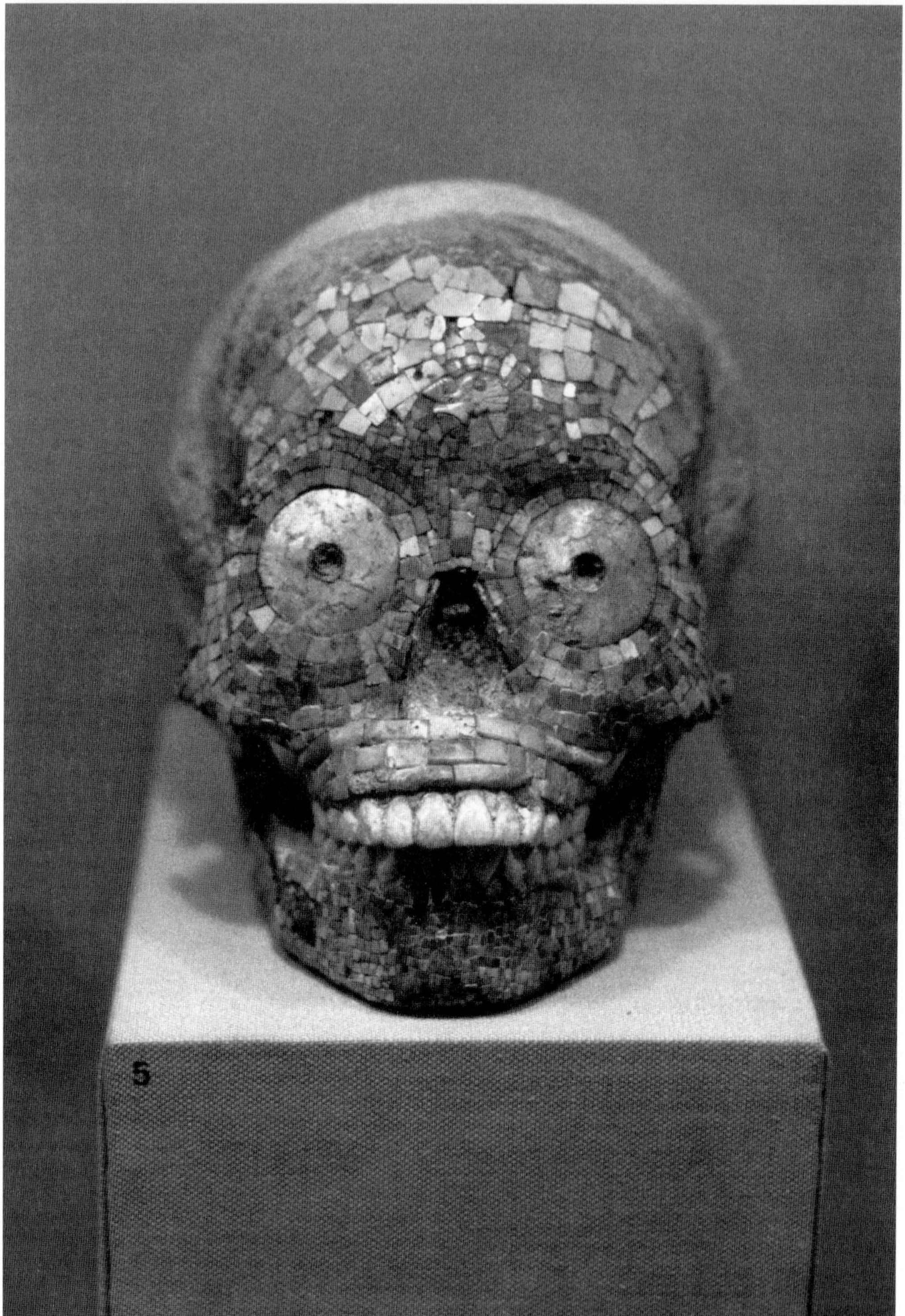

Ein wichtiger Grund, warum die »New Economy« so mysteriös erscheint, ist, dass die Menschen allgemein und die Ökonomen im Besonderen so vage Vorstellungen von der Funktionsweise der »Old Economy« haben. Politische Ideologien und die Gesellschaftswissenschaften, die entstanden, als den Universitäten im kapitalistischen Paradigma eine zentrale Stellung in unmittelbarer Nähe zur Macht eingeräumt wurde, folgten stur dem totalistischen Pfad, wie wir bereits gesehen haben. Nationalökonomen schufen ausgefeilte Modelle, die in jeder Hinsicht beeindruckend waren – mit Ausnahme der Tatsache, dass sie ein irreführendes und nutzloses Bild von der wirtschaftlichen Realität entwarfen. Bereits ihr Ausgangspunkt war verfehlt. Ob sie das rechte oder das linke politische Spektrum repräsentierten, das generelle Ziel war stets dasselbe: die Konstruktion einer umfassenden Theorie, welche die Wirtschaft auf ein vielleicht kompliziertes, aber dennoch kohärentes und beherrschbares Nullsummenspiel reduziert. Jemand gewinnt und ein anderer verliert, beides setzt einander voraus, und zur Vermeidung unnötiger Reibung oder sozialer Ungerechtigkeit bedarf es lediglich der Verteilung und Regulierung. Ein Wunschdenken hinsichtlich Balance und Ordnung wurde irrtümlich auf ein System angewendet, dessen normaler Zustand durch konstanten Wandel und ein beträchtliches Maß an Zerstörung und Vernichtung gekennzeichnet ist.

Unter dem Feudalismus gehörten die Wirtschaft oder überhaupt der Umgang mit Geld nicht zu den Beschäftigungen, mit denen sich ernsthafte Leute abgaben. Warenproduktion und Handel galten folglich nicht als lohnender oder interessanter Gegenstand der philosophischen Betrachtung. Bauern bestellten Land und züchteten Vieh, Händler betrieben Tauschhandel, und Aristokraten trieben Steuern in Form von Waren und Dienstleistungen ein. Als jedoch Industrialisierung, Mechanisierung und der Übergang zum Handel mit Münz- und Papiergeld ein kritisches Niveau erreichten, zogen sie dramatische gesellschaftliche Veränderungen nach sich, die eine Reihe völlig neuer Fragen aufwarfen. Sollte beispielsweise die rasch wachsende Bevölkerung durch importierte landwirtschaftliche Produkte ernährt werden, oder war es besser, in der Nahrungsmittelversorgung unabhängig zu bleiben? War es ratsam, die eigenen Bauern mit Hilfe von Importzöllen zu schützen? Das Tempo der Veränderungen übertraf alles bisher Dagewesene, und die alten Lehrbücher waren schon bald wertlos. So wurde die erste Wirtschaftstheorie, das Credo des Wohlstands, aus der Taufe gehoben, dessen Aufgabe es war, die Gesellschaft in den vermeintlich verloren gegangenen Zustand harmonischer Ordnung zurückzuführen.

Die gedanklichen Vorlagen für die Gesellschaftswissenschaften während des späten 18. und frühen 19. Jahrhunderts boten die Naturwissenschaften im Allgemeinen und die Physik im Besonderen. Das Prestige der Newton'schen Physik war enorm, ihr Erfolg grandios: die Entdeckung der Regelmechanismen, welche die mysteriösen Bewegungen der Himmelskörper lenkten. Jetzt bedurfte es nur noch eines ökonomischen Newton, eines Philosophen, der die Gesetze der Schwerkraft für die Wirtschaft »entdeckte« und die ewigen Prinzipien zum Vorschein brachte, welche die hinter dem scheinbaren Chaos vermutete göttliche Ordnung regierten. Das war, wie der Ökonom Michael Rothschild und andere bemerkten, schon deshalb unmöglich, weil die Newton'sche Physik mangels geschichtlicher Dimension für diese Aufgabe denkbar ungeeignet war. Die Zeit beziehungsweise die Richtungskomponente physikalischer Vorgänge hielt erst mit der Thermodynamik im späteren 19. Jahrhundert Einzug in die Naturwissenschaften. Für Newton ist das Universum ein unwandelbares Perpetuum mobile, eine Art kosmische Uhr, dessen geregelte Bewegungen sich niemals verändern. Diese ewige mechanische Wiederholung bildete den Kern der Newton'schen Idee. Seine Theorie sieht qualitative Veränderungen nicht vor, und jedes nach Newton'schem Muster entworfene Wirtschaftsmodell ist folglich damit beschäftigt, Veränderungen wegzudeuten, anstatt sie zu verstehen. Das Ziel bestand darin, das System mit geeigneten Mitteln in ein Gleichgewicht zu bringen; die in der Natur der Dinge liegenden Veränderungen erschienen hingegen als unerfreuliche Störfaktoren.

Wissenschaft findet, was sie sucht. Der schottische Philosophieprofessor Adam Smith, die zentrale Figur der klassischen Nationalökonomie, fand folglich ein ökonomisches Gravitationsgesetz: das Eigeninteresse. Ausgerechnet wenn jeder Einzelne seinem Eigeninteresse folgt, so Smith, resultiert daraus der optimale Zustand der Wirtschaft. Unterschiedliche Menschen haben offensichtlich unterschiedliche Talente und Fähigkeiten, und indem sie völlige Freiheit haben, ihre Talente zu entwickeln und ihre Dienste anzubieten, kommt dies der Wirtschaft und damit jedem Einzelnen maximal zugute. Reglementierungen und Importzölle sind schlecht, denn das System regelt sich selbst am besten. Wachsende Märkte bedeuten wachsende Produktivität, lautete der optimistische Refrain des Laisser-faire-Liberalismus. Aber selbst Smith sah Veränderungen in seiner Gleichung nicht vor. Seine Theorie beschreibt einen imaginären Gleichgewichtszustand, eine liberale Utopie, aber nicht die Turbulenzen der Realität. Wenn man das System nur machen ließe, würde es von selbst ein Gleichgewicht herstellen und alle möglichen Störungen intern regeln. Die Idee, dass das System selbst einschneidenden Veränderungen unterworfen sein könnte, kommt in Smiths Berechnungen nicht vor. Das war ein Gedanke, dessen Berücksichtigung erfordert hätte, die illustre Newton'sche Struktur aufzugeben, und das war undenkbar.

Smiths Sichtweise von der Wirtschaft als gut geschmierter Maschine fand viele eifrige Jünger. Aber nicht sein Optimismus. David Ricardo ging von der Theorie aus, dass die Gesamtmenge der im Markt zirkulierenden Ressourcen und Güter beschränkt ist. Wenn die Bevölkerung wächst und die Zahl der Konsumenten zunimmt, resultiert der gestiegene Bedarf in höheren Preisen – besonders für Lebensmittel. Das Gleichgewicht ist zugunsten wohlhabender Landbesitzer gestört; ihr Profit korrespondiert mit den Verlusten der Konsumenten und Beschäftigten in einem verzweifelten Nullsummenspiel. Weil sich also hohe Gewinne nur durch niedrige Löhne aufrechterhalten ließen, waren gesellschaftliche Spannungen zu erwarten. Die Faszination für die neue Wirtschaftswissenschaft nahm dank Ricardos Thesen so stark zu, dass man der Nationalökonomie die Fähigkeit zusprach, einfach alles zu erklären. Sie ersetzte zum großen Teil die Philosophie, die sich in einem Zustand der Lähmung befand, als Metawissenschaft und universelles Erklärungsmodell.

Ricardos System war zugleich die Theorie, die Karl Marx in seiner Geschichtsphilosophie verwendete und in sie einflocht: Wirtschaftliche und gesellschaftliche Gegensätze, die darauf beruhen, dass die Massen von der herrschenden Klasse unablässig ausgesaugt werden, eskalieren bis zu jenem kritischen Punkt, an dem es notwendig wird, um jeden Preis eine radikale Transformation der Gesellschaft durchzuführen und eine Planwirtschaft zu etablieren. Auch für Marx war die Wirtschaft eine Maschine – nicht gut geölt und selbstregulierend wie für Adam Smith, sondern auf ständige Überwachung und ideologische Führung angewiesen. Das politische Ziel war eine statische Wirtschaft, eine gleichmäßig tickende Uhr. Das entspricht in allen wesentlichen Aspekten auch der vorherrschenden Sichtweise der Nationalökonomie während ihrer 200-jährigen Geschichte, wie aus zahlreichen politischen Programmen für eine Regulierung der Märkte und für eine Verteilungspolitik hervorgeht. Knöpfe und Hebel wurden gedrückt und gezogen in der vergeblichen Hoffnung, dem System dauerhafte Stabilität zu verleihen.

Die diversen politischen Lager unterschieden sich nur in den Schwerpunkten. Für Liberale und Konservative war das Recht auf Privateigentum heilig. Die Alternative der Rechten zum Monopolgespenst der Linken war Wettbewerb, aber die grundlegenden Probleme blieben dieselben: begrenzte Ressourcen und eine wachsende Bevölkerung. Natürlich ist beispielsweise in der Landwirtschaft eine Produktivitätssteigerung möglich, aber nicht im Verhältnis zum benötigten Mehraufwand an Arbeitskräften – nach dem Gesetz der sinkenden Erträge, das John Stuart Mill, einer der zentralen Figuren des Liberalismus, ungefähr zu der Zeit formulierte, als Marx und Engels das *Kommunistische Manifest* verfassten. Der Wohlstand würde niemals stark genug zunehmen, um eine wachsende Bevölkerung ernähren zu können. Demnach konnte man bestenfalls hoffen, einen sozioökonomischen Status quo zu erreichen, indem man an die bessere Natur der Menschen appellierte und die Geburtenrate niedrig hielt.

Die diversen politischen Lager unterschieden sich nur in den Schwerpunkten

Diese Vorstellungen von der Wirtschaft als Nullsummenspiel und dem Fluch des Bevölkerungswachstums gingen größtenteils auf den Kleriker, Ökonomen und Historiker Thomas Malthus zurück, dessen Einfluss auf das Denken während des 19. und frühen 20. Jahrhunderts kaum zu überschätzen ist. Es war die von Malthus in seinen Zeitgenossen gesäte Angst vor den furchtbaren Folgen einer Überbevölkerung, die schließlich dazu führte, dass Instrumente der Geburtenkontrolle für einen größeren Markt verfügbar gemacht wurden, auch wenn Malthus selbst Abstinenz und spätere Ehe predigte. Malthus' Theorie basierte auf dem notwendigen Gleichgewicht zwischen der Zahl der Menschen und der Menge der Ressourcen. Malthus' gnadenlosem Prinzip zufolge wuchs die Bevölkerung dramatisch schneller (»geometrisch« oder »exponentiell«) als die Nahrungsmittelproduktion (»arithmetisch«). Dieses Ungleichgewicht ließ sich langfristig nicht halten, und der Überschuss musste auf die eine oder andere Weise beseitigt werden. In der Natur wurde dies durch Hungersnöte und andere Katastrophen geregelt, während sich für den Menschen der

Krieg als Alternative bot. Hilfen für die Armen machten die Lage nur noch schlimmer, weil dann nur noch mehr Münder gestopft werden mussten.

Es gehört zu den größten Ironien der Ideengeschichte, dass Malthus, der finstere Pate der Nullsummenphilosophie, zugleich ein Verfechter der Evolution war – mit anderen Worten: der Theorie der Veränderung, der Entwicklung und des Prozesses. Die Sackgasse, in die sich Malthus hineinmanövrierte, ermöglichte eine ganz neue Denkweise. Charles Darwin wandte Geschichte auf die Geschichte an. Er zeigte, dass Veränderung nicht eine Abweichung von der göttlichen Ordnung oder die Störung eines natürlichen Gleichgewichts bedeutete, sondern dass der konstante Wandel selbst der natürliche Zustand ist. Arten, die bislang als ewig und unveränderlich galten, perfekten geometrischen Figuren vergleichbar, stellen sich als historische Produkte anderer, ausgestorbener Arten heraus. Sie entwickeln sich und passen sich den Umständen an. Das Problem für Darwin war, dass er lange eine treibende Kraft in diesem Prozess vermisste – eine Vorstellung von den Ursachen und den Mechanismen der Veränderung. Er war sich der Evolution als Idee bewusst, was allein schon revolutionär war, aber er verstand nicht, wie die Evolution tatsächlich vonstatten ging. Jeder Bauer kannte bereits die Möglichkeit, Evolution zu betreiben und Vieh und Getreide zu »verbessern«. Man musste lediglich Exemplare mit den erforderlichen Eigenschaften für die Zucht verwenden. Aber wer übernahm in der Natur die Rolle des Züchters? Wer war für die Selektion verantwortlich, und wie spielte sie sich ab? Das war die große Frage.

Anfangs stellte sich Darwin vor, Arten gehorchten denselben Gesetzen wie Individuen; sie würden geboren, reiften und stürben aus biologischer Notwendigkeit. Nachdem er sich ein Jahr und mehrere Monate in hoffnungslosen Sackgassen verstrickt hatte, las er eher zufällig Malthus' Bevölkerungstheorie (»zur Unterhaltung«, notierte er in seinem Tagebuch). Plötzlich fügte sich alles zusammen. Die Natur selbst beaufsichtigte die Selektion. Wenn in eine Population mehr Individuen geboren werden, als das vorhandene Nahrungsangebot hergibt, folgt daraus notwendig, dass einige Individuen vorzeitig sterben, noch bevor sie Nachwuchs erzeugen können. Die Überlebenden, die sich fortpflanzen, sind gerade diejenigen, die für die gegebenen Bedingungen die besten Voraussetzungen mitbringen. Derselbe Vorgang wiederholt sich von Generation zu Generation. Im Ergebnis bildet sich irgendwann eine neue Art heraus: Die natürliche Selektion belohnt nur sehr wenige unter den möglichen Varianten. Gleichzeitig befindet sich das Umfeld in ständigem Wandel, teils infolge geologischer und klimatischer Faktoren, teils aufgrund seiner eigenen inneren Dynamik. Die veränderten Arten beeinflussen wechselseitig das gemeinsame Umfeld, was weitere Veränderungen in den diversen Arten zur Folge hat. Ein natürliches Gleichgewicht gibt es nicht. Der Prozess hört niemals auf.

Ironischerweise hat Darwin Malthus komplett missverstanden. Eine freundlichere Lesart wäre zu sagen, dass er Malthus' vollkommen pessimistische Überlegungen auf atemberaubend originelle und geniale Weise interpretierte, um sie besser mit seinen eigenen Gedanken zu verweben. Der Kampf ums Überleben, der für Malthus die Wurzel allen Übels in der Welt war, war für Darwin der Mechanismus, welcher der Evolution Kraft und eine Richtung hin zu immer höher entwickelten Organismen verlieh. So erhielt die Biologie einen entscheidenden Anstoß aus der Wirtschaftsphilosophie, während das wirtschaftliche Denken die Biologie und ihre geschichtliche Perspektive zugunsten der Newton'schen Physik und ihrer statischen Weltsicht verschmähte. Ähnliches galt allgemein für die Soziologie und die übrigen neuen Gesellschaftswissenschaften; Newtons kosmisches Perpetuum mobile bildete das Grundmuster für die Modellerzeugung im Kapitalismus. Das Studium der Gesellschaft verwendete als Ausgangspunkt ein fiktives System in einem künstlichen Ruhezustand, während Veränderung als störende Anomalie betrachtet wurde. Das Denken hing in steifen, totalistischen Strukturen fest.

Als Newton seine Theorie präsentierte, wurde er als das führende Licht seiner Zeit gefeiert. Als Darwin seine Theorie präsentierte, wurde er praktisch wie ein Krimineller behandelt. Die Evolutionstheorie blieb außerhalb der Naturwissenschaften bemerkenswert lange äußerst umstritten. Der Widerstand gegen die Evolutionstheorie war eher emotionaler als intellektueller Art. Das Ewige und Vorhersehbare mit seinen Wurzeln in der jüdisch-christlichen Religion und totalistischen Philosophie kam den selbstverliebten westlichen Träumen von menschlicher Kontrolle und Omnipotenz stets entgegen. Veränderung und Zufall hingegen erzeugten Schrecken. Das ist der Grund, warum die klassische Newton'sche Physik selbst dann noch das Modell für andere Naturwissenschaften und für die allgemeine Weltsicht während des gesamten kapitalistischen Paradigmas blieb, als die Physik selbst bereits über Newton hinausgegangen war, die geschichtliche Dimension einbezogen hatte (mit der Formulierung der Gesetze der Thermodynamik) und programmatisch unvorhersehbar, virtuell und generell exotisch geworden war (dank der Quantenmechanik). Daraus können wir den Schluss ziehen, dass die alte Wirtschaftslehre ähnlich der alten Soziologie und allem übrigen wissenschaftlich »Alten« bereits seit langer Zeit veraltet ist.

Darwin stellte fast alles, was als heilig betrachtet wurde, auf den Kopf. Das schöne Bild der Natur ist nicht abgeschlossen, sondern ein ständig in der Entstehung begriffenes Werk, und ob es besonders schön ist, bleibt noch die Frage. Die heute lebenden Arten sind weder ursprünglich noch konstant und repräsentieren lediglich ein Stadium in der Entwicklung von einfachen zu komplizierteren Lebewesen. Der unendliche Reichtum an Vielfalt und Komplexität in der Natur setzt keinen göttlichen Schöpfer und keine versteckte Intelligenz, ja nicht einmal einen Plan voraus; was gebraucht wird, ist lediglich ein Ozean von Zeit. Evolution ist eine Art Algorithmus, eine auf das reale Leben angewandte numerische Operation gewaltiger Größenordnung. Oder, wenn Sie so wollen, ein Computerprogramm. Seine Aufgabe ist es, die Verlierer auszusieben.

Der amerikanische Philosoph Daniel C. Dennett hat diesen Prozess mit einem Tennisturnier verglichen: Zwei Spieler treffen sich, einer überlebt und kommt in die nächste Runde, während der andere der Vergessenheit anheim fällt. Alle Ausscheidungsturniere bringen einen Gewinner hervor, der die von den Regeln favorisierten Eigenschaften mitbringt. Im Tennis ist vor allem Können gefragt, während beim Münzwurf allein das Glück beziehungsweise die Vermeidung von Pech zählt. Es ist offensichtlich höchst unwahrscheinlich, dass jemand 20 Münzwürfe hintereinander gewinnt, aber wenn wir ein Münzwurfturnier mit 1.048.575 Teilnehmern veranstalten, wird es mit Sicherheit jemanden geben, dem dies gelingt. Diese Art von Algorithmus tut im Übrigen, was wir von ihm erwarten: Er wählt, ganz gleich, wie groß die Zahl der Teilnehmer ist, unfehlbar einen Gewinner aus. Evolution ist eine Form von Ausscheidungsturnier, dessen Regeln nicht nur äußerst kompliziert und voller nicht vorhersehbarer Zufallsparameter sind, sondern sich überdies ununterbrochen verändern. Eine Runde Münzwurf, die nächste Runde Slalomsackhüpfen rückwärts mit verbundenen Augen. Stets gibt es jemanden, der gewinnt, und viele, viele Verlierer. Wir alle sind Gewinner: Wir, die wir dies schreiben, Sie, die Sie es lesen, Ihre Freunde, Ihre Haustiere und Zimmerpflanzen, die Bäume in den Wäldern und die Würmer in der Erde – alles, was hier und jetzt lebt.

Die Verlierer sind all die anderen. Rund 99,99 Prozent aller Arten, die einmal existierten, sind heute ausgestorben. Sie schieden schlicht aus dem Turnier aus.

Eine parallele Logik verwenden wir, wenn wir klassische hypothetische Fragen der Art stellen, wie unser Leben wohl verlaufen wäre, wenn das eine oder andere Ereignis nicht stattgefunden hätte oder wenn wir in wichtigen Entscheidungen eine andere Wahl getroffen hätten. Was ist das anderes als ein memetisch-darwinistisches Äquivalent zu Dennetts genetisch-darwinistischer Analyse? Die anderen Ichs, die wir anstelle unseres gegenwärtigen Ichs möglicherweise hätten werden können, wenn die Dinge anders verlaufen wären, lassen sich als Beispiele geringerwertiger memetisch-darwinistischer Mutationen bezeichnen verglichen mit dem »Ich«, das »überlebt« hat und deshalb überhaupt die Chance hat, hypothetische Fragen bezüglich der »ausgestorbenen Ichs« zu stellen. Das liefert die Basis für den Foucault'schen Prozess der Subjektivierung, der in einer netokratischen Gesellschaft den Individualismus ersetzt, und wir werden im nächsten Kapitel darauf zurückkommen.

Die Natur ist kein Picknick. Eine unbarmherzige Auslese fördert das, was sich unter den gegebenen Umständen als funktionell erweist. Selbst unsere ästhetische Wahrnehmung dessen, das mit uns überlebt hat, der Natur selbst, basiert auf einer tief in unseren Genen verwurzelten Überlebensstrategie. Die Schönheit, die wir in den Farben einer Orchidee oder den stolzen Federn eines Pfaus zu erkennen glauben, und die Faszination, mit der wir den langen Hals einer Giraffe betrachten, werden für uns zur »Schönheit« und »Faszination«, weil sie die evolutionäre Anpassungsfähigkeit unseres eigenen großartigen Gehirns bestätigen und unterstreichen. Der ästhetische Sinn ist zugleich eine eingebaute genetische Warnlampe. Wir schätzen die Geh- und Sprechversuche eines kleinen Kindes oder die Treue eines Hundes; Kind und Hund sind für uns nützlich und angenehm: Nützlichkeit und Wohlgefallen sind wechselseitig, Kind und Hund erscheinen uns ästhetisch attraktiv und wir ihnen ebenfalls. Gleichzeitig ziehen wir uns vor giftigen Klapperschlangen und Bakterien verströmenden Mülltonnen zurück, weil diese Phänomene eine Bedrohung für unser eigenes Überleben darstellen und deshalb in unsere Gene als ästhetisch abstoßend einprogrammiert wurden.

Darwins Theorie war bei weitem nicht wasserdicht. Eine bedeutende Lücke stellte das Fehlen einer zufrieden stellenden Erklärung dafür dar, wie die siegreichen Eigenschaften von einer Generation zur nächsten vererbt wurden. Kinder weisen in der Regel eine deutliche Ähnlichkeit zu ihren Eltern auf, stellen aber keine ausgewogene Mischung der elterlichen Eigenschaften dar. Eine weiße und eine schwarze Katze bekommen keineswegs einheitlich graue Kätzchen. Wäre die Disposition der Eltern zu bestimmten Eigenschaften komplett gemischt, wäre das Ergebnis eine Nivellierung sämtlicher hervorstechender Merkmale, eine gleichmäßige, einförmige Biomasse. Stattdessen jedoch zeigt die Natur einen stetig wachsenden Grad an Komplexität, Vielfalt und Spezialisierung. Wie lassen sich diese Multiplizität und diese Farbigkeit erklären?

Die Antwort wurde in einer Reihe bahnbrechender wissenschaftlicher Entdeckungen in der zweiten Hälfte des 20. Jahrhunderts gegeben. 1953 beschrieben die Forscher Francis Crick und James Watson erstmals die einzigartige Struktur der DNA-Moleküle. Zu Beginn der Sechzigerjahre wurde es möglich, einzelne »Wörter« im genetischen Code zu lesen, und zur Halbzeit des Jahrzehnts war der Code geknackt. Heute, zu Beginn des 21. Jahrhunderts, ist das gesamte menschliche Genom entziffert. Unsere gesamte biologische Vergangenheit, sämtliche genetischen Voraussetzungen für unsere Zukunft, werden wie ein offenes Buch vor uns liegen. Buchstäblich. Alle Wörter des Buches sind mit vier chemischen Buchstaben geschrieben: A, C, G und T (Adenin, Cytosin, Guanin und Thymin) in diversen Kombinationen. Jeder lebende Organismus, der jemals existierte, ist nach ähnlichen, heute leicht lesbaren, in ein und derselben Sprache geschriebenen Instruktionen geschaffen.

Die neue Genetik gehört zu den größten intellektuellen Revolutionen aller Zeiten. Auf einmal ist Biologie völlig digital. Das Leben selbst – die Reproduktion der Zellen und ihre Hervorbringung geordneter Systeme unterschiedlicher Komplexität – ist ein Prozess, der im Prinzip aus dem Informationsmanagement stammt. Leben ist grundsätzlich eine Frage der Verbreitung von Informationen. Unsere genetische Konstitution ist eine Ansammlung von Rezepten oder Programmen für die Herstellung von Proteinen, die wiederum die Chemie des Körpers regeln. Der Körper ist das Gewebegefäß, das sich die biologischen Informationen ausgesucht haben. Dank den vorprogrammierten Informationen wissen die Zellen des Körpers, wo sie sind und was sie tun sollen. Niemand muss dem Ei beibringen, wie es zum Kü-

Leben ist grundsätzlich eine Frage der Verbreitung von Informationen

ken wird: Das Ei weiß es bereits. Die alten Informationstheoretiker hatten im Prinzip Recht. Es sind die Informationen, die der Materie Leben einhauchen. Einer der Träger des Medizinnobelpreises von 1969, Max Delbruck, schlug vermutlich scherzeshalber vor, Aristoteles posthum denselben Preis für die Entdeckung der DNA zu verleihen. Der alte Philosoph hatte Recht, wenn er behauptete, die Form der Henne sei bereits im Ei angelegt.

Genetische Informationen sind nicht nur ein Rezept für die Anatomie, sondern auch für das Verhalten. Klassische Humanisten wollen das nicht glauben und bestehen darauf, dass Menschen eine Seele haben, und dass diese Seele und alle seelischen Phänomene in irgendeiner Weise vom Körper und der Biologie unabhängig sind. Nur seelenlose Tiere haben Instinkte; wir Menschen stehen über solchen Dingen. Überzeugte Behavioristen sind gleichfalls skeptisch: Sie behaupten, Reflexe und Verhalten seien erlernt. Natur und Gesellschaft erscheinen als eine große Erziehungsanstalt, ein kompliziertes System von Bestrafung und Belohnung, das den Einzelnen formt, indem es bestimmte Verhaltensweisen fördert und andere unterdrückt. Menschen sind nach dieser Lesart ein unbeschriebenes Blatt. Aber die neue Genetik hat diese Sichtweise zerschmettert. Wir können niemals etwas lernen, das wir nicht lernen können. Wir werden niemals in der Lage sein, Dinge zu lernen, für die uns die genetische Disposition fehlt, so sehr wir auch belohnt und bestraft werden.

Das Gehirn ist so programmiert, dass es mit bestimmten Arten von Problemen mit Hilfe bestimmter vorgegebener Prozesse umgehen kann. Ein offensichtliches Beispiel dafür ist die Aneignung von Sprache: Die Fähigkeit, Grammatik zu verstehen und anzuwenden, ist uns angeboren, und die Forschung hat die dafür ausschlaggebenden Gene auf dem Chromosom Nummer sieben geortet. Eine abweichende »Buchstabierung« dieses Gens – sozusagen ein Buchstabierfehler – hat deutlich geringere sprachliche Fähigkeiten (SLI, Specific Language Impairment) in ansonsten völlig normal intelligenten Menschen zur Folge: Es fehlt ihnen die Fähigkeit, grammatische Strukturen zu verinnerlichen. Für sie ist jedes neue Wort, dem sie begegnen, völlig neu; so müssen sie beispielsweise für jedes Tätigkeitswort jede konjugierte Form gesondert lernen, ebenso die Mehrzahlformen der Substantive und so weiter. Einfach ausgedrückt: Das Muster erschließt sich ihnen nicht instinktiv.

Daraus folgt, dass es nicht möglich ist, Instinkte durch Lernen zu ersetzen. Natürlich können Menschen mit einer Sprachentwicklungsstörung lernen, mit der Außenwelt zu kommunizieren, wenn auch mit Schwierigkeiten im Verstehen und Sich-verständlich-Machen, aber sie werden niemals lernen, grammatisch zu denken. Dass wir Menschen anders als unsere nahen Verwandten unter den Menschenaffen gelernt haben, von einer grammatisch strukturierten Sprache Gebrauch zu machen, liegt nicht daran, dass wir fleißiger sind oder eifriger geübt haben, sondern dass wir durch genetische Veränderungen neue artenspezifische Instinkte entwickelt haben. Sprache – die in ihren gesprochenen und später ihren geschriebenen Formen das vorherrschende Instrument des Kulturtransfers und der kulturellen Entwicklung darstellt – hat ihre Wurzeln zweifellos in der Biologie. Wir haben gelernt, was zu lernen wir fähig waren. »Wer wir sind«, bestimmt sich grundsätzlich aus den Informationen in unseren Genen.

Aus alledem folgt, dass es eine »menschliche Natur« gibt und dass diese Natur in hohem Maße nicht nur unsere Fähigkeit zur Aneignung von Sprache, sondern allgemein unser Verhalten und unsere Kultur bestimmt. Ein neugeborenes Kind ist kein leeres Blatt, sondern Träger eines Programms, das zwar in gehörigem Umfang Entwicklung, Lernen und Interaktivität mit der Umwelt zulässt, dabei jedoch spezielle Strukturen und spezielle Beschränkungen mitbringt, die letztlich von der biologischen Geschichte bestimmt sind. Das Gehirn ist Produkt der Evolution, und daraus folgt eine ganze Phalanx kollektiver, grundlegender Denkmuster. Gene führen die Kultur an der Leine, wie Edward O. Wilson es formulierte.

Aber die Idee einer Verbindung zwischen Biologie und Soziologie stößt nach wie vor auf erbitterten Widerstand aus vielen Richtungen. Dieselben Vorstellungen werden häufig in semantisch zweideutiger Weise unter Begriffen wie »Reduktionismus« oder »Determinismus« zusammengefasst. Der Widerstand ist größtenteils politisch motiviert: Eine Grundthese des Marxismus lautet, dass die Gesellschaft das Bewusstsein der Bürger vollständig prägt und dass eine neue Gesellschaft die Schaffung eines gänzlich neuen Menschen voraussetzt. Wenn sich herausstellt, dass letztlich die Biologie entscheidet, dann muss die marxistische Linke umdenken. Aber selbst innerhalb der Gesellschafts- und Humanwissenschaften lautete der akzeptierte Standpunkt des gesamten 20. Jahrhunderts, dass biologische Evolution und kulturelle Entwicklung zwei getrennte Phänomene sind, die nichts miteinander zu tun haben. Die Forschung beschäftigte sich folglich mehr damit, wie das gesellschaftliche Umfeld das menschliche Verhalten formt, als damit, wie die gesellschaftlichen Instinkte des Menschen die Gesellschaft prägen.

Auch diese Sichtweise hat ihre ideologischen Gründe – grobe Fehlinterpretationen der Evolutionstheorie wurden gemeinsam mit anderen Quasiwissenschaften von einer ganzen Reihe von Scharlatanen dazu verwendet, diverse rassistische und andere suspekte Ideologien zu legitimieren. »Tiefer stehende Kulturen« wurden unter Bezug auf vermeintlich angeborene Kultiviertheit »erklärt«. Der Wunsch, sich von solch »vulgären Biologismen« zu dissoziieren, ist verständlich. Aber jede konsequente Vermeidung einer »Schuld durch Assoziation« stellt einen ebenso destruktiven Akt intellektuellen Scheuklappendenkens in die entgegengesetzte Richtung dar. Scheuklappen bleiben Scheuklappen, mögen die Gründe, sie zu tragen, noch so ehrenwert sein.

Die grundlegende Idee der Evolutionstheorie – wonach der entscheidende Faktor der Zufall ist – stellt das komplette Gegenteil des Ausgangspunkts des Vulgärbiologismus dar. Alles Gerede von unterschiedlichen Rassen und ihrer mehr oder weniger ausgeprägten genetischen Disposition für eine hoch entwickelte Kultur sind totaler Unsinn. Dass Menschen im fruchtbaren Halbmond des Nahen Ostens ihr Leben als Jäger und Sammler bereits früh aufgaben und die erste Agrargesellschaft gründeten, war schlicht und einfach eine Folge geeigneter Bedingungen, wie Jared Diamond ausgeführt hat. Das Klima war günstig, und es gab vor allem Pflanzen, die sich im großen Maßstab domestizieren und kultivieren ließen. In einer immer fortgeschritteneren Rückkopplungsschleife führte eins zum anderen. Die größere Verfügbarkeit von Nahrung und festen Behausungen bewirkte ein Bevölkerungswachstum, das wiederum Voraussetzung für eine verstärkte Spezialisierung und eine entwickeltere Gesellschaftskultur war. Diese brachte abermals ein stärkeres Wirtschaftswachstum und später Kathedralen, Sonette und Streichquartette hervor.

Aber die richtigen Bedingungen allein reichen als Erklärung nicht aus. Jeder Ordnungsfreund könnte fragen: Die Bedingungen wofür? Biologie und gesellschaftliche Instinkte lassen sich nicht länger umgehen. Das humanistische Bürgertum war leidenschaftlich um die Verfeinerung einer Kultur bemüht, die sie als Charakteristikum des Menschen betrachtete und die ihn über die Tiere und das Gesetz des Dschungels erhob. Wie eine fundamentalistische Sekte bestand der Humanismus auf der einzigartigen, über der übrigen Natur »schwebenden« Stellung des Menschen. Dass die Kultur ihre Wurzeln in der Biologie hatte und ein untrennbarer Teil von ihr war, erschien undenkbar. Aber was ist die mögliche Alternative? Wenn die Konstruktion von Gesellschaft und Kultur keine evolutionäre Basis hat, was könnte dann ihr Ursprung sein? Die Antwort findet sich in den Absolutheiten von Religion und Mythos: Kultur ist ein wundersames Geschöpf, ein Geschenk weiß Gott wessen an die Menschheit. Für die Netokratie, die jetzt die Macht ergreift, entbehren diese metaphysischen Schlupflöcher der intellektuellen Glaubwürdigkeit. Die Mauer zwischen Natur und Kultur wird niedergerissen, und der Humanismus steigt in sein Grab.

Wenn wir die kulturelle Evolution mit der biologischen vergleichen, haben wir es nicht nur mit einer eindrucksvollen Metapher, sondern mit einem wissenschaftlichen und soziophilosophischen Erdbeben zu tun. Der Newton'sche/statische/mechanische Blick auf Gesellschaft, Kultur und Wirtschaft entlässt jetzt, wo das Ende des kapitalistischen Paradigmas in greifbare Nähe rückt, endlich das Denken aus seinem Würgegriff. Die Physik, insbesondere die Newton'sche, ist nicht länger die Modellwissenschaft. Das 21. Jahrhundert gehört der Biologie. Eine gänzlich neue Weltsicht nimmt vor unseren Augen Gestalt an. Wir sprechen über eine Welt jenseits des Humanismus: Transhumanismus.

Die Genetik hat eine wichtige Eigenschaft, die sie unwiderstehlich interessant macht: Sie funktioniert. Die Pflanzen- und Tierproduktion verzeichnete in den letzten Jahren spektakuläre Fortschritte. Weder die Methoden noch die theoretische Basis lassen sich heute noch ernsthaft in Frage stellen. Gleichzeitig nimmt unser Wissen über die menschliche Spezies in Schwindel erregendem Tempo zu. Die Entschlüsselung des menschlichen Genoms bedeutet die Identifizierung von rund 100.000 Genen, die über 23 Chromosomen verteilt die chemische Formel für einen Menschen darstellen. Die Gesamtheit dieses unfassbar langen Textes – rund eine Milliarde Wörter, das Äquivalent von 800 Bibeln – wird lesbar werden und uns detaillierte Informationen über unsere Vergangenheit und unsere Zukunft vermitteln. Zudem lässt sich der Text editieren.

Mit der Kenntnis ihrer genetischen Prädisposition können die Menschen erstmals in ihrer Geschichte ihr Leben aufgrund wirklich fundamentaler Daten planen: Sie können eine Ausbildung und einen Beruf wählen, die auf sie zugeschnitten sind, Kinder mit einem Partner zeugen, der komplementäre Gene mitbringt, die Aufnahme schädlicher Nahrung vermeiden und so weiter. Arbeitgeber und Behörden haben Zugang zu Eignungstests, die diesen Namen verdienen. Die Meritokratie wird sich, wie der schwedische Biologe Thorbjörn Fagerström darlegte, in völlig neuen Formen der »Genokratie« manifestieren. Diese Entwicklung wird natürlich auf Protest stoßen – nicht zuletzt seitens klassischer Humanisten, die daran Anstoß nehmen, dass die ererbten Eignungen des Menschen verglichen und in eine Rangfolge gebracht werden. Aber die »Natürlichkeit« des Prozesses wird sich schwerlich leugnen lassen. Nichts könnte natürlicher sein als Vergleich und Rangfolge – genau darum geht es bei der natürlichen Selektion, und welches Selektionsprinzip könnte natürlicher sein als das genetische? Diese Entwicklung wird schon allein deshalb nicht zu stoppen sein, weil ihre Anwendung tatsächlich funktioniert und das Prinzip »der richtige Mensch für den richtigen Job« für die interessierten Parteien so wertvoll ist. Man wird argumentieren, dass gewisse Berufssparten so wichtig sind, dass in diesen speziellen Fällen der Zweck die Mittel rechtfertigt. Und genau hier wird der Damm brechen. Wenn ein Tabu in einem bestimmten Gebiet gebrochen wurde, ist es unmöglich, dasselbe Tabu für die Gesellschaft insgesamt aufrechtzuerhalten. Besonders in einer plurarchischen Gesellschaft.

Wenn ein Tabu in einem bestimmten Gebiet gebrochen wurde, ist es unmöglich, dasselbe Tabu für die Gesellschaft insgesamt aufrechtzuerhalten

Die Verbindung zwischen Sexualität und Fortpflanzung ist im Verschwinden begriffen. Sex wird zum Hobby, zum Ausdruck der eigenen Identität, ohne gewollte oder ungewollte Konsequenzen. Dafür findet die Fortpflanzung unter geordneten Bedingungen im Labor statt. Die Frage, wer wessen Vater oder Mutter ist, wird kompliziert, sobald Geschlechtszellen, die im Prinzip von überallher stammen können, in künstliche Gebärmuttern eingepflanzt werden. »Schwangerschaften« werden sorgfältig überwacht. Wenn es Zeit für die »Geburt« ist, wird die Wahrscheinlichkeit von Überraschungen drastisch reduziert sein. Durch Genmanipulation werden sich Krebs, Alzheimer, Allergien und eine ganze Liste weiterer Krankheiten im Embryostadium verhindern lassen. Es wird zudem möglich sein, »Nachkommen« in starkem Maße zu formen oder, besser gesagt, zu programmieren. Und sogar Qualitäten hinzuzufügen, die als »menschlich« zu betrachten wir nicht gewohnt sind.

Diese Entwicklung wird beschleunigt durch den schwindenden Glauben an eine perfekte, die Fortpflanzung regelnde »natürliche Ordnung«. Die Mittel der Fortpflanzung waren während des Evolutionsprozesses starken Wandlungen unterworfen. Unsere frühesten Vorfahren verwendeten die Zellsprossung. Später legten sie Eier und bestimmten das Geschlecht ihres Nachwuchses durch Regelung der Temperatur rund um die Eier. Schließlich gewannen geschlechtsbestimmende Gene die Oberhand, weil sich die Individuen bereits in einem frühen Stadium auf die geschlechtsspezifischen Aufgaben vorbereiten mussten, die sie nach der Geburt erwarteten. Das einzig »Natürliche« in der Evolution ist also der Wandel selbst. Gegen die Verpflanzung künstlich befruchteter Eier in künstliche Gebärmütter wird von humanistischer Seite gern eingewandt, dies sei ein typisches Beispiel einer Einmischung und eines Angriffs auf die Natur. Das Problem dieser Argumentationsweise besteht jedoch in der Annahme, Natur und Kultur seien zwei wesentlich verschiedene, zueinander in Opposition stehende Phänomene. Aber diese schematische Sichtweise ist im informationalistischen Paradigma vollkommen veraltet. Kultur ist eine neue Version der Natur: Natur 2.0.

Die zunehmend marginalisierten humanistischen Machtinstitutionen aus dem Kapitalismus werden Forderungen nach einer restriktiveren gesetzlichen Reglementierung genetischer Technologien erheben. Sie werden fordern, dass sämtliche Forschung, die mit den alten Tabus des Bürgertums in Berührung kommt, einer strengen Beobachtung und Kontrolle durch Staat und akademische Experten unterworfen wird. In vielen Fällen werden diese Forderungen auf Resonanz bei Politikern stoßen, während in bestimmten Fällen bereits heute eine extensive Regulierung der genetischen Forschung stattfindet. Aber das hat wenig Bedeutung. Die stetig schwächer werdende Position des Nationalstaats im Vergleich zu neuen wachsenden Kräften – wie der unternehmenslustigen Netokratie und den expansiven multinationalen Biotechnologiefirmen – wird diese politischen Bemühungen vor unüberwindbare Hindernisse stellen. Die am weitesten gediehene genetische Forschung findet bereits in geschlossenen Labors und unter größter Geheimhaltung auf privatem Grund und Boden statt, was eine Kontrolle ungemein erschwert. Zudem sind die stark jüdisch-christlich gefärbten Einstellungen des Westens zur Heiligkeit des einzigartigen Individuums alles andere als universell. In anderen Teilen der Welt wie beispielsweise Asien herrscht eine weit weniger sentimentale Sichtweise vor, und die Forschung geht unvermindert weiter.

Wir können uns auf einen holprigen, konfliktreichen Akklimatisierungsprozess einstellen. Bereits in der Vergangenheit lösten radikale biomedizinische Fortschritte fieberhafte Debatten aus und erregten den Widerstand von Gruppen, die ihre moralische Autorität bedroht sahen. Hornhauttransplantationen sind ein instruktives Beispiel. Als es medizinisch möglich wurde, mit Hilfe von frischen, kürzlich Verstorbenen entnommenen Korneae anderen Menschen das Augenlicht zu erhalten, formierte sich eine starke Opposition, mit der Folge, dass das Verfahren in Großbritannien und anderen Ländern verboten wurde. Die Methode wurde als unethisch klassifiziert, weil sie Körperteile Verstorbener verwendete. Deren Leichname wurden absurderweise für heilig und unrein zugleich erklärt. Mittlerweile jedoch ist die Methode Routine. Die Rettung des Augenlichts Lebender wurde, als das zunehmende Wissen über das Verfahren die alten Moralisierungen verdrängte, wichtiger als die Bewahrung der Heiligkeit des Körpers.

In einer Gesellschaft ohne zentrale moralische Autorität – und sogar ohne Parlament – wird es diesen Interessengruppen und ihrem stillen Machtkampf überlassen bleiben festzulegen, was als akzeptabel gilt und vor allem, was tatsächlich geschieht. Was heute unethisch ist, kann morgen schon vollkommen akzeptiert sein. Allen Einwänden zum Trotz werden die Menschen bereitwillig die neuen, von der angewandten Gentechnologie entwickelten Medikamente akzeptieren. Möglicherweise akzeptieren sie plötzlich auch die speziell für die Transplantation geschaffenen Organe genmanipulierter Schweine, sobald sie selbst oder ein ihnen Nahestehender dringend auf sie angewiesen ist. Und sobald sie die Wahl haben, wünschen sich die Menschen wohlgeratene Kinder beispielsweise ohne eine bekannte Prädisposition zum Krebs. Der Pragmatismus beherrscht die medizinische Ethik und nicht umgekehrt. Netokratische Ethik ist deshalb hyperbiologischer Pragmatismus.

Es fällt schwer sich vorzustellen, Menschen könnten sich bewusst gegen die Möglichkeit einer Wahl entscheiden. Geschichtlich betrachtet spielt das selbst auferlegte Wahlverbot nur in äußerst strenggläubigen religiösen Sekten (wie beispielsweise beim Verzicht der Amischen auf die Elektrizität) eine Rolle. Es liegt einfach nicht in unseren Genen, wie die Geschichte der Wissenschaft deutlich zeigt. Wir sind von Natur aus neugierig und extrem anpassungsfähig. Auf der Grundlage sämtlicher verfügbarer Daten wird es in naher Zukunft möglich sein, transgene Klone unserer selbst zu produzieren, die bis auf die Aspekte, die wir verändern möchten – nicht kurzsichtig, nicht glatzköpfig oder was auch immer – komplett identisch sind. Diese leicht retuschierten Kopien lassen sich gar als lebende Ersatzteillager verwenden; vielleicht benötigen wir ja dereinst eine frische neue Leber als Ersatz für die alte, die wir dem Alkohol opferten.

Der Verlust jeder zentralen politischen Macht lässt eine solche Entwicklung als sehr gut möglich erscheinen, selbst wenn die Mehrheit beispielsweise gegen das Klonen ist. In der informationellen Gesellschaft hat nicht der Wähler, sondern der solvente Konsument das Sagen – ein Gedanke, der von dem Zoologen Matt Ridley vorgebracht wurde. Dasselbe geschah mit der Reagenzglasbefruchtung. Eine hinreichend große Zahl von kinderlosen Paaren zeigte sich hinreichend interessiert und finanzkräftig, und die Möglichkeit existierte. Heute ist die In-vitro-Fertilisation ein Routineverfahren. In naher Zukunft werden wir viele Beispiele dieser Art von »netokratischer Entscheidungsfindung« erleben: außerhalb des klassischen politischen Modells und außerhalb des Einflusses der Mehrheit.

Gemeinsam ist all diesen rasanten Veränderungen, dass die Idee des »Natürlichen« ihren Wertgehalt vollständig verliert. Je mehr wir über unsere biologische Geschichte sowie über die Geschichte der Kultur und die Konstruktion der menschlichen Gesellschaft erfahren, desto klarer erweist sich die gegensätzliche Beziehung zwischen Natur und Kultur, die so lange für selbstverständlich gehalten wurde, als das einzig wirklich künstliche Element in diesem Zusammenhang. Natur und Kultur stellen zwei äußerst komplexe und komplizierte Informationsmanagementsysteme dar. Beide folgen exakt demselben Gesetz: der natürlichen Selektion. Beide zeigen dieselbe inhärente Logik: eine Bewegung weg vom Einfachen und Speziellen hin zur immer differenzierteren Interaktion im immer größeren Maßstab. In der neuen Weltsicht, die sich augenblicklich herausbildet – und wir sprechen hier nicht über objektive Wahrheiten; vielmehr wird das neue Paradigma bestimmen, was schließlich gedacht werden kann – sind Natur und Kultur zwei komplementäre Seiten ein und derselben Sache: Evolution.

Am Anfang war die Erde eine energiereiche Suppe, in der die denkbar einfachsten Zellen, Vorfahren unserer heutigen Zellen, umhertrieben und sich vervielfältigten. Der erste Schritt in Richtung Kathedralen und Streichquartette war getan, als einige dieser ursprünglichen Zellen auf eine Art Parasiten prallten, Bakterien, die Vorfahren unserer Mitochondrien (jener Organellen, die für den Zellstoffwechsel zuständig sind). Das Treffen war nicht freundlich: Entweder versuchte die Zelle den Parasiten zu schlucken, konnte ihn aber nicht verdauen, oder der Parasit versuchte in die Zelle einzudringen, konnte sie aber nicht töten. Das Ergebnis war jedenfalls eine Zusammenarbeit, die beiden Seiten zugute kam: ein neuer Zelltyp, in welchem unterschiedliche Elemente unterschiedliche Aufgaben verrichteten. Diese Zelle mit ihrer internen Arbeitsteilung war die Vorbedingung für eine weiter gehende biologische Zusammenarbeit in Form von vielzelligen Organismen, in denen die einzelnen Zellen unterschiedliche Rollen erfüllten. Seit jener Zeit hat die natürliche Selektion in einem unglaublich langsamen Prozess immer kompliziertere Formen der Zellkooperation entwickelt, indem sie weniger kooperationsfreudige Kandidaten aussiebte. Begünstigt wurden hingegen Gene, die sich als besonders geeignet für eine verstärkte Integration erwiesen.

Die zunehmende Spezialisierung und Koordination ermöglichte beträchtliche Fortschritte in der Produktivität. Gemeinsam wurden die Zellen »intelligent«. Sie bildeten, was der Biologe Richard Dawkins als »Überlebensmaschinen« bezeichnete: schrittweise verfeinerte Tierkörper, die darauf programmiert waren, in bestimmten Situationen intelligente Dinge zu tun, indem sie beispielsweise bei drohendem Frost wärmere Orte aufsuchten. Aber wie jeder Geschäftsmann weiß, ist Größe nicht alles. Viel Koordination ist auch mit Kosten in Form von zunehmendem Energieverbrauch verbunden. Die natürliche Selektion wog einen Organismus gegen den anderen ab. So waren immer größere Organismen nicht unbedingt die Lösung auf alle Probleme im harschen Umfeld der Gene, was wiederum erklärt, warum die Kooperation zwischen den Zellen andere, noch genialere Formen annahm, indem Individuen, Schulen, Schwärme und Gesellschaften miteinander zu kooperieren begannen. Eine Gesellschaft, die sich um die Interessen ihrer Mitglieder kümmert, nützt den beteiligten Genen, indem sie ihre Überlebens- und Reproduktionschancen erhöht.

Dasselbe Muster finden wir in der Geschichte: Eins plus eins ist mehr als zwei; Kooperation nützt allen Beteiligten. Die natürliche Selektion begünstigt Menschen und Gesellschaften, die gelernt haben, miteinander Nichtnullsummenspiele (im Gegensatz zu Nullsummenspielen) zu spielen. Wenn sich Jäger- und Sammlernomaden niederlassen und beginnen, die Erde zu bearbeiten, verbessern sich die Bedingungen für ein erfolgreiches Nichtnullsummenspiel beträchtlich. Mit der Zeit entwickelt sich eine konstruktive Spirale: Der technologische und ökonomische Fortschritt erzeugt ein Bevölkerungswachstum, welches wiederum die Bedingungen für einen weiteren technologischen und wirtschaftlichen Fortschritt verbessert. Schließlich entwickeln sich Städte, deren dichte Besiedelung funktionierende Märkte ermöglicht, und das Wirtschaftswachstum steigert noch einmal das Tempo. Kontakte zwischen den verschiedenen Städten führen zur Errichtung eines noch umfassenderen Kooperationssystems. Mit Hilfe bahnbrechender Errungenschaften gelingt es den Menschen, wichtige Schwellen zu überwinden und immer komplexere Nichtnullsummenspiele zu entwickeln.

Der technologische und ökonomische Fortschritt erzeugt ein Bevölkerungswachstum, welches wiederum die Bedingungen für einen weiteren technologischen und wirtschaftlichen Fortschritt verbessert

Die aktuelle Situation im Übergang zwischen altem und neuem Paradigma ist ambivalent. Einerseits können wir im Zusammenbruch des Nationalstaats eine Tribalisierung erkennen: Größere Einheiten werden in kleinere aufgebrochen, in denen sich Identität und Loyalität an unterschiedlichen Subkulturen ausrichten. Andererseits wird der im Niedergang begriffene Nationalstaat durch überstaatliche Institutionen ersetzt – in Politik, Wirtschaft und Kultur. Einerseits Fragmentierung, andererseits Integration. Robert Wright nennt dieses Phänomen »Fragmegration«. Aber die neue Informationstechnologie als Motor der Entwicklung hat ihr eigenes Programm: Sie bietet Kooperation und Nichtnullsummenspiele. Die für mehr Rechte und mehr Selbstbestimmung kämpfende Urbevölkerung kooperiert in weltweiten elektronischen Netzwerken mit anderen Gruppen in derselben Situation. Isolation hat als Strategie keine Zukunft; die Spannung zwischen lokal und global besteht in der virtuellen Welt nur scheinbar. Für Wright und andere setzt die gegenwärtige Situation die alte Frage eines globalen Staates erneut auf die Tagesordnung.

Was für die evolutionäre Entwicklung von Gesellschaft und Kultur relevant ist, gilt auch für die Wirtschaft, wie Michael Rothschild betont. Die Marktwirtschaft ist »natürlich«: ein ungeplantes und dennoch hochgradig strukturiertes Ökosystem im Zustand ständiger Veränderung. Es gibt kein Gleichgewicht, keinen anhaltenden Ruhezustand. Selbst hier gelten die Gesetze der natürlichen Selektion, die jene Akteure begünstigen, die das Nichtnullsummenspiel beherrschen und über die Fähigkeit verfügen, strategische Allianzen zu bilden. Schlecht organisierte Unternehmen, die keine neuen Methoden erlernen – und folglich nach den innerhalb ihrer speziellen Marktnische geltenden Regeln nicht mit der Konkurrenz mithalten können –, werden ausgesiebt, wodurch Raum für neue Akteure geschaffen wird. Selbst der demonstrative Konsum von Luxusgütern hat seine evolutionäre Logik: die anziehendsten Menschen finden am erfolgreichsten einen Partner, und Anziehung ist in der Natur häufig ein Synonym für große Hörner und bunte Schwanzfedern – also eine extravagante Ressourcenverschwendung. Wie Rationalität nicht immer besonders rational ist, ist auch Effektivität nicht immer besonders effektiv, weder in der Natur noch in der Kultur. Der exklusive Konsum der Netokraten drückt dasselbe aus, nur auf andere Weise: Konsum ist Statussymbol oder eine verführerische Kunst. Wir sprechen über eine intuitiv gelenkte, transrationale Wirtschaft, die mit der Zurschaustellung übertriebener Ressourcen spielt – eine Wirtschaft, die klassisch erzogene Buchhalter und Börsenanalysten mit ihrer Verspieltheit und ihrer Übertretung rationalistischer Gesetze verrückt machen würde.

Das bedeutet, dass die mythische Vorstellung von der New Economy ähnlich wie im Fall der »Globalisierung« zwei völlig unterschiedliche Dinge meint. Zum einen steht sie für die Old Economy, die in einem ganz neuen Licht erscheint, seitdem alte Modelle und Gedankenprozesse infolge des gegenwärtigen Paradigmenwechsels durch neue ersetzt wurden. Die auf der Grundlage dieser neuen Einsichten errichteten neuen Modelle sind mit großer Wahrscheinlichkeit erheblich aufschlussreicher als die alten. Zum anderen bietet die neue Informationstechnologie denjenigen, die zu lernen bereit sind, die Möglichkeit, miteinander ganz neue Nichtnullsummenspiele zu spielen. Die Kooperation sucht sich unerwartete Pfade, vollkommen neue Informationskategorien bekommen einen Wert, und strategische Allianzen werden zunehmend extensiv und grenzüberschreitend. Hersteller, Zulieferer, Händler und Konsumenten sind immer enger in digitale Netzwerke eingebunden. Ein echtes Verständnis für die Old Economy wird viel von der Verwirrung ausräumen, welche die New Economy umgibt. Und die Macht wird in der informationellen Gesellschaft am Ende denjenigen zuteil, die es verstehen, das Durcheinander zu entwirren.

8

Die Todeszuckungen der Kollektivität, das Ende des Individuums und das virtuelle Subjekt

TAMAYA
すき焼・しゃぶしゃぶ・かに
Nikon Salon
大和證券
WHYTE & MACKAY
SCOTCH WHISKY
明治屋
中央宣興
読売広告社
富士銀行
4F
松島

Eine Folge der revolutionären Fortschritte in der Genetik und der immer zentraleren Rolle der Biologie für unser Denken ist die totale »Relativierung« der Idee des Individuums – seine Überführung von einem absoluten in einen relativen Wert. Wenn wir mit Individuum die letzte, buchstäblich unteilbare Kontrollinstanz meinen, dann erscheint das Individuum zunehmend als reine Illusion. Eine Analyse der Wechselbeziehungen zwischen Körper, Gehirn und Genen in den unterschiedlichsten Situationen zeigt, dass es eine solche Kontrollinstanz nicht gibt. Die Gene lösen diverse chemische, den Körper beeinflussende Reaktionen aus, werden ihrerseits aber vom Gehirn aktiviert, dessen Entscheidungen selbst wiederum instinktive Reaktionen auf externe, über den Körper vermittelte Anreize darstellen. Wir könnten behaupten, es sei die Situation, die entscheidet, aber da wir selbst Teil dieser Situation sind, landen wir unweigerlich in einer Rückkopplungsschleife ohne Anfang und Ende. Niemand entscheidet. Anstelle des einst vermuteten Individuums finden wir eine Art turbulenter Marktwirtschaft *en miniature* mit unzähligen Faktoren, ein ständig wechselndes Spannungsfeld zwischen Kräften und Gegenkräften. In der netokratischen Gesellschaft verlässt die Unbestimmtheit und Wandelbarkeit des Subjekts die philosophische Sphäre und wird auch für den gewöhnlichen Menschen zum realen Alltagsfaktor.

Eine wichtige Machtvoraussetzung ist der Zugang zu und die Kontrolle über Informationen. In der feudalen Gesellschaft wurde der Informationsfluss von den Mächtigen streng kontrolliert. Die soziale Berührungsfläche des Einzelnen mit der Außenwelt blieb ein Leben lang auf gerade so viele Menschen beschränkt, wie in die Dorfkirche oder auf den örtlichen Kirmesplatz passten. Der Handel war begrenzt, ein Austausch mit anderen Gegenden fand kaum statt, und die Nachrichten von der Außenwelt wurden streng limitiert. Die Vertreter der Kirche und der Aristokratie verfügten über weit mehr Informationen, die sie jedoch nur in kleinen und sorgfältig bemessenen Portionen in Form von Predigten und Dekreten – den Interessen der Elite entsprechend – an die Unterklasse austeilten. Die Nachrichten, die das Dorf über offizielle Kanäle erreichten, passierten also zunächst einen strengen Kontrollapparat mit seinen Außenstellen in den Klöstern und Herrschaftshäusern. Unautorisierte Nachrichtenquellen wurden mit allen verfügbaren Mitteln zum Schweigen gebracht und als kriminell gebrandmarkt; die vielen Umherziehenden und Wandersleute, die es trotz alledem gab, galten als Banditen und Strolche und gingen als solche in die Geschichtsbücher des kapitalistischen Paradigmas ein. Der Feind war laut Definition fremd, und Fremde waren laut Definition Feinde.

Wandersleute durften einfache handwerkliche Tätigkeiten und Unterhaltung anbieten; sie waren Dekorateure oder Musiker auf den Dorffesten. Sie galten jedoch nicht als vertrauenswürdige Mitglieder der Dorfgemeinschaft. Der Wanderer hatte im Prinzip keine Rechte und war der Willkür der örtlichen Aristokratie und der religiösen Instanzen ausgeliefert. Ein fester Wohnort war die absolute Mindestvoraussetzung, um in den Ehestand zu treten – jenes Ritual, mit dem die Gesellschaft die Nachwuchszeugung sanktionierte. Menschen außerhalb der Dorfgemeinschaft waren wertlos. Die Strafe für einen zum Kriegsdienst bestellten Soldaten, der sich weigerte, die örtliche Gemeinschaft gegen die bösen Barbaren zu verteidigen, bestand im Ausschluss nicht nur aus der sozialen Gemeinschaft (die Drohung der Aristokratie), sondern ebenso aus dem himmlischen Paradies (die kirchliche Drohung).

Die feudalen Strukturen begannen nachzugeben, als sich der Informationsfluss infolge der Zunahme des organisierten Handels nicht länger wirksam reglementieren ließ. Die Intensivierung der Kommunikation zwischen den Städten, die den Umfang der gesellschaftlichen Kontakte des Einzelnen enorm steigerte, stieß eine erste Entwicklung in Richtung Kapitalismus an. Händler in Städten rund um die Ostsee gründeten zur Verteidigung ihrer gemeinsamen Interessen und zur bestmöglichen Förderung des Handels die Hanse, die schließlich so stark wurde, dass sie sich gegen den dänischen König behaupten und die Handelswege vor Piraten schützen konnte. Die italienischen Stadtstaaten schlossen sich in der Lega lombarda zusammen, um sich gemeinsam des Gehorsamsanspruchs des deutsch-römischen Kaisers zu erwehren. Kooperation zahlte sich aus. Eine neue Machtstruktur gewann an Stärke.

Aus Dörfern wurden Städte. Infolge der Urbanisierung und der wachsenden Macht des jungen Bürgertums gediehen Wissen und Informationen, die in weit größerem Ausmaß ausgetauscht wurden als zuvor, so dass es notwendig wurde, die Praxis der Machtausübung an diese neuen Umstände anzupassen. Die feudalen Städte waren einst vollständig von Wällen und Gräben umgeben gewesen, die teils dem physischen Schutz vor der Außenwelt dienten und teils die Möglichkeit boten, Zollstellen zu errichten und auf diese Weise beträchtliche Einkommensquellen für die Stadt zu erschließen. Die kapitalistischen Städte hingegen wuchsen so rasch, dass ein solcher Einschluss nicht länger praktikabel war. Es ist sogar fraglich, ob wir vor der Zeit des frühen Kapitalismus überhaupt von echten Städten reden können; selbst das imperiale Rom bestand im Wesentlichen aus einer losen Gemeinschaft von Dörfern. Infolge dieser Veränderungen war die Ausübung unbegrenzter Macht über ein klar bezeichnetes Stadtgebiet nicht länger möglich. Der Beginn des Kapitalismus lässt sich geografisch daran erkennen, dass die Stadtmauern ihre Rolle als Trennungslinie zwischen Stadt und Land verloren.

Der Machtanspruch der kapitalistischen Städte erstreckte sich weit über die Stadtgrenzen hinaus und umfasste das umliegende Land, so weit es die vorhandenen natürlichen Grenzen wie Berge, Meere oder Flüsse erlaubten. Die wachsende Bevölkerung der Städte war auf regelmäßige Lebensmittellieferungen angewiesen; die neuen Fabriken verschlangen sehr viel mehr Rohstoffe als die einst um den Marktplatz herum versammelten Gewerke der vergangenen Epoche. Die Stadt begann, das umliegende Land zu kolonisieren, und innerhalb dieses natürlichen Gebiets bildete sich auf der Grundlage von Aussehen, Sprache, Mythologie, Glauben und Gebräuchen eine neue gemeinsame Identität heraus. So entstand schließlich die moderne Nation.

Dank einer verbesserten Kommunikation und einer rasch wachsenden Stadtbevölkerung ohne restriktive regionale Bindung konnte sich die neue gesellschaftliche Identität auf ein erheblich größeres Gebiet und sehr viel mehr Menschen ausdehnen als zuvor. Die Ausdehnung war notwendig, musste aber innerhalb vernünftiger Grenzen gehalten werden. Wie auch alle biologischen Organismen bedurfte die Nation fester Grenzen zur Außenwelt. Der Selbstschutz machte es erforderlich, feste Grenzen zu errichten, damit klar war, was geschützt werden sollte, und damit die begrenzten Ressourcen nicht zur Ernährung der übrigen Welt verschwendet wurden. Weil somit eine klare Unterscheidung zwischen »uns« und »den anderen« im Interesse der Nation lag, wurde die Macht über die Informationen entsprechend instrumentalisiert. Alle sesshaften Einwohner, die Anspruch auf nationale Identität und Zugehörigkeit hatten, wurden gezählt, registriert und katalogisiert. Der Staat übernahm immer mehr Aufgaben und forderte angesichts steigender Kosten für den Unterhalt eines wachsenden Verwaltungsapparats immer höhere Steuern. Dadurch wuchs wiederum die Macht des Staates.

Das immer mächtigere Bürgertum in den rasch wachsenden Städten beanspruchte das umliegende Land, um seine Versorgung und seinen Machterhalt zu sichern. Zu diesem Zweck machte es von seiner neuen Stärkeposition Gebrauch, um die ländlichen Herrscher – namentlich die Aristokratie – unter Druck zu setzen oder zu marginalisieren. Unabhängig von der formalen Verfassung übernahm der Staat vom König und der Aristokratie das Recht zur Steuereintreibung, indem er das Recht, Zollstellen zu errichten, von den Stadtmauern auf die nationalen Außengrenzen verlagerte. Die Nation ersetzte die alte Stadt als geografische Basis der Gemeinschaftszugehörigkeit und unterstrich dies mit der höchsten Verkörperung kapitalistischer Identität – dem Pass.

In der neuen geografischen Einheit war die Macht in einem zentralisierten System organisiert, so dass Quelle aller Macht und Ziel aller Informationen ein klar definiertes Zentrum war: die Hauptstadt. Diese Vorstellung von einem Zentrum mit konzentrisch angeordneten, immer periphereren Außenposten hat das moderne gesellschaftliche und globale Denken nachhaltig geprägt. Als Modell diente noch immer der christliche Himmel mit Gott und den Engeln. Das Wort Kapitalismus hat wie das englische Wort *capital* (Stadt) seinen Ursprung im lateinischen *caput* (Kopf). Die »Kapitale« war somit der Kopf der Nation: Befehlsstelle und Informationszentrum sowie das Symbol der Werte, um die sich die Nation versammelte.

Dieses neue Zeitalter verlangte nach einem neuen Subjekt, einem neuen, an die Erfordernisse von Staat und Markt angepassten Menschenbild; der feudale Bauer, der seine Felder bestellte und auf die Rückkehr Christi wartete, war zu passiv und geistig träge und somit nicht hinreichend empfänglich für die ausgefeilte Propaganda des neuen Zeitalters. In rascher Folge wurden eine Reihe Begriffe entwickelt, die bald die Basis für die Definition des neuen Individuums bildeten: Nation, Rasse, Staatsbürgerschaft, Einkommenssteuer, Bildung, Geisteskrankheit, Kriminalität, Ausländer. Um all dies herum bildete sich ein Gemeinschaftsgefühl, das den Nationalstaat zusammenschweißte. Das Bürgertum schützte sein neu gewonnenes Informationsmonopol, so gut es konnte.

Dieses neue Zeitalter verlangte nach einem neuen Subjekt, einem neuen, an die Erfordernisse von Staat und Markt angepassten Menschenbild

In diesem Modell sollen die Menschen auch ohne Zwang und Einschüchterung bereit sein, ihr Land zu verteidigen. Die Zugehörigkeit zur Nation und die von ihr verkörperten Werte erscheinen als so wertvoll, dass niemand zögern würde, zu den Waffen zu greifen, falls die Souveränität des Landes durch feindlich gesinnte Nachbarvölker bedroht wäre. Folglich wurden beträchtliche Anstrengungen unternommen, um durch die Mythologisierung der Ursprünge der Nation und die Romantisierung ihrer Geschichte eine nationalistische Kultur zu schaffen. Die Traditionen der Nation bildeten eine heilige Symbiose mit ihrem geografischen Territorium. Daraus entstand der Mythos vom nationalen Ursprung.

Zugleich erforderte dies jedoch die Dämonisierung der Außenwelt. Die propagierten Gefühle gegenüber anderen Nationalitäten waren eine Mischung aus Furcht und Verachtung. Die Existenz des Nationalismus gründet auf dem Bestreben, alles Fremde und Unbekannte auf Abstand zu halten. Zu den logischen Konsequenzen dieser Entwicklung gehörte eine konfuse Rassenbiologie – der frenetische Versuch, eine empirische Rechtfertigung für jenes Überlegenheitsgefühl zu finden, das den Nationalismus erstrahlen ließ und der nationalen Gemeinschaft einen Heiligenschein verlieh. Daneben hatte der Rassismus noch eine weitere attraktive Funktion. Der Nationalismus lieferte nur zu Zeiten eines Krieges oder eines Konfliktes mit Nachbarländern brauchbare Feindbilder. Mit Hilfe des Rassismus ließen sich jedoch auch zu Friedenszeiten gesellschaftliche Minderheiten mit abweichenden physischen Eigenschaften oder kulturellen Traditionen wie beispielsweise Juden oder Zigeuner ausgrenzen und unterdrücken. So verfügte der Nationalstaat stets über Feinde und Sündenböcke, denen er sämtliche Missstände in die Schuhe schieben konnte.

Die verhängnisvollen Katastrophen, in die dieser zentralisierte Nationalismus mündete, lösten den beschleunigten Niedergang des Nationalismus und den unvermeidlichen Kollaps der spätkapitalistischen Gesellschaft aus. Die ewige menschliche Suche nach einem elementaren Gefühl der Zugehörigkeit fand Ersatz für den strauchelnden Nationalismus zuerst im Auftritt der Popkultur in den Massenmedien seit dem Zweiten Weltkrieg und später vor allem in der Entstehung elektronischer Clans im Internet. In der informationellen Gesellschaft ersetzen virtuelle Subkulturen die Dorfgemeinschaften des Feudalismus und die nationalen Gemeinschaften des Kapitalismus als die Basis der gesellschaftlichen Identität. In einer Gesellschaft wie dieser ist sicherlich niemand mehr bereit, für sein Land zu sterben. Nationale Grenzen und ihre Bewacher – militärische Organisationen – implodieren. Mit großem Ernst werden in der virtuellen Welt neue Grenzen zwischen den gesellschaftlichen Gruppen errichtet.

Es ist deshalb interessant zu sehen, dass es den extremen Nationalisten – Neonazigruppen in Westeuropa, für regionale Selbstbestimmung kämpfende Faschisten in Osteuropa, Isolationisten und die Geschichte romantisierende Fundamentalisten Nordamerikas, des Fernen und Nahen Ostens, Nationalisten also, die weiterhin konsequent die Fahne des Rassismus hoch halten – als Einzigen gelungen ist, funktionierende elektronische Netze aufzubauen, die ganz auf der nationalen Identität beruhen. Das ist ein Fragmentierungsproblem (siehe voriges Kapitel): streng disziplinierte und organisierte Subkulturen fördern ihre Eigeninteressen durch Bildung strategischer Allianzen mit Gleichgesinnten im Internet. Die »milderen« Formen des Nationalismus – Flaggen, Traditionen, Stolz – haben hingegen niemals in der virtuellen Welt Fuß gefasst und haben deshalb in der informationellen Gesellschaft keine Zukunft. Die Grenzen des Nationalstaats sind heute ebenso irrelevant wie die Stadtgräben zu Beginn des Kapitalismus. Der Zerfall des Nationalstaats ereignet sich im Übrigen umso rascher, je hilfloser sich seine Institutionen mit der Kontrolle und vor allem der Besteuerung der New Economy anstellen.

Ein Problem, das infolge dieser Entwicklung zunehmend akut wird, ist die ständige Unterminierung der Autorität der nationalstaatlichen Institutionen. Wenn sich Gesetze in zentralen Bereichen nicht länger aufrechterhalten lassen, untergräbt dies die Achtung der Bürger vor den Gesetzgebungsorganen und dem juristischen Apparat; das betrifft besonders diejenigen Gruppen, die wirtschaftlich und in ihrem Status von der technologischen Entwicklung profitieren. Zu denen, die sich verzweifelt an die Reste des Nationalstaats klammern, gehören Mitglieder der alten, einst dominierenden Klasse, die ihre Position und ihre Privilegien schwinden sehen, und Mitglieder der neuen Unterklasse, die bewusst oder unbewusst begreifen, dass ihnen eine Änderung des bisherigen Kurses keinen Nutzen bringt.

Den Netokraten wiederum erscheinen der Nationalstaat und seine Barrieren als ein den Verkehrsfluss im globalen Dorf beeinträchtigender und widersinniger, aber vorübergehender Störfaktor. Die Reste des Nationalismus sind in den Augen der Netokraten eine beschämende Krankheit, die längst hätte ausgemerzt sein sollen – eine Art geistiges Handikap, das die alte dominierende Klasse in einem Zustand der Ohnmacht und Dekadenz hält und die entrechtete Unterklasse unterdrückt und für ewig minderwertig erklärt. Kurz: eine Epidemie und eine Wahnvorstellung, die zu bekämpfen einen Akt menschlicher Nächstenliebe darstellt. Für die Netokratie ist das Hissen der Nationalflagge das widerwärtigste Beispiel von Vulgarität und schlechtem Geschmack. Das hindert jedoch die neue dominierende Klasse nicht daran, jede Gelegenheit zu nutzen, die Symbole und Markenzeichen ihrer eigenen elektronischen Sekten zur Schau zu tragen – Symbole, die im Übrigen nicht selten eine nationalstaatliche Vergangenheit haben. Die Domainkürzel der Sowjetunion .su beispielsweise wurde nach dem Zusammenbruch der Sowjetunion zu einer der beliebtesten Internetadressen unter Netokraten.

Polizei und juristischer Apparat sind zunehmend machtlos gegenüber der wachsenden Internetkriminalität, einer Art Global-Networking-Mafia, in welcher die Motivation für kriminelle Machenschaften weniger im finanziellen Gewinn als vielmehr in der Schaffung einer Identität und im gestiegenen Status innerhalb der eigenen Gruppe liegt. Das führt zu lautstarken politischen Forderungen nach zusätzlichen Ressourcen für Polizei und Staatsanwälte. Aber ebenso wie sich die nationalen Steuerbehörden in einer hoffnungslos unterlegenen Position gegenüber der mobilen Netokratie mit ihrer jegliche Grenzen sprengenden virtuellen Wirtschaft befinden, so haben auch die nationalen Strafjustizbehörden keine Chance gegen eine »Kriminalität« ohne konkreten geografischen Ort.

Gleichzeitig werden die bürgerlichen Familien rapide unterminiert: Wenn die industrielle Produktion dramatisch zurückgeht und dem Informationsmanagement und einem wachsenden Dienstleistungssektor Platz macht, ändern sich die Bedingungen des Arbeitsmarkts. Schlecht ausgebildete Männer werden überflüssig, während sich den Frauen zahlreiche neue Möglichkeiten eröffnen, was wiederum der bereits stark unter Druck stehenden Kernfamilie weiter zusetzt. Seit Beginn der Sechzigerjahre steigen die Scheidungsraten im Westen stetig an. Gemeinsam resultieren diese Faktoren in einer ernsten, destabilisierenden Krise der informationellen Gesellschaft. Große Mengen unkontrollierter Energie werden frei, sobald die gesellschaftlichen Institutionen des alten Paradigmas zusammenbrechen und das Fundament der gesellschaftlichen Identität für die Mehrheit der Menschen verschwindet.

Parallel zur Entwicklung der Hauptstädte im frühen Kapitalismus bildete sich eine völlig andere Art von Stadtkultur heraus. Erst in der kapitalistischen Gesellschaft wurde jene Siedlungsform möglich, die der amerikanische Philosoph und Historiker Manuel De Landa als Metropole bezeichnet. Die Metropole stellte anders als die Kapitale weder politisch noch kulturell oder geografisch das Zentrum der Nation dar; vielmehr lag sie an der Küste, wo sie Anschluss an die zunehmend verkehrsreichen und wichtigen interkontinentalen Seewege hatte, und war deshalb in mehreren entscheidenden Punkten vom Rest der Nation isoliert. Während die Kapitale ihre Arbeitskräfte und Rohstoffe aus dem umliegenden Land importierte, betrieb die Metropole ihre Ausdehnung vorwiegend auf der Basis des internationalen Handels. Die importierten Rohstoffe und Zwischenprodukte kamen aus dem Ausland und zumeist aus anderen Metropolen. Diese unabhängigen Seehäfen wurden zu Knotenpunkten lebenswichtiger Transportadern, durch die jener enorme Verkehr aus Menschen, Rohprodukten und Luxusgütern floss, der erforderlich war, um die Bedürfnisse der Hauptstädte und ihrer Nationen zu befriedigen. Die Macht der Metropolen gründete nicht auf der Herrschaft über Land, sondern auf der Kontrolle über die Finanzströme.

Die Kapitale und die Metropole erfüllten in der kapitalistischen Gesellschaft völlig unterschiedliche Funktionen. Während die Kapitale die Machtstruktur selbst verkörperte, war die Metropole weitestgehend frei von den restriktiven Gesetzen und Bestimmungen, die den Nationalstaat betrafen. Die Metropole wurde folglich zur Basis diverser Aktivitäten und Phänomene, die den Propagandisten des Nationalismus und den Machthabern im Staat als moralisch zweifelhaft und für die Gesellschaft schädlich galten. Sie diente möglicherweise der Prostitution und dem Sklavenhandel sowie dem Geldverleih gegen Zinsen – etwas, das im späten Mittelalter mit größtem Argwohn betrachtet wurde. Deshalb entwickelte sich die Metropole zu einer Art Versuchsfeld für Lebensstile und Denkweisen, bot sie doch einen Freiheitsgrad, der innerhalb des eigentlichen Nationalstaats undenkbar war. In der Metropole fand der gefürchtete und gehasste Nomade Unterschlupf. Dass Menschen kamen und gingen, wurde nicht nur toleriert, sondern entsprach vollkommen der Idee der Metropole. Kontrolle spielte eine geringere Rolle, und die nomadischen Lebensformen entwickelten sich mit der Zeit bis zu dem Punkt, an dem sie beinahe zum Idealbild des Lebens in der Metropole wurden.

In der Metropole war die Mobilität viel zu groß, als dass es möglich gewesen wäre, eine Mehrheitsherrschaft auf der Basis einer einheitlichen Gruppenidentität zu errichten. Mobilität und die Vielfalt der Identitäten erzwangen eine flexible politische Struktur, die durch die Bildung befristeter Bündnisse zwischen unterschiedlichen Interessengruppen charakterisiert war. Politik hatte mehr mit funktionalen Kompromissen als mit ideologischem Konsens zu tun. Gewisse handelsorientierte und pluralistische Nationalstaaten, die sich früh formierten, wie beispielsweise die Schweiz und die Niederlande, entwickelten vergleichsweise passive und pragmatische, mehr metropolitanisch als zentralistisch ausgerichtete politische Institutionen. Bemerkenswerterweise waren diese Staaten ebenso wie die offensichtlichen Metropolen von keiner der revolutionären Massenbewegungen betroffen, die periodisch die zentralistischen Nationalstaaten mit Gewalt überzogen. Das bestätigt unsere These, wonach die Idee der politischen Revolution integraler Bestandteil der vorherrschenden kapitalistischen Ideologie ist – eher ein symbiotischer Parasit von Etatismus und Nationalismus als eine Anomalie oder ein böses Omen.

Mobilität und die Vielfalt der Identitäten erzwangen eine flexible politische Struktur, die durch die Bildung befristeter Bündnisse zwischen unterschiedlichen Interessengruppen charakterisiert war

Weil die Aufgabe der Schaffung und Verwaltung des Nationalstaats mit seinem bürokratischen und militärischen Apparat von der Kapitale übernommen wurde, konnte sich die Metropole auf Handel, Transport und die Kolonisierung fremder Gebiete konzentrieren. Diese arbeitsteilige Kooperation brachte beiden Seiten Vorteile. Die Metropolen waren für die internationalen Kontakte zuständig. Sie erhielten, entwickelten und leiteten die Impulse von außen weiter und konnten dank ihren Bankensystemen sicher sein, dass sie die für die Ausweitung des Kapitalismus erforderlichen Geldbewegungen stimulierten. Die Kapitale entsandte zusätzliche Arbeitskräfte und deckte die Grundbedürfnisse, während die Metropole Luxusgüter wie Stoffe und Gewürze bieten konnte. Zudem richtete die Metropole im Namen des Nationalstaats Kolonien in fernen Kontinenten ein. Ein typisches Beispiel dafür sind die von mehreren europäischen Ländern in Ostasien errichteten monopolistischen Handelsunternehmen. Zum Lohn dafür, dass sie die nationale Flagge auf fremdem Territorium hissten – was häufig in Verbindung mit der Gründung völlig neuer Metropolen wie Hongkong, Macau, Singapur oder Goa geschah –, durften die Handelsunternehmen der Metropolen den neu entdeckten Reichtum an Rohstoffen und jungfräulichen Märkten ungehindert ausbeuten.

Weil diese Kooperation beiden Seiten nützte, entwickelte sich daraus bald ein Nichtnullsummenspiel zwischen der Kapitale und der Metropole. Zwischen beiden Arten von Städten entspann sich ein reger Verkehr; neben Waren und Dienstleistungen fand zudem ein rascher Austausch von Menschen und Ideen statt. Die Kapitale stand für die Ausübung politischer und militärischer Macht: Registrierung, Katalogisierung und Gesetzgebung, sowie die Produktion von Ideologie und kollektiver Identität; die Metropole steuerte unternehmerische Fähigkeiten, Finanzen, Handel, Kunst, Kultur und Individualismus bei. Wir dürfen nicht vergessen, dass bis zum Ende des 18. Jahrhunderts fast ausschließlich das Land und nicht die Städte für das Bevölkerungswachstum sorgten. In den Städten rafften Viren und Bakterien den Bevölkerungsüberschuss hinweg. Von den Epidemien, die periodisch die Welt heimsuchten, waren die Städte weit stärker betroffen als das Land, was vermutlich auf ihre Besiedelungsdichte und den Mangel an Hygiene zurückzuführen war. Das Land hatte die Städte nicht nur mit Rohstoffen, sondern auch mit einem ständigen Nachschub an dringend benötigten Arbeitskräften zu versorgen.

Die Kapitale hatte eine verbindende und stabilisierende Funktion, während die Metropole für Offenheit, neues Denken und eine Experimentierfreudigkeit stand, die bisweilen an Waghalsigkeit grenzte. Abgesehen vom konkreten wirtschaftlichen Vorteil, den beide Stadttypen voneinander hatten, gab es stets noch einen subtileren wechselseitigen Nutzen: Beide stärkten die Identität und den Zusammenhalt des jeweils anderen, indem sie die Rolle der dämonisierten Bedrohung übernahmen. Die nationalistischen Ideologen und Moralisten stellten die Metropole als Verkörperung von Unmoral und Korruption dar. Die führenden Kaufleute der Metropole wiederum sorgten dafür, dass ihre Bevölkerung an ihrem Platz innerhalb der Hierarchie verblieb und hart für die wirtschaftliche und politische Unabhängigkeit der Stadt arbeitete, indem sie die Kultur der Kapitale als intolerant und repressiv darstellten. Beide Stadttypen hatten keine wirkliche Veranlassung, ernsthaft gegeneinander zu arbeiten. Der bestehende Konflikt war eher symbolischer und theatralischer Natur und bezweckte in Wahrheit die Machtabsicherung der Herrschenden auf beiden Seiten.

Wir haben beide Stadttypen als rein theoretische Gegensätze beschrieben. Natürlich zeigten die großen globalen, während der Frühstadien des Kapitalismus entstandenen Städte Züge sowohl der Kapitale als auch der Metropole. Aber auch dort, wo beide Varianten in ein und demselben Bereich zusammenwirkten und die Siedlungsformen ineinander flossen, erkennen wir bei genauerer Betrachtung der innerstädtischen Ströme einen Unterschied zwischen Kapitale und Metropole. Der zentrale Platz mit Parlament und Stadtverwaltung und der Industriebezirk am Stadtrand sind charakteristisch für die Kapitale. Das Hafenviertel mit seinen mehr oder weniger sündigen Amüsement- und Kunstattraktionen verkörpert die Metropole. In gemischten Städten besteht zwischen beiden Strukturen eine sowohl physische als auch mentale Grenze, die mitunter schwer zu durchbrechen ist. Beispiele für solche Hybridstädte sind London, Sankt Petersburg, New York und Buenos Aires. Andere Städte lassen sich unter historischen Aspekten leichter einer der beiden Kategorien zuordnen. Klassische Hauptstädte sind Paris, Madrid, Berlin, Moskau und Beijing. Zu den Metropolen gehören Venedig, Amsterdam, San Francisco, Shanghai und Hongkong.

Wenn diese Entwicklung damit zusammenhängt, wie sich die gesellschaftliche Schnittstelle der Durchschnittsmenschen innerhalb ihrer Lebenszeit von der bäuerlichen Dorfkirche zu den Menschenströmen innerstädtischer Plätze erweiterte, dann können wir daraus bestimmte Schlüsse ziehen, wie sich der Übergang vom Kapitalismus zum Informationalismus auf die Machtstrukturen und Kontrollmechanismen auswirken wird. Erweitert sich doch gegenwärtig die gesellschaftliche Schnittstelle des Einzelnen noch einmal in gewaltigem Umfang, da die globale elektronische Vernetzung immer mehr Kontakte ermöglicht.

Ein Beispiel für den Zerfall der »natürlichen« Verbindung zwischen Stadt und Land unter der Einwirkung des Informationalismus ist die zunehmend unversöhnliche Aufforderung der Städte an das Land, nach Jahrhunderten der finanziellen Förderung endlich auf eigenen Füßen zu stehen. Die Nation, die einst für die Kapitale einen wichtigen Vermögenswert darstellte, wird nun zum bloßen Handikap und Kostenfaktor. In einer informationellen Gesellschaft haben Meere und Berge keine Bedeutung mehr als »natürliche« Grenzen und Festungen gegen die Außenwelt, sondern nur noch als Erholungsgebiete. Der Wert von Rohstoffen, die das Land in Form von Holz oder Erzen zu bieten hat, nimmt ab, weil der Anteil der Rohstoffkosten bei fast allen Produkten dramatisch gesunken ist, während der Wert der immateriellen Faktoren – Idee und Gestaltung – stark gestiegen ist.

Das Bevölkerungswachstum spielt sich jetzt in den großen Städten ab, während das Land trotz ambitionierter regionaler politischer Programme unaufhaltsam entvölkert wird. Der Krieg um Marktanteile zwischen den diversen Städten wird nicht länger mit klassischen Waffen zu Lande oder zu Wasser, sondern mit den Waffen des Informationsmanagements im virtuellen Raum ausgefochten. Unter diesen neuen Umständen verändert sich das Verhältnis zwischen der Kapitale und der Metropole: Die Kapitale fällt zurück, während die Metropole mit ihren gut bestückten Wissensvorräten, ihrer Flexibilität und ihrer überlegenen Fähigkeit, Grenzen durchbrechende Netzwerke zu errichten, das urbane Ideal des neuen Zeitalters verkörpert. Der Neid der Kapitale auf die Freiheit, Mobilität und Unabhängigkeit der Metropole beschleunigt den Zusammenbruch des Nationalstaats.

Es ist kein Zufall, dass der Nationalstaat am eifrigsten von der Landbevölkerung verteidigt wird, die am meisten zu verlieren hat, sobald die geschwächte Nation ihre großen Versprechen nicht länger einlösen kann. In Ermangelung einer realistischen Verhandlungsposition wird in der übrigen Welt um Sympathie und um eine Entschädigung für die Jahrhunderte währende Ausbeutung geworben. Folglich stellt die notwendige, aber schmerzliche Verringerung der gigantischen Subventionen, mit denen die meisten Industriestaaten ihre ländlichen Regionen künstlich am Leben erhalten, den größten Stolperstein für die internationalen Verhandlungen zur Handelsliberalisierung dar. Aber die Kapitale hat kaum eine Wahl; der durch zunehmende Nodalisierung bedingte gnadenlose Wettbewerb zwischen den expansiven Metropolen der Welt zwingt die Kapitale in ihrem verzweifelten Versuch, sich in eine Metropole zu verwandeln, sich von ihrer immer beschwerlicheren Verantwortung für die ganze Nation zu befreien.

Daraus resultiert die Denationalisierung des Informationalismus: ein immer rascherer Rückbau des Nationalstaats, eine Art globale Perestroika für den Nationalismus. Verstärkend wirkt der Umstand, dass die Entscheidungen in kapitalistischen Systemen durch Wahlen getroffen werden, und dass die Mehrheit der Wähler in Städten lebt, während die informationelle Gesellschaft durch Netzwerke kontrolliert wird – etwas, das der metropolitane Teil der urbanen Bevölkerung seit Jahrhunderten bewusst praktiziert. Eingekeilt zwischen den Machtstrukturen beider Paradigmen hat das Land keine Chance.

Die informationelle Gesellschaft wird durch Netzwerke kontrolliert – etwas, das der metropolitane Teil der urbanen Bevölkerung seit Jahrhunderten bewusst praktiziert

Nicht einmal die Demokratie kann dem Land die Unterstützung sichern, ist doch die ländliche Wählerschaft zunehmend in der Minderheit und ein zu vernachlässigender Meinungsfaktor. Je stärker das staatliche Steueraufkommen aufgrund der Ausdehnung der virtuellen Wirtschaft schrumpft, desto entschiedener wird die Stadtbevölkerung mit ihrer Mehrheitsstimme darauf drängen, dem Land die Beihilfe zu streichen, es also zu entkolonialisieren und seinem Schicksal zu überlassen.

Sogar das Militär zieht sich während der letzten Phase des Kapitalismus aus den ländlichen Gebieten zurück. Offenbar besteht keine Notwendigkeit und erst recht kein Bedürfnis mehr, Territorium zu verteidigen. Das Land wird zur ausschließlichen Domäne der Umweltpolitik. Die Kohlendioxidkonzentration wird gemessen und der Säuregehalt von Badeseen neutralisiert; es wird darüber diskutiert, ob das Land offen (wie unter dem Kapitalismus) oder mit Wald bedeckt (wie zu Zeiten des Feudalismus) sein und wer all dies bezahlen soll. Die Frage, welche Fahne auf irgendeinem fernen Winkel des Landes weht, raubt keinem Stadtbewohner den nächtlichen Schlaf. Während des Informationalismus werden die führenden Kapitalen nicht mehr wetteifern, wie viel Territorium sie kontrollieren. Im Gegenteil, sie wären am liebsten die Verantwortung für möglichst viel Land los, um den Anschluss an die führenden Metropolen der Welt zu schaffen. Diese Entwicklung lässt sich am deutlichsten in Europa und Ostasien beobachten, wo die sinkende Geburtenrate als weitere Erschwernis hinzukommt.

Im Anschluss an diese kollektiven Umwälzungen wird sich notgedrungen auch das Selbstbild eines jeden Menschen radikal verändern. Der Siegeszug des Informationalismus bedeutet, dass die Vorstellung der Aufklärung vom perfekten Menschen als Gottesersatz und somit die Idee von der Notwendigkeit, sich selbst zu verwirklichen, ausgedient haben wird.

An ihre Stelle tritt die Vision einer Befreiung des Körpers von der Vorherbestimmtheit – die Möglichkeit, je nach Situation und Kontext nach Art eines Kleidertauschs zwischen verschiedenen Identitäten zu wechseln. Das Subjekt wird sich in einem Zustand der permanenten Entstehung befinden – stets empfänglich für neue Impulse, ein fortgesetztes System der Auswertung ohne klar definiertes Ziel. Wir streben nicht mit Fleiß und Disziplin nach etwas Fertigem, sondern halten uns ständig so viele Alternativen wie möglich offen. Wir haben es hier, um eine Deleuze'sche Wortschöpfung zu verwenden, eher mit einem Dividuum als mit einem Individuum zu tun. Dieses Dividuum hat nicht eine, sondern viele Identitäten und ist jederzeit teilbar. Das steht im Einklang mit der biologischen Erkenntnis, wonach sich die letzte Kontrollinstanz im Selbst nicht eindeutig lokalisieren lässt. Der Mensch wird so zum Treffpunkt einer Vielzahl widersprüchlicher Wünsche und Kräfte ohne ein Zentrum.

Die technologische Entwicklung zwingt den Menschen eine neue mobilistische Identität auf, indem sie dem totalistischen Ideal den Teppich unter den Füßen wegzieht. Im Internet richtet sich die Identität des Einzelnen nach dem jeweils aktuellen Kontext, nur um im nächsten Augenblick eine atemberaubende Verwandlung durchzumachen. Das mit dem schweren Rucksack seiner Identität beladene Individuum zieht los, um als frei fließendes Dividuum zurückzukehren. In einer ersten Phase wird das Dividuum aufhören zu versuchen, Mensch – im Sinne des Individuums – zu sein; in einer zweiten Phase wird es ihm schon gar nicht mehr möglich sein, zum früheren Zustand zurückzukehren, so sehr er es auch wollte. Diese neue Freiheit wirkt zugleich anziehend und beängstigend, ist jedoch unumgänglich. Was wir hier beschreiben, ist das virtuelle Subjekt der plurarchischen und folglich postdemokratischen Gesellschaft, in der jeder für sich selbst entscheidet und niemand im Namen einer übergeordneten Mehrheit für andere entscheiden kann.

Es wäre ein großer Fehler, diese Plurarchie mit irgendeiner Art von Anarchie zu verwechseln. Plurarchie bedeutet nicht die Abschaffung jeglicher Regeln, so dass jeder tun kann, was er will. In einer plurarchischen Gesellschaft existieren sogar mehr statt weniger Gesetze und Regeln als in einer Demokratie, und sie sind komplizierter, abstrakter und stärker dem Blick und der Diskussion entzogen. Die plurarchischen Spielregeln werden jedoch nicht durch politische oder juristische Institutionen nationalstaatlicher Art vorgegeben: Status und Macht der Gerichte und Parlamente werden dramatisch abnehmen. Die Gesetze und Bestimmungen des kapitalistischen Paradigmas werden zunehmend durch die meme-darwinistischen Spielregeln der strengen informationalistischen Ethik – der so genannten Netikette – ersetzt.

Diese Regeln können naturgemäß nicht ewig sein. Wie alles in der informationellen Gesellschaft müssen sie ständig aktualisiert werden, weil auch ihr komplexes Umfeld permanent in Bewegung ist. Die Netikette sollte deshalb als ein lebendiges Dokument ohne feste Grenzen verstanden werden – als eine Art fließender quasi-juristischer Organismus, ein Netz innerhalb des Internets, das kulturelle Werte und Ideologien prägt und widerspiegelt. Verstöße gegen die Netikette werden nicht wie Gesetzesverstöße im alten Paradigma mit Gefängnisstrafen oder Einweisung in andere Verwahranstalten, noch mit Bußgeldern oder wirtschaftlichen Strafen geahndet; eine solche Behandlung ist in einer Gesellschaft, deren Leben sich vorwiegend im Netz abspielt, nicht hinreichend als Strafe erkenntlich.

Wer gegen die Netikette verstößt, muss sich vielmehr auf die virtuelle Vertreibung gefasst machen: den Ausschluss aus wichtigen Netzen. Wie jene, die gegen die Normen der Savannennomaden oder der feudalistischen Dörfer verstießen, werden diejenigen, die gegen die Normen des elektronischen Clans verstoßen, mit dem Ausschluss aus der Gruppengemeinschaft bestraft, was einen dramatischen Verlust gesellschaftlicher Identität zur Folge hat. Während in milderen Fällen möglicherweise die zeitlich begrenzte Schikane durch das Netzwerk ausreicht, führen ernstere und wiederholte Verstöße gegen die Netikette zur virtuellen Isolation. Eine Parallele zu diesem Bestrafungssystem stellt das Trauma der erzwungenen Arbeitslosigkeit in der kapitalistischen Gesellschaft dar. Wenn wir ferner annehmen, der Stellenlose habe keine Chance, eine alternative Beschäftigung zu finden, dann wird das Ausmaß der Folgen eines Ausschlusses aus dem Netzwerk deutlich.

Die Rolle des rechtlichen Verwalters und Hüters des Netzwerks, der die Strafen verhängt und vollstreckt, übernimmt in der informationellen Gesellschaft der Kurator. Innerhalb des speziellen Netzwerks der Kuratoren – dem informationsgesellschaftlichen Pendant zu Interpol – fließen ständig Informationen darüber, welche Netzteilnehmer zum gegebenen Zeitpunkt in welchen Netzen nicht erwünscht sind. Eine Plurarchie kann nur funktionieren, solange zwischen den verschiedenen Kuratoren und ihren jeweiligen Netzen ein lebhafter Wettbewerb besteht; andernfalls droht der gesamten virtuellen Gesellschaft ein Oligopol des Kuratoriats, eine virtuelle Form der Minderheitenherrschaft mit einer starken Machtkonzentration und viel Freiraum für Korruption und Willkür.

Gleichzeitig jedoch behalten die Netzbürger ein großes Maß an Kontrolle über ihre eigenen Belange, zahlen sich doch im informationellen Bestrafungs- und Belohnungssystem Flexibilität und Anpassungsfähigkeit besonders aus. Ein Studium der geschichtlichen Entwicklung der modernen Gesellschaft offenbart als einen der frühesten Trends einen stetig wachsenden Grad an Internalisierung, wie der deutsch-jüdische Soziologe Norbert Elias und andere konstatierten. Gemeint ist ein Prozess, wonach die Verbote, die zuvor durch Gesetze und unter Androhung ernster Bestrafung ausgesprochen wurden, zunehmend als selbstverständlich aufgefasst werden: Die Repression verlagert sich von den äußeren gesellschaftlichen Institutionen in das Bewusstsein der Beteiligten. Romanautoren wie William Burroughs und Philosophen wie Foucault und Deleuze haben beschrieben, wie der Erhalt der gesellschaftlichen Moral während des Spätkapitalismus von einer Frage staatlich organisierter Disziplin zu einer Frage der internen Kontrolle wurde. So wurden Befehle und direkt ausgesprochene Drohungen zunehmend durch pädagogisch verpackte Propaganda ersetzt, deren Zweck es ist, die Bürger in die Rolle ihrer eigenen Moralpolizei einzuführen. Die Kontrollgesellschaft ersetzt die Disziplingesellschaft, an die Stelle der Bestrafung tritt die Therapie, und die Beobachtung wird vom Beobachteten selbst übernommen. So ist es viel billiger.

Voraussetzung für die Kontrollgesellschaft war, dass der Mythos Mensch fortlebte, dass jeder Einzelne dieses Ideal anerkannte und sich fortlaufend daran erinnert sah, dass er den an ihn gestellten Anforderungen nicht genügte und folglich allen Grund hatte, sich in jeder denkbaren Hinsicht ohne Unterlass zu verbessern. Die Menschwerdung im idealen Sinne war ein lebenslanges Projekt, das kein normaler Erdenbürger jemals zu vollenden vermochte. Der Mythos Mensch hat sich als extrem zäh erwiesen, weshalb es dem Elitecorps des Kapitalismus trotz allem gelungen ist, die Macht über eine Gesellschaft aufrechtzuerhalten, die sich rasch in Richtung einer Plurarchie entwickelt hat und in der die ideologische Legitimation der Macht stark erodiert ist. Entführungsopfer zeigen häufig eine irrationale Anhänglichkeit an ihre Bewacher – das so genannte Stockholmsyndrom –, und dieselben Symptome können bei spätkapitalistischen Konsumenten beobachtet werden: eine mysteriöse Unfähigkeit, sich vom überlebten und deformierenden Mythos der Selbstverwirklichung und des wahren Selbst zu befreien.

Während der Spätphase des Kapitalismus legen staatliche Organisationen und eine Vielzahl von Forschungsinstituten ein wahres Minenfeld alarmierender, die zunehmende Unmoral der Bürger anhand von Tabellen und Diagrammen demonstrierender Berichte aus. Von Fettleibigkeit und schlechten Ernährungsgewohnheiten bis zum Fernsehkonsum und fehlender Mitmenschlichkeit wird alles in schrillen Tönen beschrieben, die anschließend durch die Megaphone der Massenmedien noch einmal verstärkt werden. Besonders problematisch erweist sich aus offensichtlichen Gründen die vermeintlich über das Internet verbreitete Unmoral. Ein Problem ist schlimmer als das andere, und alle erfordern entschlossene Gegenmaßnahmen in Form von Informationskampagnen, bereitgestellt von staatlichen Organisationen und diversen Forschungsinstituten, die folglich einen massiven Ressourcenbedarf anmelden. Der schwache Mensch hat sich, wie sämtliche Studien zu beweisen scheinen, als nicht reif für die Erfüllung der heiligen Aufgabe der Selbstverwirklichung erwiesen. Er bedarf deshalb dringend der liebevollen Zuwendung und Lenkung. Das Ergebnis ist eine bizarre Verleumdungskampagne, in der die sterbenden kapitalistischen Institutionen – die politischen Klassen, Psychologen, Sozialarbeiter, die Massenmedien, Schule und Familie – sich sämtlich gegenseitig des fehlenden Verantwortungsbewusstseins für die Erziehung der Menschen bezichtigen: Warum wird niemand seiner Verantwortung gerecht und hält die Menschen davon ab, Verantwortung für sich selbst zu übernehmen?

Ständig genährte Selbstverachtung ist die ideale Basis für den therapeutischen Hyperkonsum, der die Räder des Spätkapitalismus in Bewegung hält

Dieses Netz von Politik, Forschung und Medien ist so eng gestrickt, dass jede Andeutung von Kritik wegorganisiert wurde. Die schlagzeilenhungrigen Medien haben sicherlich kein Interesse daran, irgendeinen dieser alarmierenden Berichte kritisch unter die Lupe zu nehmen. Und für die kommerziellen Mächte stellt das ganze Spektakel eine einzige riesige Werbekampagne für alle Arten von Produkten und Dienstleistungen dar, die die Selbstbestätigung fördern. Mit sich unzufriedene Bürger sind in der Regel gute Konsumenten. Perfektion ist unmöglich, aber es wird stets Produkte und Dienstleistungen geben, die den Versuch lohnen, verkünden die Massenmedien in ihrer Einbahnkommunikation den Menschen, zu deren Bürgerpflichten es nun einmal gehört, sich ständig selbst zu verbessern. Niemand ist hinreichend schlank, schön oder gut gekleidet, um von weiteren Aufforderungen zur Verbesserung verschont zu bleiben. Ständig genährte Selbstverachtung ist die ideale Basis für den therapeutischen Hyperkonsum, der die Räder des Spätkapitalismus in Bewegung hält. Werbung ist der Zucker und die Bombardierung mit schockierenden Berichten die Peitsche. Staat und Kapital sitzen eng vertäut im selben Boot.

In informationellen Netzen mit einer interaktiven Kommunikation werden die alten Wahrheiten des Kapitalismus über das Individuum einer harten Prüfung unterzogen. Der Mythos der Selbstverwirklichung wird entlarvt und die Vorstellung vom zu pflegenden ganzheitlichen Selbst als antiquiert verworfen. Die hinter dieser Propagandaproduktion stehenden politischen, akademischen und kommerziellen Kräfte verlieren folglich mit der Zeit ihren Einfluss auf das kollektive Bewusstsein. Aber das bedeutet sicher nicht, dass der Terror der überhitzten Befehle ein abgeschlossenes Kapitel ist; es bedeutet nur, dass neue »Wahrheiten« anders verpackt werden. Die Netokratie und ihre höheren Funktionäre, die Kuratoren, betreten die Arena und geben den ständig sich ändernden Gesetzestext, stets neue kleine Netiketten für das neue Dividuum aus. Auch wenn die plurarchische Struktur jedem einzelnen Teilnehmer die Möglichkeit einräumt, die Regeln des einzelnen Kurators in Frage zu stellen, bleibt ihm doch keine Wahl, als sich den Regeln eines anderen Kurators zu unterwerfen. Doch die Unterschiede zwischen ihnen werden vermutlich verschwindend sein, weil sich die Kuratoren selbst in einem Metanetz organisieren, um ihre Macht als Gruppe zu verteidigen.

Die Regeln verändern sich, aber die konstante grundlegende Botschaft der Kuratoren an die Netzbürger ist klar und unmissverständlich: Ihr werdet niemals hinreichend gute Netzwerker sein, ihr werdet niemals gut genug kommunizieren, ihr könnt euch niemals ausruhen, ihr müsst ständig auf dem Sprung sein – ständig bereit, Neues zu lernen. So wird ein neuer Kreis von Herrschern die Macht ergreifen und die Sprache der Macht kontrollieren, um damit die informationelle Gesellschaft zu kontrollieren. Der entscheidende Unterschied zwischen der kapitalistischen und der informationalistischen Machtstrategie ist, dass die Kuratoren begriffen haben, wie eng die Machtfrage mit dem Prinzip der Interaktivität verknüpft ist. So werden die Kuratoren nicht *zu* ihren Untergebenen, sondern *mit* ihnen sprechen. Die Netokraten an der Macht werden zuhören statt anzuordnen; sie kommunizieren diskret und einfühlsam, anstatt brutale Befehle zu erteilen. Netokratische Macht bezeichnet nicht die Macht, die Entscheidungen als solche zu treffen – weil Entscheidungen in der plurarchischen Gesellschaft von den Betroffenen selbst getroffen werden –, sondern die Kontrolle über das Wissen bezüglich der Konsequenzen alternativer Entscheidungen.

In der informationellen Gesellschaft nehmen die einzelnen Netzbürger ihre Funktion als ihre eigene Moralpolizei nicht aufgrund der Anordnungen seitens bürokratischer Wächter eines arroganten, auf Effektivitätsmaximierung ausgerichteten Nationalstaats wahr. Sie werden dazu inspiriert durch ständig wechselnde netokratische Trends, die bestimmen, was gerade »hip« ist und wie man sich am besten als Kenner ausweist. Ethik wird so immer mehr zu einer Frage der Ästhetik. »Schlechter Stil« wird gleichbedeutend mit gesellschaftlichem Selbstmord. Von allen Teilnehmern eines Netzes wird stets angenommen, dass sie über die Netikette – die ungeschriebenen Gesetze für den Umgang der Mitglieder miteinander – bestens informiert sind. Weil in der informationellen Gesellschaft Netzkompetenz den Schlüssel zum Erfolg darstellt, wird es eine blühende Vielfalt von Kommunikationstherapien und -kursen geben, in denen angehende Netzwerker lernen können, was »gute Netikette« ist.

Das Problem liegt in der Dynamik, mit der neues Wissen veraltet. Das wirklich Erschreckende an diesen Regeln ist, dass sie ihren Wert desto schneller verlieren werden, je mehr sie Verbreitung finden und je mehr Menschen lernen, nach ihnen zu leben. Die akuteste Inflationsgefahr betrifft in der informationellen Gesellschaft nicht Währungen oder Wertpapiere, sondern den Wert der Handlungen eines jeden einzelnen Akteurs. Die gesellschaftliche Schnittstelle der Netzbürger ist global, ihr Informationszugang praktisch unbegrenzt. Ihre gesellschaftliche Identität ist offen und ihre Machtposition letztlich eine Frage des Stils.

9

Netzwerkpyramiden: attentionale Machthierarchien

DVD VIDEO
Matchline Flat TV 42PF9952
Der beste in Europa
DVD VIDEO
DESIGN LINE
DVD VIDEO

Zu den grundlegenden Konzepten im Zusammenhang mit informationellen Netzwerken gehört die Transparenz: das Netzwerk als durchlässiges, transparentes und deshalb egalitäres und demokratisches System. Das Prinzip der Transparenz besteht darin, dass alle Mitglieder des Netzwerks Zugang zu allen relevanten Informationen haben und dass sie zu jedem beliebigen Zeitpunkt ihren eigenen Beitrag zur internen Debatte leisten können. Alle Karten liegen auf dem Tisch, jeder kann sich seine eigene Meinung bilden und Kommentare abgeben, jeder kann am Entscheidungsprozess teilhaben. Wenn Transparenz das vorherrschende Prinzip der informationellen Gesellschaft ist, wird dies eine Revolutionierung des Arbeitsmarkts zur Folge haben. Sobald aus einem traditionellen Unternehmen ein transparentes Netzwerk wird, kann der Arbeitgeber mit seinen Beschäftigten nicht länger nach den feudalen Prinzipien der Machtausübung umspringen. Machiavellisten können nicht machiavellistisch handeln, solange sie ständig von allen Seiten von ihren Untergebenen beobachtet werden.

Das ist der Hintergrund des plötzlich aufgeflammten Interesses des Spätkapitalismus an der Ethik, einem Schulbuchbeispiel später Reue. Was ist zu tun? Wenn Despotismus und Willkür nicht länger funktionieren, müssen neue Führungs- und Machtstrategien gefunden werden. Die technologische Entwicklung treibt die Gesellschaft voran und verleiht – im konkreten Fall – dem einzelnen Beschäftigten einen bislang unvorstellbaren Einfluss auf seine Arbeitssituation. Die interne Transparenz des Netzwerks und die damit verbundene Demokratisierung des Arbeitsplatzes verleiteten manchen Managementtheoretiker zu der triumphierenden Feststellung: »Marx hatte Recht.« Die Entwicklung der Produktionsbedingungen hat alte Produktionspraktiken obsolet und unhaltbar gemacht; die Arbeiter ergreifen die Macht. Aber dieses rosig gefärbte Szenario hat einen Haken: Die informationelle Gesellschaft ist sehr viel komplizierter, als es auf den ersten Blick scheint – aus den Unternehmen werden in zunehmendem Maße virtuelle Netzwerke mit immer weniger stabilen Strukturen und festen Beschäftigungsverhältnissen. Die Dynamik und die Bedeutung des Netzwerks reichen weit über den Aspekt der Transparenz hinaus.

Damit das Netzwerk den strengen Effektivitätsanforderungen des Kuratorenmarktes genügt, müssen alle, deren Beiträge keinen erkennbaren Wert haben oder die schlicht als Bedrohung für die gemeinsamen Interessen der Netzwerkmitglieder erscheinen, bedingungslos aus dem Netzwerk entfernt oder von ihm fern gehalten werden. Jedes Netzwerk mit auch nur den geringsten Ambitionen, attraktiv und erfolgreich zu sein, muss seine potenziellen Mitglieder gründlich sieben, um nicht unter einer Flut irrelevanter Informationen zu ersticken, die jeden Freiraum auszufüllen droht. Im Fall einer solchen Entwicklung werden wichtige Mitglieder unweigerlich das Interesse verlieren und sich von anderen Netzen mit einer restriktiveren Politik abwerben lassen. Das zurückgelassene Netzwerk wird rasch zu einer leeren Hülle mit nichts als unfähigen Akteuren verkommen, die in ihrer Desorientierung irrelevanten Unsinn verzapfen.

Die durch die rasche Erweiterung des Internets möglich gewordenen offenen Netzwerke werden sich entweder in geschlossene Netzwerke verwandeln oder verwahrlosen und zu Sammelstellen für wertlosen Informationsmüll werden. In geschlossenen Netzwerken werden die Mitglieder von menschlichen Kuratoren, den Türstehern der virtuellen Welt, handverlesen. Um die Netzwerke werden zum Schutz gegen unautorisierte Be-

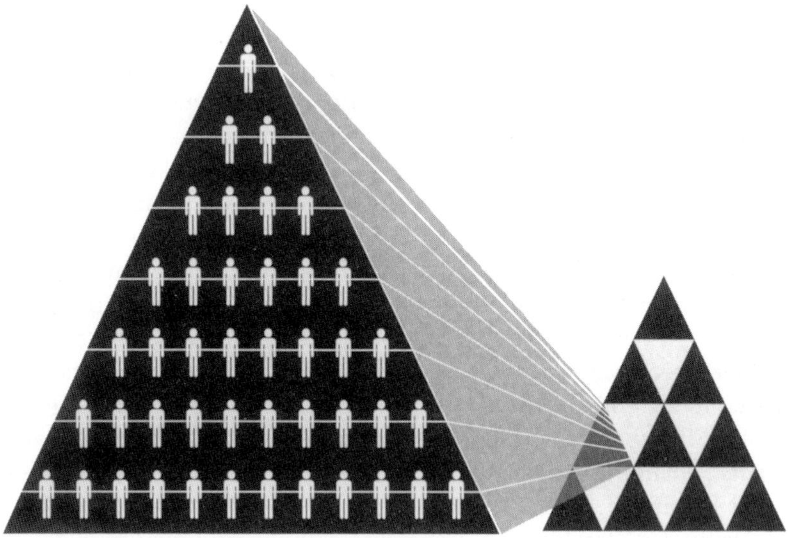

Netzwerkpyramide

obachtung und unerwünschten Zutritt hohe, dicke Mauern errichtet. Je attraktiver ein Netzwerk, desto mehr Menschen wollen Mitglied werden, und je höher die Position in der Machthierarchie, die das Netzwerk anstrebt, desto strenger werden die Einlassvoraussetzungen und desto unüberwindlicher die Mauern sein.

Aus dieser Dynamik folgt unmittelbar, dass sich die virtuelle Gesellschaft zu einer langen Folge von Netzwerkpyramiden entwickelt – eine Machthierarchie, in der die Konsumtarier zu den unattraktivsten Netzwerken voller Informationsmüll gelenkt werden, während die Netokraten Anspruch auf die höchsten Netzwerke erheben, wo sich Macht und Status konzentrieren. Diese Gesellschaft ist ihrer Definition nach postkapitalistisch, sind doch die kapitalistischen Voraussetzungen für den Statuserwerb – Geld, Ruhm, Titel und so weiter – wertlos, sobald es um die Zulassung zu den höheren und mächtigeren Netzwerken geht. Der heute gefragte netokratische Status verlangt ganz andere Eigenschaften: Wissen, Kontakte, Überblick, Vision – Qualitäten also, die dazu beitragen, den Status und womöglich die Macht des Netzwerks zu vergrößern.

Auch die kapitalistische Auffassung von Machtstrukturen – wonach alle wertvolle menschliche Aktivität von einer zentralen Instanz stammt und von dieser kontrolliert wird – ist mittlerweile veraltet. In der virtuellen Welt gibt es kein Zentrum. Die netokratische Netzwerkpyramide wurde nicht vorrangig zum Zweck der Machtausübung errichtet; sie wurde überhaupt nicht im üblichen Sinne errichtet, sondern sollte als eine von der Technologie nach den darwinistischen Prinzipien der natürlichen Selektion hervorgebrachte Struktur gesehen werden. Diese verträgt sich nicht mit Kontrollmethoden, die für den Schutz bestimmter Partikularinteressen erforderlich wären. Das Prinzip der Netzwerkpyramide besteht weniger in der Machtkonzentration als vielmehr in der Dezentralisierung. In ihr wird niemals Gleichgewicht herrschen – ihre Machtbeziehungen verändern sich ununterbrochen. Die ausgeübte Macht stammt von temporären, nebulösen, instabilen, mobilen Allianzen statt von einem konkreten geografischen Ort oder einer bestimmten konstitutionellen Einheit. Macht wird somit unglaublich schwer zu lokalisieren, geschweige denn zu kritisieren oder zu bekämpfen sein. Aus der zunehmenden Abstraktion und Unsichtbarkeit der Macht folgt jedoch keineswegs, dass sie schwächer wird oder gar verschwindet, sondern vielmehr das genaue Gegenteil.

Der soziale Status der Netzwerke hängt davon ab, wie gut ihre professionellen Türsteher – die menschlichen Kuratoren, Geschmacksschiedsrichter und Wächter über die Netikette – ihre schwierige Aufgabe meistern. Weil die Kuratoren untereinander im Markt der Netzwerke konkurrieren, müssen sie ständig ihr eigenes Netzwerk anpreisen und andere von seiner Güte überzeugen, um einerseits attraktive neue Mitglieder anzuwerben und andererseits Zutritt zu einflussreichen Allianzen zu erhalten. Jede erfolgreiche Entscheidung kann auf die eine oder andere Weise zu spektakulären Gewinnen führen, während jede verfehlte Zutritts- oder Ausschlussentscheidung für die Reputation und die Glaubwürdigkeit des Kurators und damit des Netzwerks katastrophale Folgen haben kann. Die Reputation oder das Vertrauenskapital ist der wichtigste Vermögenswert des Netzwerks; durch ihre Reputationen ziehen die Netzwerke Aufmerksamkeit auf sich, und im Gegensatz zu Geld ist Aufmerksamkeit im Netz Mangelware. Geld folgt der Aufmerksamkeit und nicht umgekehrt. Aufmerksamkeit ist die einzige harte Währung in der virtuellen Welt. Strategie und Logik der Netokratie folgen deshalb nicht kapitalistischen, sondern attentionalistischen Regeln.

Aufmerksamkeit ist die einzige harte Währung in der virtuellen Welt

Die Existenz des einzelnen Kurators ist turbulent und ungesichert, aber als Gruppe brauchen sich die Kuratoren nicht zu sorgen. Ihre kollektive Machtposition ist ungefährdet, was nicht zuletzt daher rührt, dass die Aktivität der Kuratoren in absehbarer Zukunft nicht maschinell verrichtet werden kann und keinen standardisierten Regeln unterworfen ist. Es gibt kein gesammeltes Wissen, keine ideologische Tradition, keine Präzedenzfälle, keine Ausbildungsgänge oder Prüfungen als Rückhalt. Es gibt einfach keine relevanten Kriterien, auf die man sich beziehen könnte. Daraus folgt, dass keine der alten öffentlichen Institutionen aus dem alten Paradigma langfristig irgendeine Aussicht hat, den Wettbewerb in einem entwickelten Netzwerkmarkt zu bestehen, wo Fingerspitzengefühl, Intuition, Stilbewusstsein und exzellente soziale Fähigkeiten mehr als alles andere gefragt sein werden.

Infolge dieser Entwicklung sind die gesuchtesten und darum wertvollsten Informationen im Netz diejenigen, welche die Netze selbst betreffen: wie Netzwerke am intelligentesten errichtet und verwaltet werden. Das wiederum bedeutet, dass das mächtigste Netzwerk überhaupt das Metanetzwerk ist, in welchem die Kuratoren ihre Kontakte festigen, voneinander lernen und miteinander Allianzen schließen. Das globale Metakuratoriat, das höchste Netzwerk in der eigenen Netzwerkpyramide der Kuratoren, ist die mächtigste Institution der netokratischen Gesellschaft – das informationelle Gegenstück zur globalen Regierung. In Wirklichkeit jedoch ist das gesamte System fließend, so dass sich seine Struktur ständig ändert und eine empirische Machtanalyse umso schwieriger ist.

Die informationelle Gesellschaft bietet eine völlig neue Topografie. In den Zeiten des Kapitalismus gab es trotz einer langsameren und in der Regel begrenzteren Kommunikation immer noch einen erheblichen Grad an Klarheit, da die Umstände und die vorherrschende Logik im gesamten System weitgehend identisch waren. So glich die kapitalistische Gesellschaft gewissermaßen einem offenen Feld, in dem sich die Menschen gegenseitig, wenn auch vielleicht nur aus der Ferne, sehen und zumindest eingeschränkt miteinander kommunizieren können. Wir nennen diesen gemeinsamen Interessenbereich »die öffentliche Arena«. Die Topografie des Informationalismus ähnelt erstaunlicherweise eher einem Labyrinth. Die Struktur der Arena ist gekrümmt, die Ereignisse sind unvorhersehbar. Hinter jeder Biegung wartet eine komplette Überraschung. Was gestern relevant war, ist heute häufig irrelevant. Es kann erforderlich sein, eine erfolgreiche Strategie ohne jede Vorwarnung aufzugeben. Transparenz ist im Wesentlichen eine Chimäre, ein netokratischer Propagandamythos; sie existiert lediglich in extrem schmalen, horizontalen Abschnitten. Während wir über kurze Entfernungen sehr viel klarer sehen und hören, ist die Fernsicht und damit auch die öffentliche Arena verschwunden.

Wenn Informationen im Übermaß produziert werden, wird Aufmerksamkeit zur gesuchten Mangelware. Im netokratischen Netzwerk haben Informationen nur begrenzten Wert. Umso wertvoller ist die Fähigkeit, unnötigen Informationen auszuweichen, um wertvolle Zeit zu gewinnen und die Konzentration zu erhöhen. Wünschenswert sind Informationen, die relevant, verlässlich und vorzugsweise exklusiv sind, und solch wertvolle Informationen finden sich nur in den höchsten Netzwerken. Nur in den höchsten Netzwerken existieren das Wissen und der Überblick, um die Informationen optimal zu nutzen. Metainformationen zu den verschiedenen Möglichkeiten, Informationen in wirkungsvoller Weise miteinander zu verbinden, stellen selbst die wertvollste Informationsart dar.

Aus diversen Gründen werden Szenarien der Art, dass Primärinformationen öffentlich an den Meistbietenden versteigert werden, zunehmend unwahrscheinlich. Die öffentliche Transaktion vermindert die Exklusivität, und das Risiko eines kostspieligen Lecks im höchstbietenden Netzwerk ist so groß (ist doch Aufmerksamkeit statt Geld die stärkste Währung), dass die Informationen früher oder später ihren Weg zum höchstrangigen Netzwerk finden werden. Für die Netokraten ist es wichtiger, mit wem jemand kommuniziert, als wie viel Geld er für seine Informationen bekommt. In den höheren Netzwerken wird die kapitalistische Strategie nur extrem kurzfristig wirken, weil die gesellschaftlichen Kosten eines Weiterverkaufs wertvoller Informationen auf lange Frist unhaltbar hoch sein werden. Wer unter den Netokraten überleben will, muss sich mit einem langfristigen, attentionalistischen Denken auf der Grundlage der Erkenntnis vertraut machen, dass Aufmerksamkeit einen höheren Wert besitzt als Geld.

Die Kapitalisten werden zu einer Unterklasse, die sich damit begnügen muss, um alte Informationen aus zweiter Hand zu feilschen, während die Netokratie – die Elite der Netzwerker – die Macht- und Statustrophäe, die Erfahrungen und den Spaß davonträgt. Auch wenn der finanzielle Profit für die Netokraten nur nachrangige Bedeutung hat, werden sie ihn zuletzt dennoch einstecken; schließlich kontrollieren sie das Wissen und können die Aufmerksamkeit erzeugen, die wichtiger ist als alles andere. Erst nachdem die Netokraten die wichtigsten Informationen zu ihrem Vorteil genutzt haben, werden sie sie mit Billigung ihres Netzwerks den meistbietenden Kapitalisten ausliefern. Die Kapitalisten werden sich also notgedrungen den attentionalistischen Bedingungen fügen und einem Spiel gehorchen, dessen Regeln sie nicht selbst entworfen und das sie in vielen Fällen überhaupt nicht verstanden haben. Bereits während des Spätkapitalismus zeichnete sich dieses Muster ab, als die Kapitalisten mit dem besten Netzwerk im Hintergrund die Kapitalisten mit dem meisten Kapital im Kampf um das Recht schlugen, in die New Economy zu investieren. Die kapitalistische Wirtschaft gehorchte bereits attentionalistischen Prinzipien.

Anfangs werden die einen oder anderen menschlichen Kuratoren möglicherweise versuchen, ihre Macht gegen Geld feilzubieten. Aber dieses kurzfristig ausgerichtete Verhalten wird sich rasch als selbstzerstörerisch herausstellen, weil es die Glaubwürdigkeit der Kuratoren untergräbt, so dass diese nichts mehr zu verkaufen haben, sobald Niveau und Status ihrer Netzwerke deutlich an Wert verloren haben. Die unvermeidliche Folge davon ist, dass sie ihre einstige Macht verlieren und im harten Wettbewerb des Kuratorenmarktes nicht länger bestehen können. Es ist klar, dass die für Geld erhältliche netokratische Macht nichts wert ist, zerrinnt sie doch demjenigen, der versucht, Kapital daraus zu schlagen, wie Sand zwischen den Fingern. Geld hat demnach in den Machthierarchien der informationellen Gesellschaft einen unbestreitbar geringeren Wert.

Die Dynamik innerhalb der verschiedenen Netzwerke und zwischen ihnen zwingt zu einer völlig neuen Prioritätensetzung im Spiel um Status und Macht. Wichtig ist der sorgfältige Umgang mit der eigenen Marke. Die Akteure können es sich schlicht nicht leisten, in jedem billigen Kontext gesehen zu werden, weil sie sonst jede Glaubwürdigkeit verlieren würden. Zugleich ist es von unschätzbarem Wert, im richtigen Kontext gesehen zu werden und zu den wirklich interessanten Allianzen zu gehören – etwas, das sich nicht länger mit Geld kaufen lässt, weil Geld nicht mehr interessant genug ist. Deshalb ist es keine Übertreibung, wenn wir sagen, dass der Paradigmenwechsel dem Kapitalismus den Tod bringt, muss doch fortan das Kapital um Aufmerksamkeit betteln und nicht umgekehrt.

Die Aufmerksamkeit, an der ein solcher Mangel herrscht, ist genau das, was jeder Akteur will. Nach den volkswirtschaftlichen Grundprinzipien von Angebot und Nachfrage ist der finanzielle Profit nicht länger der Faktor, der die Entwicklung antreibt und die Menschen motiviert. Alte Werte erleben einen empfindlichen Wertverfall. Das gilt für Geld ebenso wie für Titel. Ganz gleich, ob diese Titel mit Familie, Politik, Wirtschaft oder Ausbildung zu tun haben – sie verlieren an Wert. Aufmerksamkeit ist wichtiger als alles andere; die Gesellschaft funktioniert nicht mehr nach kapitalistischen, sondern nach attentionalistischen Regeln. Wäre der Begriff Informationalismus nicht bereits in der Soziologie als kollektive Bezeichnung für das neue Paradigma etabliert, wäre das Wort Attentionalismus möglicherweise noch besser geeignet, sein wichtigstes Merkmal einzufangen. Eine klare Vorstellung dessen, was Attentionalismus bedeutet und welche unvermeidlichen Konsequenzen seine inhärente Dynamik mit sich bringen wird, ist somit unverzichtbar.

Das Internet unterscheidet sich in einem entscheidenden Punkt von den Massenmedien des Spätkapitalismus. Tageszeitungen, Radio und Fernsehen sind sämtlich Beispiele für eine Einbahnkommunikation. Der

Konsument konsumiert, während der Sender in aller Ruhe seine Botschaft sendet: ein geschlossenes System ohne Dialog und ohne ein Forum für Kritik und Rückfragen, abgesehen von der streng redigierten Leserbriefseite. Das Netz hingegen erlaubt eine Kommunikation in zwei, wenn nicht mehr Dimensionen. Zuvor war das Medium die Botschaft, heute ist es der Nutzer. Indem er im Internet agiert, erzeugt er Inhalt: Die Grenze zwischen Produktion und Konsum löst sich auf. Infolgedessen sind die Mächtigen aus der Zeit des Kapitalismus, die Inhaber der viel gerühmten Hegemonialgewalt über den öffentlichen Raum – Politiker, Propagandisten, Prediger – nicht länger ernst zu nehmende Akteure in der Medienarena. Sie werden von geübten Netzwerkkonsumenten entthront, die immer ausgefeiltere Informationsrückkopplungsschleifen konstruieren. Diese werden dann in das System zurückgeworfen und einer langen Serie von Manipulationen durch viele Teilnehmer unterworfen. Es handelt sich um äußerst komplizierte Prozesse mit unendlich vielen Variablen und häufig erstaunlichen Resultaten.

Dass der neue Netzbürger kein ausgeprägtes Interesse an alten, abgenutzten Ritualen aus dem kapitalistischen Paradigma wie beispielsweise politischen Wahlen zeigt, kann folglich nicht überraschen. Das Publikum hat sich erhoben und das Theater verlassen. Die allein auf der Bühne zurückgebliebenen alten Kapitalisten fragen immer indignierter, warum denn niemand mehr ihren weisen Worten lauscht. Aus dem Foyer dringt zunehmender Lärm herein: Das Publikum hat begonnen, miteinander zu kommunizieren. Jemand bietet Getränke an, und aus den Lautsprechern in den Ecken erklingt Tanzmusik. In dieser matt beleuchteten Nachtclubwelt ist der Gastgeber der improvisierten Party, der Kurator und virtuose Netzwerker, der große neue Star. In der informationellen Gesellschaft gehört die Macht nicht demjenigen, der die Regeln diktiert, und auch nicht demjenigen, der das Zentrum dort vermutet, wo das Rampenlicht ist, sondern dem diskreten Moderator des gesellschaftlichen Spiels. Entscheidend ist nicht, was kommuniziert wird, sondern wie und zwischen wem es kommuniziert wird. Das Ziel ist weniger ein Ziel als vielmehr eine Richtung: die Schaffung und der Erhalt eines fortlaufenden Prozesses. Die Absicht des Netokraten besteht nicht darin, mehr Lärm als die Medien zu produzieren, sondern die Windmaschine als Musikinstrument zu nutzen, um darauf eine verführerische Melodie zu spielen.

Die aus dieser Entwicklung resultierende Verschiebung der Machtbalance spiegelt sich in der wachsenden Medialisierung der Politik wider. Die Politik ist gezwungen, sich an die mediale Dramaturgie anzupassen und telegen und unterhaltsam zu werden, um überhaupt noch Aufmerksamkeit auf sich zu lenken. Langfristig wird dies dazu führen, dass die Politiker jegliche reale Macht verlieren. Sie entwickeln sich zu einer neuen Kategorie schlecht bezahlter TV-Entertainer, zu harmlosen Darstellern in von anderen verfassten Drehbüchern, die unter der gnadenlosen Beobachtung und dem Spott der journalistischen Kommentatoren agieren. Eine Alternative bleibt ihnen nicht. Wer versuchte, gegen den Trend zu schwimmen und politische Agitation alten Stils zu betreiben, hätte in der von Netokraten regierten Gesellschaft keine Überlebenschance. Er oder sie erschiene wie ein jämmerlicher Informationstyrann. Unter den neuen Bedingungen der informationellen Medienlandschaft kehrt die plurarchische Öffentlichkeit der alten politischen Bühne den Rücken zu.

Die Politik ist gezwungen, sich an die mediale Dramaturgie anzupassen und telegen und unterhaltsam zu werden

Die eigenen Ambitionen der Spieler, was oder wer sie sein wollen, sind nicht länger maßgeblich. Niemand ist mehr »seines Glückes Schmied«. Die gesamte in diesem Ausdruck gespiegelte Begriffswelt ist passé. Was zählt, ist die Fähigkeit der Akteure zur augenblicklichen Veränderung, sobald sich die Erfordernisse und Wünsche der Umgebung ändern. Das unglaublich komplizierte und sich ständig wandelnde System der virtuellen Verhaltensregeln, die mittlerweile entwickelt und fortlaufend aktualisiert werden, formt und reflektiert das netokratische Ideal. Den einzig funktionierenden Schlüssel zur undurchdringlichen Netikette bilden maximale Flexibilität und eine ausgeprägte gesellschaftliche Intelligenz. Nichts ist mehr selbstverständlich; all unsere Vorurteile, all jene Fiktionen, an denen wir uns im Leben orientieren, bedürfen einer ständigen Überprüfung. Jede neue Situation erfordert eine neue Beurteilung und den Mut, das eigene Handeln und die eigenen Verhaltensweisen ohne Zögern an diesem Urteil auszurichten. Nur wer bereit ist, sich ständig zu verändern, kann gesellschaftlich in einer Welt überleben, die ihre eigene konstante Wandelbarkeit bereits erfahren hat.

Das hat diverse interessante Konsequenzen. Die Therapiesitzungen der Netokraten werden, um ein Beispiel zu nennen, nicht länger auf den vorherrschenden psychologischen oder psychoanalytischen Modellen eines mehr oder weniger integrierten, ganzheitlichen Egos basieren. Freud und alle seine Jünger, Interpreten, Nachfolger und Gegner innerhalb des therapeutischen Genres haben ausgespielt. In Zukunft werden die situations- und interaktionsbasierten Vorstellungen fortschrittlicher Kommunikationstheoretiker und Schizoanalytiker das Feld beherrschen, in denen es um gesellschaftliche Intelligenz und die kontrollierte Dienstbarmachung einer gespaltenen Persönlichkeit geht. In der informationellen Gesellschaft werden sich mehr Menschen wegen Problemen mit einer allzu ganzheitlichen Persönlichkeit als wegen schizophrener Neigungen behandeln lassen. Eine kontrollierte Form der Schizophrenie ist aus netokratischer Sicht geradezu ideal.

Die Netokraten sind nicht daran interessiert, sich selbst zu verwirklichen oder den Kontakt zu ihrem wahren Selbst zu suchen. Diese Vorstellung ist in ihren Augen alter abergläubischer Unsinn. Sie sind weder gewillt noch in der Lage, an etwas zu glauben, was für sie die gesellschaftlichen Konstrukte eines vergangenen Zeitalters darstellt. Stattdessen bemühen sie sich, ihre Fähigkeit zur Gleichzeitigkeit zu stärken und die Kunst zu erlernen, eine Vielzahl paralleler Identitäten zu entwickeln. Die persönliche Entwicklung vollzieht sich in der Realisierung aller eigenen Möglichkeiten als Dividuum, das wiederum eine pragmatische Allianz unterschiedlichster Temperamente und Persönlichkeitszüge darstellt. Das alte Individuum erscheint nicht als Ideal, sondern als bedauernswerte, eindimensionale Kreatur. Die schizophrene, kaleidoskopische Identität ist hingegen vorbildhaft, weil sie funktionell ist. Die Schizoanalyse wird dazu beitragen, die Fähigkeit zur ununterbrochenen Veränderung entsprechend den ständig sich wandelnden Bedingungen zu stärken.

Die Kommunikation in der informationellen Gesellschaft kann nur innerhalb von Systemen stattfinden, die eine Rückkopplung zulassen. Aus den alten Formen der Einbahnkommunikation werden museale Kuriositäten. Die Idee der Kommunikation erfordert schon vom Prinzip her nicht nur einen Empfänger, sondern auch eine mehr oder weniger qualifizierte Reaktion, die zum ursprünglichen Sender zurückkehrt und als Eingangssignal im ringförmigen Prozess der Rückkopplungsschleife fungiert. In diesem raschen Wechselspiel eines interaktiven Informationsmanagements entfalten die vielen Facetten des Dividuums ihren besonderen Glanz. All die verschiedenen Dividuen beleuchten, bestimmen und bestätigen sich gegenseitig in einer ruhelosen und zugleich äußerst koordinierten Bewegung wie Fische in einem Schwarm. Die Bestätigung des Dividuums hängt von der Reaktion seines Gegenstücks oder seiner Gegenstücke ab. Es sieht sich als ein Netzwerk, das andere Netzwerke benötigt, um durch konstanten Informationsfluss seine attraktive virtuelle Identität fortlaufend zu aktualisieren.

Die netokratischen Dividuen machen auf einer Plattform Rast, nur um sogleich festzustellen, dass sich die Plattform selbst bewegt. Sie begeben sich daraufhin auf eine andere Plattform auf einer anderen Ebene, in der Hoffnung, dort auf festen Boden zu treten, nur um erneut festzustellen, dass sich auch diese Plattform bewegt. Dieser Prozess setzt sich in unterschiedlichen Richtungen und auf unterschiedlichen Ebenen ununterbrochen fort. Aber die empfänglichen Dividuen machen bald aus dem Wechsel der Plattformen eine Kunstform und setzen die Suche nach festem Grund, fasziniert von ihren eigenen virtuosen Fähigkeiten, fort, obwohl sie wissen, dass sie aussichtslos ist. Der fließende Zustand, der sich in einem Umfeld bewusst konstruierter und fortlaufend revidierter Fiktionen einstellt, ersetzt den Glauben an den festen Grund. Das Wissen um die Fragilität der Fiktionen resultiert einerseits in desillusionierter Klarheit und Bedeutungsleere, andererseits jedoch in einem kreativen Rausch der Freiheit und der unbegrenzten Möglichkeiten. Wenn Fiktionen im Zusammenspiel mit anderen Dividuen erzeugt werden, bietet sich die Möglichkeit zur Kommunikation, und dann kann alles geschehen. Das ist der fließende Ausgangspunkt für die mobilistische Denkweise, die allein einen Weg durch die informationelle Gesellschaft bietet.

Zu den charakteristischen Merkmalen des Informationalismus gehört die eskalierende Medialisierung der Gesellschaft, die alle bisherigen Überlegungen zur Glaubwürdigkeit an ihre Grenze treibt. Wir können diesen Prozess auf pädagogische Weise erklären, indem wir anhand eines klassischen Massenmediums wie beispielsweise einer Wochen- oder Monatszeitschrift die Bedeutung dieser allgemeinen Medialisierung veranschaulichen. Wenn wir ein Monatsmagazin kaufen, erhoffen wir uns davon eine bestimmte Menge relevanter, substanzieller, spannender oder zumindest unterhaltsamer Informationen – was die Netokratie als Inhalt bezeichnet. Aber die Zeitschrift enthält darüber hinaus noch etliche Informationen, die wir nicht wollen, doch zumindest flüchtig zur Kenntnis nehmen müssen, damit wir die gewünschten Informationen zu einem geringeren und annehmbaren Preis erhalten. Es gibt also Werbung in der Zeitschrift. Und die Werbung stört uns. Eine Zeitschrift, die im Vergleich zum Inhalt zu viel Werbung enthält, kann auf die Dauer nicht mit allzu vielen Lesern rechnen. Unterscheidet eine Zeitschrift zudem nicht deutlich zwischen Werbung und Inhalt, büßt sie Glaubwürdigkeit und somit Leser ein. Eine Zeitschrift ohne jegliche Werbung genießt die höchste Glaubwürdigkeit (zumindest solange dahinter eine bewusste Politik und nicht das Unvermögen steht, Werbekunden zu gewinnen), hat aber nicht notwendigerweise die meisten Leser.

In einer durchgehend medialisierten Gesellschaft treffen diese Überlegungen nicht nur auf die klassische Form des Medienkonsums zu, sondern generell auf alle gesellschaftlichen Aktivitäten. In der virtuellen Netzgemeinschaft muss die Grenze zwischen Inhalt und Werbung im Sinne gekaufter Informationen ständig aufrechterhalten werden; der Kampf um Aufmerksamkeit lässt niemals nach, aber er kann nicht ausschließlich mit kapitalistischer Logik beschrieben werden. Der Wettbewerb zwischen den neuen Mächtigen – den Informationsverbreitern, den Kuratoren – ist so hart, dass er nur von denjenigen Kuratoren gewonnen werden kann, die die Mittel und die Integrität besitzen, die gekauften Informationen auf das absolute Minimum zu reduzieren und auf diese Weise die größte Glaubwürdigkeit zu akkumulieren. Gekaufte Informationen – die einzigen Informationen, für die sich der Kapitalismus interessierte und die er überhaupt verstehen konnte – haben für die Netokratie einen vorwiegend negativen Wert. Lediglich das Konsumtariat, das sich Hilfe suchend nach Ratschlägen in Sachen Verbraucherverhalten umsieht, interessiert sich dafür. So machen sich die Kapitalisten in netokratischen Kreisen selbst unmöglich: Ihre Aktivitäten disqualifizieren sie für eine Mitgliedschaft.

In der attentionalistischen Kultur, die den Kapitalismus ablöst, entscheidet der Zugang zu relevanten und exklusiven Informationen und nicht der Zugang zu Geld über die Verteilung von Status und Macht. Unzählige Investoren versammeln sich um jede informationell reiche Person oder Organisation auf der Jagd nach Informationen und der Möglichkeit, ihr finanzielles Kapital in einer Aktivität anzulegen, die sie selbst nicht verstehen und die sie zwingt, sich den diversen Wünschen und Launen der Netokraten zu fügen. Die *Fortune 500* werden höchstens noch Unterhaltungswert haben, ähnlich dem *Gotha,* dem genealogischen Handbuch des Adels, zu Zeiten des Kapitalismus: Hier können wir studieren, wie eine vergangene Ära ihre Bürger nach längst obsoleten Prinzipien ordnete. Im Zeitalter des Informationalismus gelten andere Kriterien. Heute bestimmt die Mitgliedschaft in Netzwerken den gesellschaftlichen Status des Einzelnen, der sich je nach Zeit und Kontext ständig ändert. Eine Liste der Aristokratie des neuen Paradigmas könnte niemals als gedrucktes Buch erscheinen, weil sie sofort veraltet wäre und jeder Beliebige sie lesen könnte. Stattdessen werden die netokratischen Beziehungen online dargestellt, ständig aktualisiert und für den Gebrauch von ausgewählten Partyveranstaltern und anderen Kuratoren hinter Codes und virtuellen Schlüsseln versteckt.

Unschätzbare Kontakte sind buchstäblich unschätzbar: Sie lassen sich nicht mit Geld kaufen. Kontakte sind nur erhältlich über den Transfer anderer Kontakte von vergleichbarem Gesamtwert. Der Attentionalismus erzeugt folglich eine moderne Form von Tauschwirtschaft. Kontakte werden hergestellt, sobald ein Akteur wertvolle Informationen anzubieten hat und wenn er insbesondere eine ausgeprägte Fähigkeit besitzt, die betreffenden Informationen so zu handhaben und zu präsentieren, dass sie das Interesse anderer wecken. Hier zeigt sich ein weiteres charakteristisches Merkmal des Attentionalismus: Wir können mit demselben Kuchen wuchern und ihn verzehren. Wir können die Informationen und ihren Wert selbst behalten und zugleich mit einigen wenigen teilen. In Wirklichkeit vergrößert sich der Wert in Verbindung mit der Transaktion: Kommunikation erzeugt attentionalen Wert für denjenigen, der Informationen anbietet, und dieser Wert bleibt erhalten, solange die betreffenden Informationen von Interesse sind. Der Wert besteht zudem so lange fort, wie anzunehmen ist, dass die Informationsquelle noch mehr von derselben Art zu bieten hat.

Informationen, die wir für uns behalten, haben offensichtlich keinen attentionalen Wert, während Informationen, die wir gegen Geld feilbieten, nur einen extrem kurzlebigen und begrenzten Wert besitzen. Für das Netzwerk nützliche Informationen hingegen erhöhen den attentionalen Status des Anbieters gewaltig. Nach diesem Prinzip funktioniert das interne Leben des Netzwerks – eine Mikromedialisierung auf der Ebene des transparenten Netzwerks. Im Rahmen dieses Prozesses kann der einzelne Akteur gesellschaftlich aufsteigen; mit seiner Hilfe sorgt das Netzwerk für einen regelmäßigen Informationsnachschub. Jene Akteure, die dieses Spiel bis zur Vollendung beherrschen, sind die Kandidaten, mit denen die höchsten Netzwerke ihre formalen Positionen besetzen. Das Konsumtariat hingegen sieht sich gezwungen, sein Auskommen auf dem virtuellen Markt der temporären Beschäftigungen zu suchen; sie sind Projektnomaden, die ständig im Internet nach Jobmöglichkeiten jagen.

Der Fortschrittsglaube, der zu den Charakteristika des kapitalistischen Paradigmas gehörte und nicht zuletzt im blinden technologischen Optimismus des Spätkapitalismus seinen Ausdruck fand – alles wird gut, das Internet ist eine Vitaminspritze für die Demokratie, und alle werden von der New Economy profitieren –, ist für die Netokratie nichts weiter als ein vulgärer Religionsersatz. Nichtsdestoweniger ist er ein wichtiges Element der netokratischen Propaganda; religiöse Bedürfnisse bilden eine Konstante, und das Konsumtariat verlangt angesichts der zunehmenden Säkularisierung nach einem beruhigenden Ersatz für die traditionellen Ausdrucksformen des Glaubens. Es muss deshalb mit einer steten Folge immer neuer Unterhaltungsspektakel bei Laune gehalten werden, die auf der Ebene des Konsumtariats ein Synonym für Erfolg sind. In der Netokratie jedoch tritt an die Stelle der Fortschrittsidee ein extremer Mobilismus und Relativismus.

Netzwerke werden mit Lichtgeschwindigkeit sprießen und rasch Macht und Status an sich reißen, nur um ebenso rasch wieder zu verschwinden. Nichts ist von Dauer, kein Wert bleibt bestehen, alle Plattformen bewegen sich in unterschiedliche Richtungen. Aus Sicht der Evolutionssoziologie lässt sich ein geschichtlicher Trend erkennen; die dicken Linien weisen unmissverständlich in eine Richtung: wachsende Globalisierung, immer ausgefeiltere Nichtnullsummenspiele, immer kompliziertere Netzwerke gegenseitiger Abhängigkeit. Aber das ist nicht dasselbe wie Fortschritt; neue technologische und gesellschaftliche Bedingungen schaffen zwar neue Gewinner, aber auch neue Verlierer. Manche gesellschaftlichen Probleme werden abgemildert, während andere sich verschärfen oder neu entstehen.

Netzwerke werden mit Lichtgeschwindigkeit sprießen und rasch Macht und Status an sich reißen, nur um ebenso rasch wieder zu verschwinden

Rasch sprießende Netzwerke sollten gleichfalls als »Ereignisse« – Strukturen mit einer vorübergehenden Präsenz – gesehen werden. Eine intensive Aktivität in temporär errichteten Rückkopplungsschleifen erzeugt schwer zu zügelnde gesellschaftliche Energien. Die Resonanz wird über die Rückkopplung viele Male verstärkt; die Druckwellen breiten sich rasch über den gesamten Körper der Gesellschaft aus und verändern die meme-darwinistischen Bedingungen für andere Netzwerke und ihre Akteure. Ähnlich wie in der Natur, wo das Umfeld eines Organismus im Wesentlichen aus weiteren Organismen gebildet wird, besteht auch das Umfeld eines Netzwerks vornehmlich aus weiteren Netzwerken. Es findet ein ununterbrochenes Wettrüsten statt – ein Angreifer wird stärker, die potenzielle Beute muss mit Geschick oder Tempo reagieren, und auch die Rivalen unter den Angreifern müssen Gegenmaßnahmen ergreifen: Netzwerk X geht in die Offensive, woraufhin Netzwerke Y und Z in die Gegenoffensive gehen müssen. Jede Veränderung hat Konsequenzen, die (angesichts unendlich vieler Variablen) unendlich schwer prognostizierbar, aber dennoch vollkommen logisch sind. Nichts ist wichtiger für ein Verständnis der informationellen Gesellschaft als eine Kenntnis dieser Mechanismen. Die Analyse der Netzwerkdynamik wird deshalb im informationellen Paradigma die Gesellschaftswissenschaft sein, die das größte Interesse auf sich zieht.

Auf diese Weise wird das Netzwerk den Menschen als das große Gesellschaftsprojekt ersetzen. An die Stelle des Staates tritt das Netzwerk der Kuratoren als Visionäre, Manager und Machthaber des großen Projekts. Mit der zunehmenden Verlagerung der grundlegenden menschlichen Aktivitäten in die virtuelle Welt machen Recht und Ordnung der Netikette Platz; gleichzeitig verliert der Staat mit der Verringerung seines Steueraufkommens und der Auflösung nationaler Grenzen Autorität und Macht. Der Kurator übernimmt die staatliche Funktion des Moralwächters und bestraft alle Verstöße gegen die Netikette mit der Vertreibung der Delinquenten aus den attraktiven Netzwerken. Ausschluss, restriktiver Informationszugang und andere Formen der Verwehrung von Mitgliederprivilegien sind die Methoden, mit denen die Netokratie Dissidenten abschreckt und im Zaum hält. Weit reichende Beschränkungen der virtuellen Mobilität sind das informationelle Äquivalent zur klassischen Freiheitsstrafe.

Zum Schutz ihrer gemeinsamen Interessen und zwecks effektiverer Verwaltung der Netzwerke errichten die Kuratoren ein mächtiges Metanetzwerk. Die Kuratoren fungieren zugleich als Polizisten, Staatsanwälte und Richter, während die Variabilität des Netzwerksystems die Schaffung formaler Rechtsnormen nicht zulässt. Die in den höchsten Netzwerken angestellten Betrachtungen werden streng gegen die Außenwelt abgeschirmt und sind in keiner Weise an demokratisch zustande gekommene Entscheidungen oder allgemein akzeptierte Traditionen gebunden. Das Prinzip des öffentlichen Lebens und des öffentlichen Rechts auf Beobachtung wird sich nur schwer aufrechterhalten lassen; allen gegenteiligen Hoffnungen zum Trotz wird die öffentliche Arena verschwinden und der labyrinthischen Topografie des Informationalismus Platz machen. Eine Perspektive des generellen Überblicks wird künftig unmöglich sein.

Aber die informationelle Gesellschaft ist dennoch nicht totalitär. Auch wenn es nicht möglich sein wird, gegen die Entscheidungen der Kuratoren im traditionellen Sinne Einspruch zu erheben, und kaum Chancen bestehen, die Rücknahme einer zu Unrecht verhängten Strafe zu erwirken, wird die extreme Mobilität und Multiplizität innerhalb des Systems dafür sorgen, dass es stets alternative Netzwerke gibt, die jeden willkommen heißen, der wirklich etwas Attraktives zu bieten hat. Diese anderen Netzwerke können es sich weder leisten, attraktiven Anwärtern die Mitgliedschaft zu verweigern, noch haben sie irgendeine Veranlassung dazu. Und diese komplexe Topografie betrifft alle Akteure. Auch die mächtigsten Kuratoren können die informationelle Gesellschaft nicht vollständig überblicken, weshalb auch ihre Macht bestimmten Grenzen unterliegt.

Was wir heute als Kapitalismus kennen, wird ebenso wenig völlig verschwinden wie die feudalistischen Strukturen vom anbrechenden Kapitalismus restlos zerstört wurden – sie lebten in schwächerer Form unter der Herrschaft des siegreichen Paradigmas und seiner Logik fort. Ähnliches geschieht auch jetzt: Aus dem kapitalistischen Muster wird eine wichtige Komponente des überlegenen informationellen Systems. Besonders das Konsumtariat wird weiterhin bestrebt sein, Kapital anzuhäufen, und der traditionelle Konsum von Produkten und Dienstleistungen wird sich auch in Zukunft nach Geld bemessen. Die Tatsache jedoch, dass Geld digitalisiert wurde und Kapitalbewegungen so rasch möglich sind, dass kein Politiker und kein Bürokrat sie mehr kontrollieren kann, benachteiligt in zunehmenden Maße eine Unterklasse ohne Zugang zu relevanten Informationen, während eine gut informierte Netokratie mit dem Finger am Puls der Kapitalströme umso mehr profitiert.

Die zunehmende Geschwindigkeit und die wachsende Komplexität der Märkte führen dazu, dass der Informationsgraben zwischen den Eingeweihten und den Ausgeschlossenen immer breiter wird. Bis die einst attraktiven Informationen bis in die niedrigsten Netzwerke durchgesickert sind – nach wenigen Minuten oder mehreren Wochen, sofern sie überhaupt durchdringen –, sind sie alt und wertlos. Die Möglichkeit des Handelns, um beispielsweise rechtzeitig und Gewinn bringend in irgendeinen obskuren Wachstumsmarkt im tiefsten Asien zu investieren, ist dann schon nicht mehr gegeben. Die Informationen waren nur so lange wertvoll und hatten nur so lange einen realen Wert, wie sie ausschließlich wenigen Auserwählten bekannt waren.

Natürlich sichert sich die Netokratie die Dienste führender Experten – gedungener Befehlsempfänger, die die Interessen der neuen Macht diskret und effektiv sichern helfen. Aber dennoch sind Macht und Status der Netokratie etwas komplett anderes. Insbesondere lassen sich mit Geld keine exklusiven Informationen kaufen – jene Art von Informationen, die mit Blankoschecks gehandelt würden, falls Schecks noch in Gebrauch wären. Wichtiger ist jedoch die Fähigkeit, in den Kreisen, auf die es ankommt, Aufmerksamkeit zu erzeugen: etwas zu sagen zu haben, das das informationelle Grundrauschen zum Schweigen bringt. Willkommen im Zeitalter des Attentionalismus!

10

Sex und Tribalismus, virtuelle Erziehung und die Ungleichheit des Gehirns

Trends enthalten eine klare Botschaft. Die Tatsache, dass Informations- und Kommunikationstechnologie eine hohe Schwelle überschreiten und in eine neue historische Phase eintreten, bedeutet nicht weniger, als dass sich alles verändert. Wir werden gezwungen, uns selbst und unsere Umwelt mit neuen Augen zu sehen. Der Paradigmenwechsel wird weit reichende und sehr reale Konsequenzen haben, wenn unsere alten »Wahrheiten« ihre Gültigkeit verlieren. Die Institutionen, die die alte Gesellschaft stützten und unter den Bedingungen ihrer Zeit als ewig und »natürlich« erschienen, geraten in eine extreme Krise, seitdem sich herausstellt, dass sie die Produkte einer eng an die Bedingungen ihrer Epoche geknüpften Gesellschaft und Ideologie waren. Ihr rascher Verfall unter dem erdrückenden Gewicht der Veränderung erscheint deshalb als unvermeidlich. Dieser Trend ist unausweichlich. Zu den am meisten betroffenen Institutionen gehören der Nationalstaat, die parlamentarische Demokratie, die Kernfamilie und das Erziehungs- und Ausbildungssystem.

Der Begriff »Trend« sollte nicht als Synonym für Mode oder dergleichen verstanden werden; mit der Welt der Hochglanzmagazine hat er nichts zu tun. Wir verwenden die Begriffe »Trend« und »Gegentrend« in Analogie zu Friedrich Nietzsches Begriffspaar Aktion und Reaktion. Für Nietzsche war Aktion mit dem Willen zur Macht verbunden; dieser ist in philosophischem Sinne ein primärer Impuls, der unabhängig ist von anderen Impulsen. Reaktion hingegen ist ein sekundärer Impuls, der nur als Antwort auf eine Aktion vorkommt. Er ist im buchstäblichen Sinne reaktionär, besteht doch seine wesentliche Zielrichtung darin, bestehende Machtstrukturen, für die die Aktion eine Bedrohung darstellt, zu stützen oder womöglich zu verstärken. Die Reaktion ist infolgedessen eine Verteidigungsmobilisierung, ein Akt der Überlebenshilfe für eine Macht, deren Position durch das Erscheinen einer rivalisierenden Macht in Frage gestellt wird; ein gutes Beispiel ist die Selbstverteidigung der dominierenden Klasse eines sterbenden Paradigmas gegen eine neue Elite, in deren Segel der Wind der Geschichte bläst. Wenn wir dieses Begriffspaar auf die Soziologie übertragen, erhalten wir Trend und Gegentrend. Und Trend in diesem Sinne ist eine Bewegung in der Zeit, die mit den Bemühungen einer bestimmten Gruppe verknüpft ist, eine soziale Identität zu erreichen und zu manifestieren. Ein Trend ist ein primärer Impuls, der in der Regel keine Antwort auf eine andere Bewegung darstellt; er trifft nur dann auf

Widerstand, wenn er mit anderen Interessen kollidiert, was er früher oder später stets tut.

Ein Trend lässt sich an zwei charakteristischen Merkmalen erkennen: Er kann durch einen verstärkten Informationsfluss nur gewinnen, und er profitiert von der territorialen Verbreitung neuer Technologien. Die Entwicklung des Internets selbst sowie die gesellschaftlichen Entwicklungen, die es voraussetzt beziehungsweise fördert (wie die Globalisierung und der Macht- und Statusverlust des Bürgertums an die Netokratie) lassen sich demnach als echte Trends definieren. Ein Gegentrend hingegen erscheint als eine Reaktion auf einen solchen Trend. Er steht für nichts anderes als die Verteidigung des Status quo oder die Rückkehr zu einer hochgradig sentimentalisierten Vergangenheit. Einem Gegentrend geht es folglich in erster Linie darum, einen Trend zu bekämpfen und zu entwaffnen. Aktuelle Beispiele für Gegentrends sind der in vielen Teilen der westlichen Welt genährte Hypernationalismus und Isolationismus sowie der so genannte Fundamentalismus in der arabischen Welt. Beides sind Reaktionen auf den dominanten Trend in Richtung Globalisierung, Säkularisierung und verstärkter Plurarchisierung der Gesellschaft. Ein Gegentrend ist stets sekundär insofern, als seine Existenz von einem Trend abhängt.

Wenn wir die Entwicklungen über einen längeren Zeitraum betrachten, wird das Muster sehr viel komplexer. Häufig enthält ein und dieselbe gesellschaftliche Bewegung Elemente sowohl eines Trends als auch eines Gegentrends. Ein gutes Beispiel ist die Ökologiebewegung. In Teilen hat sie ein positives Verhältnis zu technologischen Neuerungen und offener Debatte und sieht die einzige Chance, langfristig eine ökologisch bewusste Gesellschaft zu schaffen, darin, durch Informationen und Diskussionen neue Forschungen in Richtung einer neuen, grünen Form von fortschrittlicher Technologie anzustoßen. Aber die ökologische Bewegung umfasst auch gegenläufige Gruppierungen, die ein Wirtschaftswachstum ablehnen, Informationen durch Forschungsverbote unterdrücken wollen und die Stadtbewohner am liebsten aufs Land zwangsumsiedelten, um zu einer romantisierten Vergangenheit zurückzukehren.

Ein anderes Beispiel ist die internationale Bewegung gegen den freien Handel, deren Gedeihen auf das mit Hilfe des Internets errichtete umfassende Netzwerk zurückzuführen ist und folglich, zumindest formal, als ein Trend gesehen werden muss. Aber ihrem Wesen nach ist diese Bewegung von dem Wunsch getrieben, gut organisierte Partialinteressen in den reichen Ländern gegen die Konkurrenz billigerer Importprodukte zu verteidigen, indem arme Länder von praktisch allen profitablen Märkten ausgeschlossen werden. Dieser Wunsch, Informationen zu beschränken, ist ein klares Beispiel für einen Gegentrend. Aus offensichtlichen Gründen sind hybride Bewegungen dieser Art äußerst instabil. Aufgrund ihrer Ähnlichkeit mit rasch zerfallenden chemischen Elementen mit großen Atomkernen wollen wir sie als quantensoziologische Phänomene bezeichnen.

Ohne einen qualitativen Vergleich zwischen Trends und Gegentrends anzustellen – Nietzsche jedenfalls favorisierte stets die Aktion –, können wir festhalten, dass die Geschichte in der Regel die Trends begünstigt und dass Gegentrends am Ende fast immer zum Scheitern verurteilt sind. Das liegt in der Natur der Dinge: Gegentrends stehen für die Begrenzung des Informationszugangs, eine Strategie, die sich langfristig stets als unhaltbares Wunschdenken herausstellen muss. Gegentrends spielen mit den Ängsten und Sorgen der Menschen hinsichtlich der primären Trends, können den geschichtlichen Prozess jedoch nur verzögern, aber niemals tief greifend verändern. Sobald die Informationen in die Gesellschaft zu sickern beginnen, verliert der Gegentrend seine Überzeugungskraft, und der Trend macht sich auf allen Ebenen breit. Dabei dürfen wir jedoch nicht vergessen, dass die Gegentrends von heute häufig die radikalen und innovativen Trends von gestern waren – ganz auf der Höhe ihrer Zeit, als diese noch eine andere war.

Die Gegentrends von heute waren häufig die radikalen und innovativen Trends von gestern – ganz auf der Höhe ihrer Zeit, als diese noch eine andere war

Nationalismus und Demokratie waren ursprünglich perfekte Beispiele für gesellschaftliche und politische Trends, die mit der Technologie ihrer Zeit in Einklang waren und vom Informationszuwachs profitierten. Aber die Kräfte, die sich heute für den Erhalt alter Institutionen stark machen, sind die Gegentrends unserer Zeit. Trotz gelegentlicher Erfolge sind diese Kräfte aufs Ganze gesehen zum Scheitern verurteilt. Das Internet ist Realität. Die Massenmedien werden zunehmend interaktiv. Maßgebliche Politik spielt sich kaum noch auf der rein nationalen Ebene ab. Das bedeutet, dass Globalisierung, Säkularisierung und Plurarchisierung auf die Dauer nicht mehr aufzuhalten sind.

Wenngleich die bürgerliche Demokratie großzügig geschätzt kaum älter als 200 Jahre ist, hat sie in dieser Zeit einen erstaunlich zähen Mythos geschaffen, mit dem sie den Anspruch untermauert, in ihrer Struktur und ihrer Ideologie von ewiger Gültigkeit zu sein. Dieser Mythos wurde noch dadurch verstärkt, dass die bürgerliche Demokratie in ihrer Eigenschaft als Trend in ihrer Blütezeit äußerst erfolgreich war und zu einer beispiellosen allgemeinen Wohlstandsmehrung beigetragen hat. Im für das Ende der kapitalistischen Ära symptomatischen Delirium erscheint die bürgerliche Demokratie, besonders nach der Implosion des Kommunismus in Osteuropa, nicht nur als Vorbedingung, sondern geradezu als Garant des Wirtschaftswachstums, auch wenn diese These leicht zu widerlegen ist. Wenn wir unseren kritischen Blick beispielsweise nach Asien wenden, erkennen wir, dass es wohl kaum demokratischen Tugenden zu verdanken ist, wenn Singapur, ein schamlos repressiver Einparteienstaat, seit mehreren Jahrzehnten eine außerordentlich starke Wirtschaft präsentiert. Gleichzeitig hat die Demokratie in Bangladesch keineswegs ein Wirtschaftswunder ausgelöst. Aber dennoch lebt dieser Mythos munter fort.

Der amerikanische politische Wissenschaftler Francis Fukuyama hat die Idee vorgebracht, die bürgerliche Demokratie repräsentiere »das Ende der Geschichte« im Hegel'schen Sinne – das Ende des politischen Prozesses. Geschichte sei als ein allen Menschen gemeinsamer Entwicklungsprozess zu sehen, ein langer Kampf zwischen gesellschaftlichen Systemen und Philosophien, ein Konflikt, der so lange besteht, bis alle denkbaren Möglichkeiten ausprobiert und alle nicht zufrieden stellenden Lösungen verworfen wurden. Fukuyama vertritt die These, dass sämtliche möglichen Alternativen zur bürgerlichen Demokratie gescheitert seien. Zugunsten der Demokratie spreche insbesondere, dass sie am besten geeignet sei, einen Ausgleich zwischen den in einer fortgeschrittenen, globalen Marktwirtschaft bestehenden widersprüchlichen Interessen herzustellen und zudem mit ihrer theoretischen Gleichheit unter allen vorstellbaren Alternativen am besten in der Lage sei, das Bedürfnis ihrer Bürger nach Anerkennung und Würde zu erfüllen. Fukuyama liegt damit zugleich richtig und falsch. Die bürgerliche Demokratie ist sicherlich in vieler Hinsicht das am besten geeignete Gesellschaftssystem, jedoch nur innerhalb des kapitalistischen Paradigmas. Sobald sich die Bedingungen ändern, kommt wieder Bewegung in die Geschichte.

So viel ideologisches Kapital wurde in die Idee einer bürgerlichen Demokratie investiert, dass jeder Versuch, ihre Propaganda kritisch zu untersuchen, und jede Diskussion über mögliche Fehler in der demokratischen

Theorie von den gewaltigen, über diesen Mythos wachenden Kräften mit Abscheu zurückgewiesen und als Ketzerei gebrandmarkt werden. Um die Demokratie und ihre Rituale wurde ein Kult errichtet: ein Kult mit starken irrationalen Elementen, eine Massenbewegung, die von der Vorstellung zusammengehalten wird, die magische Kraft des korrekten politischen Prozederes könne alle ernsten gesellschaftlichen Probleme lösen oder zumindest lindern. Die demokratischen Formen allein seien bereits ein Garant für vernünftige politische Inhalte. Die korrekte Methode der Entscheidungsfindung resultiere stets in vernünftigen Entscheidungen – so lautet das mächtigste unter den Dogmen der Demokratie. Die selbst ernannten Vertreter der politischen Tugendhaftigkeit reden sich und jedem interessierten Zuhörer ein, korrekte Entscheidungsfindungsmethoden und vernünftige Entscheidungen seien ein und dasselbe. Wann immer jemand sich erdreistet darauf hinzuweisen, dass die Nationalsozialisten, um ein besonders eklatantes Beispiel anzuführen, in einem demokratischen System über Parlamentswahlen an die Macht kamen, besteht die Antwort stets in diffusen Erklärungen zur speziellen Situation jener Zeit. Selten oder nie wird zugegeben, dass die Demokratie allein noch kein Garant für gute und vernünftige Entscheidungen ist.

Jede Ausnahme wird so gedreht, dass sie die allgemeine Regel bestätigt: Sobald die demokratische Reife der Bevölkerung ein bestimmtes Niveau erreicht hat, erzeugt die Demokratie wie eine gut geölte politische Maschine automatisch vernünftige Entscheidungen. Dieser Glaube in den Prozess der demokratischen Reife der Bevölkerung ist ebenso unerschütterlich wie unbegründet. Er hat mehr mit religiösem Glauben als mit empirischem Wissen zu tun. Diesem Axiom zufolge können die Wähler keine falsche Wahl treffen, und sollten sie es dennoch einmal tun – wie es die Österreicher taten, als sie in den letzten Wochen des 20. Jahrhunderts eine rechtspopulistische Partei in die Regierung wählten und damit in der übrigen Europäischen Union massive Proteste auslösten –, dann reicht es aus, laut von einem Fehler zu sprechen und geeignete Schritte zu seiner Korrektur in die Wege zu leiten.

Während das Bürgertum die Demokratie wie etwas Heiliges präsentiert, ist es jedoch jederzeit bereit, sie zu leugnen, sobald sie mit seinen eigenen Interessen in Konflikt gerät. Die zeremonielle Rhetorik der Demokratie ist keineswegs frei von Heuchelei. Was im besten Fall ein problematischer und fragiler Kompromiss zwischen widerstreitenden politischen Kräften und im schlechtesten Fall eine Methode zur Legitimierung von Entscheidungen ist, die die Elite erzwingen will, wird zu etwas Tugendhaftem, Ewigem und außerhalb jedes Zweifels Stehendem stilisiert – etwas, das mit den Gesetzen der Natur harmoniert. Der Feudalismus gestattete den Menschen zu glauben, was sie wollten, solange sie an Gott glaubten; die kapitalistische Toleranz reicht so weit, dass die Menschen wählen können, wen immer sie wollen, solange sie für den bürgerlichen demokratischen Staat in einer seiner sanktionierten Varianten stimmen.

Wie im Fall aller offensichtlichen Widersprüche in einem herrschenden Paradigma handelt es sich auch hier um ein Zeichen, dass das alte Paradigma ausgespielt hat. Nur ein gutes Jahrzehnt nach der Diskussion über die bürgerliche Demokratie als Gipfel der Geschichte wächst mittlerweile das Bewusstsein für eine Krise der Demokratie. Die Menschen reagieren zunehmend apathisch auf utopische Versprechungen, und die Demokratie wird allmählich ihrer internen und externen Komponenten beraubt. Während die technologische Entwicklung für die Menschheit ein ganz neues Lebensumfeld schafft, wird der demokratische Konsens, auf den Fukuyama große Teile seiner Argumentation gründet, entwertet. Fukuyama selbst war der Erste, der die Probleme seiner eigenen vergnügt optimistischen Theorie einer Dosis guten alten Nietzsche'schen Zweifels unterzog. Welchen Sinn, fragte er sich, macht ein universeller Konsens am Ende? Wer wird sich mit etwas zufrieden geben, das allen offensteht? Unter Verweis auf Nietzsche wies Fukuyama auf den Zusammenhang zwischen Toleranz und einer für die Gesellschaft fatalen Werteauflösung hin. Welche echte Form von Selbstachtung kann völlig losgelöst von jeder Form der Leistung existieren? Und ist eine universelle Anerkennung überhaupt möglich? Können wir jemals darauf hoffen, uns von einem Wertesystem und einer Leistungshierarchie unabhängig zu machen?

Ein gänzlich »gleicher« Mensch ist unfähig, gesellschaftliche und moralische Fragen zu erörtern, weil dies einen elementaren Unterschied zwischen Gut und Böse voraussetzt, der sich nicht mit der äußersten Toleranz verträgt, wie sie das Kennzeichen »politischer Korrektheit« darstellt (dem letzten verzweifelten Versuch einer implodierenden Demokratie, mit allen gleichzeitig zu flirten). Das kreative Moment geht verloren, sobald die Gesellschaft alles gleich bewertet und sich die gleiche Verteilung der Ressourcen zum Ziel setzt. Stabilität geht mit Stagnation und folglich mit einer allmählichen Korrosion der Demokratie einher – in ihrem trägen wie in ihrem aktiven Zustand. Aber Stabilität sollte in diesem Zusammenhang unser geringstes Problem sein; sie ist eine Chimäre, eine gesellschaftswissenschaftliche Abstraktion. Komplexe Systeme kennen keine Stabilität; Fukuyamas großer Fehler war die Verwechslung von Modell und Realität.

Die Demokratie wird zunehmend zum Sorgenkind: Sie erfordert Aufmerksamkeit in Form von Erziehung und Pflege, weshalb diverse Behörden und Forschungsinstitutionen auf eine deutliche Erhöhung ihrer Budgets drängen. Die darin enthaltene Warnung besagt, dass wir die Demokratie nicht länger als Selbstverständlichkeit betrachten dürfen. Sie muss um jeden Preis gestärkt werden, lautet die Botschaft jener, deren Macht vollständig von der Demokratie abhängt und die aus offensichtlichen Gründen kein Interesse an irgendeiner Form von Plurarchie haben. Der Propaganda zufolge besteht die einzige Alternative zur bürgerlichen Demokratie in einer albtraumhaften Diktatur – die sich, wie die Geschichte gezeigt hat, nur allzu leicht mit mustergültigen demokratischen Mitteln herbeiführen lässt –, während die Plurarchie bestmöglich unterdrückt wird. So entsteht der Eindruck, als gäbe es keine Plurarchie, weder in der Realität noch als Möglichkeit. Deshalb erscheint es paradox, wenn das Internet als ein Instrument präsentiert wird, dass der Demokratie zum Triumph verhelfen soll. In Wirklichkeit ist das Internet für das neue medientechnologische Umfeld verantwortlich, in welchem nach dem Prinzip der natürlichen Selektion die Plurarchie gedeiht und die Demokratie notgedrungen scheitern muss. Die Demokratie wird die Krise nicht mehr abschütteln. Fortan wird Demokratie zum Synonym für jene Krise, die sie selbst und das gesamte scheidende Paradigma befallen hat. Der Paradigmenwechsel hat das Undenkbare denkbar gemacht.

Der Informationalismus wird die Entwicklung neuer politischer Strukturen erzwingen. Ein konkretes politisches Problem besteht darin, dass es in den Bereichen, in denen Politiker Entscheidungen zu treffen gewohnt sind, kaum noch etwas zu entscheiden gibt. Der Markt und die Wirtschaft haben sich verändert. In dieser Situation wird sich die Demokratie an den Föderalismus als letzten Strohhalm klammern, während sich die Entwicklung immer rascher auf einen globalen Staat zubewegt. Die Einführung eines solchen Projekts ist wahrscheinlich, schon allein, weil das Überleben der

In der virtuellen Welt verliert die Politik jegliche Macht

politischen Klasse auf dem Spiel steht. Auf die Welthandelsorganisation folgt die Weltbesteuerungsorganisation und so weiter. Aber alle Bemühungen in diese Richtung sind vergeblich, nicht weil der Versuch, bei den Wählern dieser Welt Begeisterung für das Projekt zu wecken, immense Anstrengungen erfordert, sondern weil die Plurarchie bereits Realität sein wird, bevor ein globaler Staat auch nur auf dem Reißbrett konkrete Formen annimmt. In der virtuellen Welt verliert die Politik jegliche Macht.

Aber auch die virtuelle Welt wird spontan bestimmte globale Staatsstrukturen errichten. Die elektronische Elite wird eine neue *Lingua franca*, eine Netzsprache auf der Grundlage des Englischen etablieren, welches schon heute die globale Kommunikationsplattform der Netokratie darstellt. Diese stark modifizierte, von subkulturellen Dialekten und innovativen Neologismen geprägte Form des Englischen, in dem die Standardsätze deutlich verkürzt sind und Nebensätze praktisch nicht vorkommen, wird den globalen Netzwerken als Universalsprache dienen.

Die überwältigende angelsächsische Dominanz in der internationalen Musik- und Unterhaltungsszene deutet auf die zentrale Bedeutung einer gemeinsamen Sprache in der gegenwärtigen Medialisierung der Welt hin. Im Rennen um die informationelle Gesellschaft haben bereits heute in den diversen Kontinenten zumeist diejenigen Länder die Nase vorn, die über gute Englischkenntnisse verfügen. Das ist offensichtlich im Fall von Großbritannien und Irland, Kanada, Australien und Südafrika, die alle eine führende Rolle bei der Verbreitung der angelsächsisch dominierten Internetkultur in alle Winkel der Erde spielen – von den USA ganz zu schweigen. Aber auch Hongkong, Singapur und Indien leisten Ähnliches in Asien. In den Niederlanden und den skandinavischen Ländern sind Englischkenntnisse mittlerweile so verbreitet, dass Englisch praktisch zur zweiten Muttersprache geworden ist. Das Zusammenfließen der globalen Kommunikation verstärkt den Bedarf nach einer Art einheitlicher, gemeinsamer Sprache. Davon profitiert insbesondere die angelsächsische Medienbranche, die auch vor dem Informationalismus bereits gut entwickelt war und jetzt zum wichtigsten Anbieter von Inhalten im Internet avanciert.

Es ist vollkommen logisch, dass das globale Denken und Handeln kleinen Ländern mit beschränkten heimischen Märkten leichter fällt als Ländern mit großen Heimatmärkten. Die relative Nutzlosigkeit der nationalen Sprachen hat sie gezwungen, sich mit der auf dem Englischen basierenden universellen Netzsprache vertraut zu machen. Jene Länder hingegen, die sich im Wettbewerb mit dem Englischen um die Rolle der *Lingua franca* Chancen ausrechneten – dazu gehören vor allem Länder, in denen Französisch, Spanisch, Deutsch, Arabisch, Japanisch oder Chinesisch gesprochen wird –, haben vergleichsweise große Probleme damit, ihre nationalen Netzstrukturen mit dem globalen Netz zu verknüpfen. Aus diesen Sprachgebieten wird deshalb nur eine begrenzte Anzahl von Menschen an den internationalen Netzwerken teilhaben. Solange keine umfassenden Übersetzungsprogramme zur Verfügung stehen, stellt Sprache nach wie vor eine Barriere dar.

Lokale und regionale Sprachen und Dialekte behalten eine starke Präsenz innerhalb großer Bevölkerungen, auch wenn sie allmählich einen deutlich geringeren Stellenwert erhalten. Die nativen Sprachen werden im Konsumtariat überleben, während sie für die Netokratie kaum mehr sein werden als eine Art unterhaltsames und Identität stiftendes Hobby mit nostalgischer Komponente. Ähnlich wie die Mittelschichttouristen früherer Zeiten, die während ihrer Ferien im Ausland mit Zitaten aus ihren Sprachführern um sich warfen, werden die Netokraten ihre Sommerurlaube in ihren digital vernetzten Ferienquartieren damit verbringen, die charakteristischen Züge der lokalen Sprache zu studieren – allerdings mit einer guten Portion ironischer Distanz. Innerhalb des lockeren Rahmens der universellen Netzsprache wird es natürlich diverse Dialekte geben, die jedoch keine geografischen Wurzeln haben, sondern zu unterschiedlichen virtuellen Subkulturen gehören und vorrangig dem Zweck dienen, die Sprecher der einzelnen elektronischen Gruppen und Clans voneinander zu unterscheiden und gegeneinander abzugrenzen.

Ein wichtiger Grund, warum den USA die Anpassung an die virtuelle Kultur so leicht fällt, ist die präplurarchische Einstellung gegenüber dem geografischen Raum, wie sie seit der Zeit der ersten Siedler kennzeichnend für die amerikanische Mentalität war. Dass das Prinzip der Mehrheitsentscheidung im kollektiven Bewusstsein Nordamerikas niemals so stark verwurzelt war wie in Europa, geht auf die Vorstellung vom »Grenzland« zurück – der fortlaufenden Erkundung der Grenze zum Unbekannten. Solange die Nachbarn nicht in Sichtweite waren, bestand immer die Möglichkeit, die Zelte abzubrechen und weiter nach Westen zu ziehen. Freies Land gab es reichlich, und die Kolonisierung zog sich lange hin. Nachdem die Siedler den Pazifik erreicht hatten, konnten sie in Hawaii und Alaska fortfahren. Die Bindung zum permanenten Aufenthaltsort war in der amerikanischen Kultur niemals besonders ausgeprägt. Stattdessen gab es den unwiderstehlichen Drang hin zum Unbekannten, die ständige Bereitschaft weiterzuziehen, eine Romantisierung des Nomadenlebens. Daran sollten wir denken, wenn wir die großen Raumfahrtprojekte der Sechziger- und Siebzigerjahre betrachten; nachdem die Erde kartografiert und kolonisiert war, blieb nur noch das All. Der Weltraum wurde zum letzten »Grenzland«.

Aber nur so lange, wie unser Denken auf den physischen Raum beschränkt war. Das wahrhaft revolutionäre Abenteuer erwartete uns im digitalen Universum der Satellitenverbindungen und Glasfaserkabel. In den Achtzigerjahren wurde das Internet allen zugänglich – ein völlig neues Grenzland –, und es waren die Außenseiter der amerikanischen Gesellschaft, die als Erste in diese virtuelle Welt vordrangen: einsame Wölfe und Mitglieder diverser Subkulturen, denen das vorherrschende kulturelle Klima nicht passte. Sie fühlten sich fehl am Platz, brachen ihre Zelte ab, kehrten der Mainstreamkultur den Rücken zu und zogen weiter, um in einer neuen Welt neues Land zu besiedeln. Diese vom amerikanischen Gesellschaftstheoretiker Mark Pesce als »gnostische Vorhut« beschriebene virtuelle Massenmigration markierte den Beginn der Kolonisierung einer neuen, buchstäblich unendlichen Welt. Ein nicht abreißender Strom neuer und unerforschter virtueller Gebiete erwartet die nomadischen Amerikaner. Die Reise braucht niemals zu enden. Die plurarchische Tradition hat die Voraussetzungen für einen reibungslosen Übergang von der Demokratie zur Plurarchie geschaffen, und dieser Wechsel wird ziemlich unkompliziert verlaufen. Schwerer werden sich die Amerikaner mit der Entwertung des Geldes und dem Tod des Kapitalismus tun.

Eine andere heilige gesellschaftliche Institution, die durch das informationelle Paradigma in eine tiefe und heiß diskutierte Krise gestürzt wird, ist die Kernfamilie. In dieser Diskussion, in der konservative Elemente für eine Rückkehr zur »Tradition« eintreten, herrscht einige Verwirrung. Wir müssen uns darüber im Klaren sein, dass die üblicherweise als »traditionell« bezeichnete Familie, in welcher der Mann in die Welt hinausgeht, um Geld zu verdienen, während sich die Frau um das Haus kümmert, alles andere als traditionell ist. In Wirklichkeit ist »die traditionelle Familie« ein Kind der Fünfzigerjahre: ein Ergebnis des gesteigerten Wohlstands und des Traums vom schönen Leben im Grünen ohne gesellschaftliche Verpflichtungen. Die Mittelklasse zog in die Vororte, um den als stickig und beengend empfundenen Innenstädten zu entfliehen. Das Umland mit seiner reichen Vegetation wirkte attraktiv, weil es unsere uralten Stammesinstinkte ansprach.

Die wahre traditionelle Familie ist etwas völlig anderes: ein wirtschaftlicher Verbund und ein Sozialisierungsprojekt, das mehrere Generationen umfasst. Die Kernfamilie hingegen ist ein Phänomen der zweiten Hälfte des 20. Jahrhunderts – in dem interessanterweise auch die Kernwaffen entstanden – und sollte als ein integraler Bestandteil der Besessenheit des Spätkapitalismus vom Individualismus begriffen werden: totale Freiheit zum Preis totaler Isolation, Konsum statt Kommunikation. Dahinter verbirgt sich eine simple und offensichtliche Logik. Es ist im Interesse des Staates sowie des Kapitals (die wieder einmal im selben Boot sitzen), dass sich die Menschen zu »unabhängigen Individuen« statt zu Mitgliedern breit vernetzter gesellschaftlicher Gruppen und Gemeinschaften entwickeln. Sie lassen sich so leichter kontrollieren und sind sich ihrer individuellen Verantwortung für ihre eigene Selbstverwirklichung stärker bewusst, was in einem intensiven und häufig therapeutischen Konsumverhalten zum Ausdruck kommt.

Die Kernfamilie entstand als die kleinste, am stärksten individualisierte gesellschaftliche Einheit, die in Anbetracht des unverzichtbaren Reproduktionserfordernisses denkbar war. Aber weder Staat noch Kapital sind besonders an ihrer Stabilität interessiert. Ein einzelner Elternteil ist stärker auf Unterstützung angewiesen als ein Paar und infolgedessen auch unterwürfiger und leichter zu kontrollieren. Eine deutliche Zunahme der Singlehaushalte bedeutet natürlich zugleich eine signifikante Steigerung des Konsums. Ideal wäre es, wenn jeder allein in seinem eigenen Haus lebte und sein eigenes Auto führe, um die größtmögliche Nachfrage nach Häusern, Autos, Sofas, Küchenherden und so weiter zu erreichen. Der Weg des isoliert lebenden, unabhängigen Einzelnen in Richtung Selbstverwirklichung führt stets über den verstärkten Konsum.

Aus diesen Gründen stellt die große Scheidungswelle, die seit den Mittsechzigern über die westliche Welt schwappt, in Wirklichkeit keine Verletzung kapitalistischer Werte dar. Sie ist vielmehr die logische Fortsetzung einer verstärkten Individualisierung auf allen Ebenen sowie der eskalierenden Entwicklung der gesellschaftlichen Strukturen unter dem kapitalistischen Paradigma: von der Dorfgemeinschaft und der aus mehreren Generationen bestehenden Stammessippe zum einzeln lebenden

Städter, der Idealform einer kapitalistischen Familieneinheit. Das bedeutet nicht, dass nicht etliche Elemente der Einführungsphase des Informationalismus diese Tendenzen noch verstärken. Das auffälligste Beispiel ist der Rückgang der industriellen Fertigung zugunsten des Informationsmanagements und des expandierenden Servicesektors. Eine große Zahl schlecht ausgebildeter Männer wird demnach auf dem Arbeitsmarkt überflüssig. Gleichzeitig eröffnen sich Frauen immer mehr Berufschancen, was die Scheidungsraten und die Zahl der Singlehaushalte weiter in die Höhe treiben könnte.

Ein weiterer Punkt ist die Sexualität: Die Pille ermöglichte die Trennung von Sex und Familienplanung. Laut Francis Fukuyama hat die Pille den Frauen nicht nur die Freiheit gebracht, ihre sexuellen Wünsche ohne Konsequenzen auszuleben, sondern sie hat auch und vor allem die Männer der Verantwortung für die dennoch geborenen Kinder enthoben. Die mütterliche Sorge für die Neugeborenen ist biologisch in hohem Maße einprogrammiert, während die väterliche Sorge vorwiegend ein kulturelles Produkt und deshalb störungsanfälliger ist. Hinzu kommt, dass Fortpflanzung immer weniger mit Sexualität zu tun hat, seitdem Befruchtung und Schwangerschaft zunehmend von biotechnischen Labors übernommen werden. Das wird kaum zu einer Stärkung der innerfamiliären Beziehungen beitragen.

Die vom Internet gebotene Zensurfreiheit führt zudem zu einer Entdramatisierung der Sexualität, die zu einem Zeitvertreib neben anderen wird: Die Verbindung zwischen Sex und Zusammenleben wird schwächer, Sexualität hat immer weniger mit Beziehungen zu tun, und das Spektrum gemeinsamer Wohnformen, in denen Sex keine Rolle spielt, weitet sich aus. Mit unseren Sexualpartnern brauchen wir ebenso wenig zusammenzuleben wie mit unseren Tennispartnern. Mit unseren Mitbewohnern brauchen wir ebenso wenig Sex zu haben wie mit unseren Chefs oder Therapeuten. Konventionelle Beziehungsformen lösen sich auf und verschwinden: Die Umstände entscheiden über die Form der Beziehung und nicht umgekehrt.

Konventionelle Beziehungsformen lösen sich auf und verschwinden: Die Umstände entscheiden über die Form der Beziehung

Das Fehlen einer normativen Mehrheit im Internet bedeutet, dass jede denkbare sexuelle Vorliebe gesellschaftlich tolerierbar wird; jeder Geschmack hat sein eigenes mehr oder weniger globales Netzwerk. Homosexualität, Sadomasochismus, verschiedene Formen der Asexualität, Sex mit mehreren Beteiligten: Alles findet statt und inspiriert zu den unterschiedlichsten Lebens- und Beziehungsformen. Das Internet hat eine beispiellose Experimentierbereitschaft in Bereichen wie Sexualität und Beziehungen stimuliert – eine Entwicklung, die mittlerweile ein exponentielles Wachstum verzeichnet. Der Schlüsselbegriff in diesem Zusammenhang ist *queer*. Die nach dem Vorbild der erfolgreichen Schwulen- und Lesbenbewegung entstandene, rasch wachsende Subkultur bezweckt die Befreiung der heterosexuellen Gesellschaft vom Zwang, normal und Norm bildend zu sein. Sexualität ist nicht länger Gegenstand von Kontrolle und Regulierung; ihre Rolle innerhalb des Staates oder Marktes ist keine gesellschaftlich vereinigende mehr, sondern sie bildet heute die Basis für die Schaffung neuer, mehr oder weniger zeitgemäßer Stammesidentitäten im Internet. *Queer Culture* ist insofern ein echter Trend. An die Stelle von Sex und Lebenspartnerschaft treten Sex und Stammesidentität.

Die Suche nach einer Stammesidentität innerhalb des praktisch unendlichen Rahmens der virtuellen nomadischen Gesellschaft schafft neue fließende Familienstrukturen. Diese »Tribalisierung« der Kultur, die durch die elektronischen Netze ermöglichte virtuelle Rückkehr zur nomadischen Existenz bedeutet, dass der permanente Wohnort keinen Fixpunkt mehr darstellt – eine Erkenntnis, die wiederum die Experimentierfreude in puncto Lebensformen fördert. Die rasche Zunahme der Mobilität und der Geschwindigkeit in der Gesellschaft führt notgedrungen zu einer zunehmenden subjektiven Entwurzelung. Das neue Phänomen der Heimatlosigkeit ist gleichzeitig aufgezwungen und frei gewählt, eine Last und eine Chance. Das neue nomadische Leben bedeutet ständiges Wandern zwischen den Städten, Arbeitsplätzen und Identitäten.

Die – anfangs virtuelle, mittlerweile aber zunehmend geografische – Mobilität der Netokratie hinterlässt tiefe Spuren in Kultur und Gesellschaft. Die Vorstellungen von Heimat und Wohnort verändern sich bis zur Unkenntlichkeit. Mit dem Status wächst die Mobilität. Das in festen Behausungen sicher untergebrachte Konsumtariat bleibt für die homogenisierenden Massenmedien und die verbleibenden politischen Kräfte mit ihren immer hungrigeren Steuerbehörden leicht erreichbar. Die Netokratie verlässt die von den Kernfamilien errichteten traditionellen suburbanen Festungen. Heute haben Hotels, Klöster und Meditationszentren prägenden Einfluss auf die Lebensart der neuen Elite. Das permanente Zuhause als Identifikationsfaktor weicht immer mehr dem Netz mit der Homepage als dem virtuellen Gegenstück zum physischen Wohnort. Für echte Netokraten bietet sich eine Homepage als Fixpunkt im Leben an – solange sie regelmäßig aktualisiert wird!

Eine weitere Institution, die sich in einer tiefen Krise befindet, ist das öffentliche Schul- und Ausbildungswesen. Es verdankt seine Existenz dem starken Bevölkerungswachstum in Europa und Nordamerika während des 19. Jahrhunderts, das ebenso wie die explosionsartige Bevölkerungszunahme in der Dritten Welt während des 20. Jahrhunderts auf die übliche Verzögerung zwischen technologischen Veränderungen und kulturellen Verhaltensmustern zurückzuführen ist. Wie wir zuvor im Rahmen unserer Analyse des mobilistischen Diagramms festgestellt haben, bewegt sich die Geschichte rascher, als die Menschen reagieren können. Veränderungen in den materiellen Bedingungen führen häufig erst mit einer Verzögerung von mehreren Generationen zu kulturellen Konsequenzen. Der Bevölkerungszuwachs in Europa und Nordamerika erklärte sich aus der gesunkenen Säuglingssterblichkeit und der allgemeinen Verbesserung der Lebensumstände bei einer gleich bleibend hohen Geburtenrate. Es dauerte mehrere Jahrzehnte, bis die Geburtenrate und damit der Kinderüberschuss nennenswert zurückgingen. Die ländlichen Arbeiterfamilien und die städtischen Slums produzierten bis dahin geradezu fließbandmäßig Kinder.

Diese Entwicklung erzwang durchgreifendes politisches Handeln: Die wachsende Kinderschar wollte versorgt und beschützt sein, damit aus ihnen zivilisierte und nützliche Mitglieder der Gesellschaft, fleißige Arbeiter und unersättliche Konsumenten wurden. Diese Aufgaben wurden Mitte des 19. Jahrhunderts in einer neuen Institution zusammengefasst: der öffentlichen Schule. Neben ihrer praktischen Funktion erfüllten die Schulen auch eine ideologische Rolle. Während der frühen Jahre der Industrialisierung waren massenweise junge Kinder zum Arbeiten in die Fabriken geschickt worden. Mittel- und Oberklasse drangen jedoch auf eine gesetzliche Reglementierung der Kinderarbeit und führten schließlich den obligatorischen Schulbesuch ein. Inspiriert nicht zuletzt von einer romantischen Verklärung der Kindheit und ihrer vermeintlichen Nähe zu einem ursprünglichen Zustand der Unschuld und Reinheit wollten sie ihre Kleinen pflegen, vor den grausamen Seiten des Lebens schützen und zugleich behutsam in die Geheimnisse des Erwachsenenlebens einführen.

Wir dürfen nicht vergessen, dass die Kindheit ein während der Renaissance geschaffenes kulturelles Kunstprodukt ist. Im Zeitalter des Feudalismus gehörten Kinder keiner besonderen Kategorie an und hatten keine besonderen Bedürfnisse; ihr Eintritt ins Erwachsenenalter war keine Frage der Pflege und Erziehung. Kinder waren schlicht und einfach kleine Menschen, die zu schwach waren, um für die Gesellschaft von Nutzen zu sein. Das Wort »Kind« bezeichnete kein Alter, sondern eine Verwandtschaftsbeziehung; man war und blieb das Kind von Soundso, was die Vorliebe der feudalistischen Gesellschaft für Familiennamen erklärt.

Die Erfindung der Kindheit während der Renaissance ist, wie Neil Postman gezeigt hat, eng mit der Druckerpresse verknüpft. Diese neue Informationstechnologie lieferte ein neues Kriterium des Erwachsenseins: die Fähigkeit des Lesens. Das Kind definierte sich folglich als das Gegenteil: ein Mensch, der noch nicht lesen kann. Man wurde nicht automatisch mit der Zeit zum Erwachsenen, sondern durch Erziehung. Erziehung ist in mancher Hinsicht eine Revolte gegen die Natur: Ein kleines Kind wird gezwungen, still zu sitzen und sich mit dem Alphabet und anderen Inhalten herumzuplagen, während es viel lieber spielen und sich körperlich betätigen würde. Hier trifft sich Erziehung mit der Notwendigkeit für das Kind, seine Impulse zu zügeln und zu kontrollieren. Die Kindheit wurde so zu einem der Fundamente des Kapitalismus und folglich zum Gegenstand endloser ideologischer Konflikte.

Im Rahmen eines universellen Erziehungswesens wurde der Prozess des Erwachsenwerdens und der Eingliederung in die Gesellschaft industrialisiert und auch auf die Kinder der Arbeiterklasse ausgedehnt. Was pathetisch als Menschenrecht deklariert wurde, war zugleich eine gesellschaftliche Pflicht. Wer nicht zur Schule ging, konnte nicht zum Erwachsenen und somit nicht zum vollgültigen Bürger werden. Die Schule vermittelte die Werte der Gesellschaft und die erforderlichen Fähigkeiten, die garantierten, dass die Bedürfnisse der Gesellschaft erfüllt wurden. Erziehung stand exemplarisch für Fortschritt, und die Idee des Fortschritts durchzog die ganze Institution. Alle Seiten konnten dem allgemeinen Schulsystem etwas abgewinnen: Für die Kinder der Arbeiterklasse bot sich hier die einzige – wenn auch häufig nur theoretische – Chance, die gesellschaftliche Stufenleiter zu erklimmen, während das Bürgertum von der Möglichkeit profitierte, geeignete Kandidaten für die Besetzung des staatlichen Verwaltungsapparates zu rekrutieren und den Rest der Arbeiterklasse für den effektiven Einsatz in den Fabriken vorzubereiten.

Nichts blieb dem Zufall überlassen. Die ganze Unternehmung wurde nach den fortschrittlichsten pädagogischen Programmen der Zeit geplant und nach dem Beispiel ähnlicher Institutionen wie Militär und Irrenanstalten organisiert. Die Schulen wurden zu Selektionsinstrumenten für die kapitalistische Meritokratie und funktionierten zufrieden stellend, solange der Arbeitsmarkt klar definierte Qualifikationen für eine mehr oder weniger stabile Liste standardisierter Berufe verlangte – solange also eine direkte Verbindung zwischen Ausbildung und Arbeitsleben bestand. Mit dem Beginn des Informationalismus jedoch fällt die gesamte kapitalistische Vorstellung von der »beruflichen Laufbahn« in sich zusammen. Eine Krise innerhalb unserer Schulen ist unvermeidlich.

Der informationelle Arbeitsmarkt hat eine vollkommen neue Struktur. Beschäftigung ist nicht länger ein lebenslanger Vertrag, und das Dienstalter spielt keine wesentliche Rolle mehr. Die Unternehmensstrukturen lockern auf und konzentrieren sich zunehmend auf temporäre Projekte, für die spezielle Qualifikationen benötigt werden. Temporäre Arbeitsverhältnisse bestehen nur für die Dauer eines Projekts. Die Ausbildung ist niemals abgeschlossen, sondern muss ständig aktualisiert werden. Jede neue Aufgabe beinhaltet eine neue Situation, die in der Regel neues Wissen erfordert. Das hat unvermeidlich zur Folge, dass sämtliche Diplome, Titel und Zeugnisse bereits einen Tag nach dem Examen wertlos sind. Das bedeutet, dass die Schulen letztlich zu reinen Verwahranstalten und Trainingsplätzen für Sozialverhalten werden; die Kinder lernen zu Hause an ihren Computern mehr als in der Schule im Unterricht. In einer zunehmend fragmentierten und veränderlichen Gesellschaft erscheint die Vorstellung von einer zentralisierten, homogenen Schulerziehung im nationalstaatlichen Rahmen hoffnungslos veraltet.

Der verstärkte Bedarf an weiterführender Ausbildung und an der Entwicklung spezieller Fähigkeiten innerhalb und außerhalb der konkreten beruflichen Aufgabenstellung hat bereits viele alte akademische Institutionen wachgerüttelt. Politiker machen sich für die Einrichtung neuer, staatlich geförderter, auf Wachstumsbranchen wie Informatik und Biotechnologie spezialisierter und an Universitäten und Colleges gekoppelter Business Parks stark. Immer kostspieligere Ausbildungsangebote werden in scheinbar unbegrenzter staatlicher Spendierlaune gezielt auf die Bedürfnisse von Unternehmen zugeschnitten. Es wäre jedoch ein Fehler, daraus zu schließen, dass den traditionellen Ausbildungsinstitutionen in der informationellen Gesellschaft eine führende Rolle zufallen wird. Business Parks sind kein Trend, sondern ein Gegentrend – der immer hoffnungslosere Versuch, alte hierarchische Strukturen in die neue Zeit hinüberzuretten – und somit zum Scheitern verurteilt. Diese Akteure des alten Paradigmas sind viel zu eng mit ihren alten geschichtlichen Positionen verknüpft, als dass sie sich rasch genug bewegen könnten, um im virtuellen Ökosystem zu überleben.

Die feudalen Wurzeln der akademischen Kultur zeigen sich in ihrer Vorliebe für Titel und alte Qualifikationen. Ihr geschlossenes Bezugssystem, ihre steife Hierarchie und ihre Unfähigkeit, konstruktive Kritik zuzulassen, erzeugen zusammen ein Glaubwürdigkeitsproblem. Die akademische Welt erscheint in den Augen der Netokratie (zu deren konstitutionellen Elementen die Skepsis gegenüber selbst erklärten Experten in welchem Feld auch immer gehört) als obsolet und korrupt. Diese Opposition zwischen der Netokratie und der akademischen Welt betrifft bis zu einem gewissen Grad nur die Oberfläche. Aber unterhalb dieser Oberfläche existiert ein grundsätzlicherer Unterschied in der Lebenseinstellung, der umso deutlicher wird, je verzweifelter die Universitäten versuchen, ihre zunehmend gefährdete Position in der informationellen Gesellschaft zu retten.

Es handelt sich einfach gesagt um den Gegensatz zwischen zwei völlig unterschiedlichen Temperamenten. Für die Netokratie sind Geschwindigkeit und Überblick die vorrangigen Erfordernisse, während die traditionelle Forschung mehr Wert auf Gründlichkeit und Tiefe legt. Das erklärt jene hartnäckigen Studien im Rahmen einer Stabilität, die in Wahrheit rein fiktiv ist: ein theoretisches Konstrukt ohne nennenswerte Verbindung zur Realität, das die Gesellschaftswissenschaften des 20. Jahrhunderts beherrschte. Die Netokratie ist am Wandel interessiert, während sich die Akademiker mit statischen Modellen beschäftigen. Anders ausgedrückt: Die Netokratie interessiert sich für bewegte Körper, während die Akademiker es vorziehen, alte Leichen zu sezieren. Zwischen diesen beiden Fraktionen wird es weniger eine Begegnung als vielmehr einen brutalen kulturellen Zusammenprall geben, der

Die Netokratie ist am Wandel interessiert, während sich die Akademiker mit statischen Modellen beschäftigen

nur zum Nachteil der Akademiker ausgehen kann. Denn diese sind aufgrund ihrer neurotischen Fixierung auf wissenschaftliche Pedanterie, Quellenangaben, Fußnoten und so weiter unfähig zu jenem Tempo und jener Übersicht, auf die es der Netokratie ankommt.

Die Netokratie ist an etwas anderem interessiert als an dem, was die Universitäten bieten können: der Fähigkeit, große Informationsmengen zu absorbieren und zu assimilieren, verbunden mit einem intuitiven Verständnis, was davon in einer gegebenen Situation Relevanz besitzt; raschen Assoziationen und irrationalem Spieltrieb statt gewissenhafter Quellenanalyse. Die netokratische Einstellung zum Wissen ist gleichzeitig eine instrumentelle und eine ästhetische. Wenn die Netokraten das Gesuchte weder in Universitäten noch in Business Parks finden, wenden sie der akademischen Welt den Rücken zu und gründen ihre eigenen, vorwiegend virtuellen Institute und Denkfabriken ohne Verwaltungsüberbau, intellektuellen Snobismus und tyrannische Detailversessenheit.

Ausbildung wird in Zukunft von einem interaktiven und auf Anpassung ausgerichteten Pragmatismus gekennzeichnet sein. Sie wird in Form kleiner, präzise auf die anstehende Aufgabe zugeschnittener Module im Internet dargeboten und entwickelt werden. Die Regeln bestimmen die einzelnen Lernenden und nicht die Institution. Diese ausgeklügelten und flexiblen Systeme stehen in einem harten Wettbewerb, in dem für die unbeweglichen und ressourcenhungrigen Monsteruniversitäten des kapitalistischen Zeitalters kein Platz mehr sein wird. Niemand muss mehr irgendwo in der Provinz fern des Arbeitsmarkts nach obsoleten Konventionen die Schulbank drücken in der Hoffnung auf ein Diplom, das – wie der sowjetische Leninorden heute – nur noch Kitsch- und Kuriositätenwert besitzt. Die Zukunft der kollektiven Ausbildung liegt hinter uns.

Diese Entwicklung wird durch die Unfähigkeit der akademischen Institutionen verstärkt, funktionelle Netzwerke zu bilden. Die bislang von den führenden Universitäten Europas und Nordamerikas eingerichteten Mailinglisten und Webarchive gründen auf der irrigen Vorstellung, Kreativität und Problemlösungskompetenz ließen sich durch endlose, allen zugängliche Debatten fördern. Eine solche Haltung erscheint dem netokratischen Beobachter als unverzeihlich naiv. Innerhalb der Netokratie existiert ein untrügliches Bewusstsein dafür, dass qualifizierte Netzwerke nur funktionieren können, solange sie als Zeit sparende Kontaktforen für ausgewählte Teilnehmer und als Schnittstellen für den Austausch exklusiver Informationen konzipiert sind. Das setzt strenge und geschickte Kuratoren voraus, die Inhalt, Präsentation und Zugang zu den dargebotenen Informationen mit eiserner Hand überwachen. Offenbar ist praktisch jeder Teenager in der Lage, sein eigenes privates Netzwerk besser und vor allem zweckmäßiger zu managen als die naiven und trägen Universitäten mit ihrer trotz aller staatlichen Subventionierung auffällig schwachen Internetpräsenz.

Es ist eine Ironie der Geschichte, dass das Internet ursprünglich für und teilweise durch akademische Institutionen geschaffen wurde, die es nicht verstanden, das Medium, mit dessen Verwaltung sie beauftragt wurden, sinnvoll zu nutzen. Die jüngsten Entwicklungen haben die Universitäten weit abgeschlagen hinter sich gelassen. Wieder einmal können wir beobachten, wie Kreativität und nicht Finanzkraft oder politisch gewollte Reglementierung über die Machtverteilung in der informationellen Gesellschaft entscheidet. Die Netokratie hat folglich keine Veranlassung, mit akademischen Titeln zu prahlen; das größere Prestige ist vielmehr mit dem Fehlen formaler Qualifikationen verbunden. In den Augen der Netokratie sind absolvierte Ausbildungsprogramme und Doktorentitel kein Zeichen von Verdienst, sondern Hinweis auf einen unverzeihlichen Mangel an Urteilsvermögen. Universitäten werden als behütete Workshops für intellektuelle Therapien erscheinen, und wer immer dort Zeit verbracht hat, wird zunehmend mit Misstrauen betrachtet werden. Gleichzeitig repräsentieren die akademischen Institutionen nicht zu unterschätzende Machtinteressen; folglich erscheinen sie als potenzielle Quellen von Gegentrends, die der Netokratie schaden könnten. Deshalb wird sich die Netokratie kaum damit begnügen, die akademische Welt zu ignorieren; sie wird sie vielmehr aktiv bekämpfen, und sei es durch Ausschluss ihrer Vertreter aus den attraktiven Netzwerken.

Während des Übergangs vom Kapitalismus zum Informationalismus werden Trends auf allen gesellschaftlichen und kulturellen Ebenen auf Gegentrends treffen. Ein für Wohlstand und Bildung folgenreicher Trend, der allen Anzeichen nach stärker wird, ist die rückläufige Geburtenrate in den westlichen Ländern. Es ist schlicht nicht mehr Mode, Kinder zu gebären. In den meisten westlichen Nationen bringen Frauen im Durchschnitt weniger als zwei Kinder zur Welt, und die Folgen sind unschwer zu erkennen: Die Bevölkerung schrumpft immer schneller. Die Politiker des 21. Jahrhunderts müssen sich um keine Kinderscharen kümmern; eines der größten Probleme wird vielmehr das genaue Gegenteil sein: Wie soll man auf den Rückgang der Bevölkerungszahlen reagieren? Es ist abzusehen, dass immer weniger junge Menschen für immer mehr alte und immer ältere Menschen sorgen müssen. In einer demokratischen Gesellschaft könnten die Senioren mit Hilfe ihrer zahlenmäßigen Mehrheit die Jüngeren überstimmen und eine Gerontokratie erzwingen. Wie wir jedoch bereits gesehen haben, existiert in der plurarchischen Gesellschaft ebenso wenig ein Junktim zwischen Machtposition und reiner zahlenmäßiger Überlegenheit wie zwischen Macht und Geld. Vielmehr wird die Macht vermutlich in den Händen einer Minderheit aus jungen Leuten liegen – dank ihren praxistauglichen Fähigkeiten und ihrer größeren Vertrautheit mit dem Internet.

Während die Netokraten in ihren scharf bewachten Netzwerken mit Identitäten und Lebensstilen experimentieren, wird das Konsumtariat dank der Disneyfizierung der gesamten populärkulturellen Landschaft an seinem Platz gehalten. Unterhaltung, Konsum und Freizeit verschmelzen zu einem einzigen riesigen Wirtschaftssektor. In der Nähe der Flughäfen entstehen große Ferienanlagen mit angeschlossenen Unterhaltungsfabriken, wo das Konsumtariat bis zum Einschlafen unterhalten wird. So genannte Multimedia-Themenparks bieten modernste und teuerste Unterhaltungstechnologie an: kollektive Erfahrungen für lebensfremde Tastatursklaven. Auf den unzähligen Spaß- und Unterhaltungsseiten im Internet finden sich interaktive Seifenopern und jede nur vorstellbare Art von Bingo, Lotto, Wett- und anderen Spielen. Zu jeder Spielform gibt es einen eigenen Fernsehkanal und jede Menge Internetadressen. Dieses Theater spielt immer und zu jeder Zeit.

Die Verwendung der Massenmedien zu Propagandazwecken wird sich, wie wir bereits in einem früheren Kapitel gesehen haben, als zunehmend schwierig herausstellen. Die plumpen Strategien aus der Zeit der zentral gesteuerten Einbahnkommunikation werden nicht länger funktionieren. Zugleich wird die medialisierte virtuelle Realität immer empfindlicher auf mediale Manipulation reagieren. Jeder Versuch, die Medien zu instrumentalisieren, wird zunehmend als Eingriff in die Realität selbst wahrgenommen. Die Grenze zwischen beiden verwischt zusehends und lässt sich am Ende nicht mehr aufrechterhalten. Propaganda wird folglich unsichtbar, sodass auch der Experte sie nicht länger erkennen kann. Sie wird zu einer eigenständigen Realität, zur immer subtileren Manifestation der Macht der Elite in Form einer angenehmen und beruhigenden mentalen Massage für die Massen.

Kunst und Philosophie sind auf der Suche nach neuen Aufgaben und neuen Ausdrucksformen. Das Ziel einer umfassenden Synthese – totale Kunst, ein universelles Erklärungsmodell – wurde aufgegeben. Im Lichte des virtuellen Alltags erscheinen derartige Dinge als sinn- und zwecklos. Die Sprachphilosophie des 20. Jahrhunderts hat uns die Schranken unseres begrifflichen Apparats zu Bewusstsein gebracht. Das große Problem ist, dass der Umfang der verfügbaren Informationen exponentiell zunimmt, während sich unsere Wahrnehmung und unsere Fähigkeit, eintreffende Impulse zu verarbeiten, mit der üblichen Langsamkeit der biologischen Evolution entwickeln – also kaum wahrnehmbar. Die virtuelle Welt eilt uns voraus: Das ist die tragische Erkenntnis des Mobilismus, der uns vor die Aufgabe stellt, eine Situation in den Griff zu bekommen, die sich in Wirklichkeit unserem Zugriff entzieht. Dieser notgedrungen künstliche Grad des Verstehens enthält eine zunehmende Komponente des Unverständnisses. Wir sind immer stärker darauf angewiesen, uns zur Orientierung funktionale Modelle zu konstruieren.

Wir sind immer stärker darauf angewiesen, uns zur Orientierung funktionale Modelle zu konstruieren

Der neue Rationalismus ist deshalb transrationalistisch und umfasst die grundsätzliche Einsicht in die unvermeidliche Begrenztheit des rationalen Denkens; während er jede Form von Transzendentalismus und Metaphysik ablehnt, muss er zugleich die Unzulänglichkeiten des Rationalismus eingestehen. Als Ausgangspunkt für ein mobilistisches Credo bietet sich Nietzsches Aufforderung an, gegenüber der Unendlichkeit willentlich zu kapitulieren, um mit der »Freude an der Tragödie« erfüllt zu werden. Oder Spinozas Aufforderung, diese unbegreifliche Welt auch dann zu lieben, wenn wir von ihr nur eisige Gleichgültigkeit erwarten können. Laut den Mobilisten müssen wir uns von dem infantilen Bedürfnis nach Reaktion und Bestätigung verabschieden. Wir haben ganz einfach keine Wahl: Leben kann nichts anderes sein, als es ist.

Das vom Rationalismus hinterlassene Vakuum – das »trans« im Transrationalismus – lässt sich nur mit Malerei, Literatur, Musik und all den neuen Hybridformen der Kunst füllen, die die neue Technologie uns eröffnet. Den kreativen Möglichkeiten ist praktisch keine Grenze gesetzt.

Die andere Seite der Medaille ist, dass die Kunst mehr als je zuvor zur exklusiven Domäne bestimmter elektronischer Clans wird. Andere Gruppen wird sie vermutlich nicht wesentlich erreichen, was teils an der starken Zielgruppenausrichtung der Internetmedien und teils daran liegen wird, dass den übrigen Gruppen der erforderliche Bezugsrahmen fehlt. Der gesamte Apparat, der eine etwas anspruchsvollere Kultur im Netz verständlich macht, existiert dort nur in einem sehr fragilen Umfeld. Folglich wird die Kultur zu einer weiteren Barriere zwischen den verschiedenen Gruppen innerhalb der elektronischen Klassengesellschaft, während sie ihre verbindende und identitätsstiftende Rolle nur innerhalb eng definierter Gruppen entfaltet.

Die informationelle Gesellschaft ist alles andere als »gleich«. Weil das meritokratische Element so stark und Macht so schwer zu lokalisieren ist und die repräsentativen Mechanismen so diskret sind, erscheint diese Ungleichheit »natürlicher« als in früheren Zeiten. Die Netokratie ist kaum angreifbar; sie hat niemandem etwas weggenommen, ihre Position der Stärke und ihr Status beruhen auf der unbestreitbaren Fähigkeit, in dem von der neuen Informationstechnologie geschaffenen neuen Ökosystem zu gedeihen. Zudem entbehrt die neue Unterklasse jener attraktiven Attribute und jenes Gerechtigkeitspathos, mit dem die Unterklasse des kapitalistischen Paradigmas punkten und ein erhebliches Maß an Sympathie wecken konnte. Das Konsumtariat verdankt seine Rolle als neue Unterklasse seinem Mangel an gesellschaftlicher Intelligenz im Sinne der von der informationellen Gesellschaft geschaffenen Intelligenznormen.

Niemand steht vor verschlossenen Türen; es erfordert jedoch ein besonderes Talent, um die Klinken zu betätigen und die Türen zu öffnen – ein Talent, das den Massen abgeht. Ist eine solche Ungleichheit notwendigerweise ungerecht? Und wenn ja, nach wessen Kriterien? Und was lässt sich dagegen tun? Sollen wir jene zurückhalten, die es verstehen, das Beste aus den gebotenen Möglichkeiten zu machen? Sollen wir jenen, die bereits so häufig gescheitert sind, immer neue Chancen geben? Wie sollen wir mit dem Problem zunehmender Ungleichheit in einer Gesellschaft umgehen, in der Umverteilung keine Lösung bringt? Bislang haben wir noch kein Rezept gefunden, wie wir Gehirnmasse umverteilen können.

11

Hinter Mauern: netokratischer Bürgerkrieg und virtuelle Revolutionäre

Der Zusammenbruch der zentralen kapitalistischen Institutionen hinterlässt ein Vakuum. Solange sie über Autorität verfügten, erfüllten sie eine stabilisierende Funktion; an ihre Stelle tritt nun ein Zustand der institutionalisierten Turbulenz, deren Dynamik sich äußerst schwer prognostizieren lässt. Gewisse Trends zeichnen sich deutlich ab, aber wenn so viele Trends und Gegentrends aufeinander wirken, sind die Parameter so zahlreich und ist das Abstraktionsniveau so hoch, dass selbst die ausgeklügeltsten Prognosen nichts anderes sein können als eine Art intellektueller Meteorologie – mit sehr beschränktem Gültigkeitsbereich. Dennoch haben wir allen Grund, so viele qualifizierte Prognosen wie möglich zu sammeln, indem wir beispielsweise versuchen, die für die Informationsgesellschaft charakteristischen sozialen Spannungen zu identifizieren und zu analysieren.

Der politische und kulturelle Diskurs innerhalb der Informationsgesellschaft wird sich vor dem Hintergrund völlig neuer Umstände abspielen. Die zu Zeiten des Kapitalismus geführte Gleichheitsdebatte wird als Symptom einer verflossenen Ära erscheinen, in der Status und Macht zumeist nach einem willkürlichen System verteilt wurden. Familiärer Hintergrund, Reichtum, Geschlecht und Hautfarbe werden in der Informationsgesellschaft keine entscheidende Rolle mehr spielen; Status und Macht werden vielmehr von der Fähigkeit der Einzelnen abhängen, Informationen zu erwerben und zu managen, von ihrer sozialen Intelligenz, Aufnahmefähigkeit und Flexibilität. Das liberale Gleichheitsideal – gleiche Chancen für alle, ihr Lebensprojekt zu verwirklichen – ist deshalb in der Praxis bereits Realität (während das sozialistische Gleichheitsideal – gleiche Belohnung für alle ohne Rücksicht auf den Kontext – mit dem Zusammenbruch der kommunistischen Utopie als gescheitert gelten muss).

Aber sobald sich diese Realität voll und ganz durchgesetzt hat, wird sich herausstellen, dass die Informationsgesellschaft in mehrerlei Hinsicht ungleicher und statischer ist als jede andere. Was wir als »neue Soziologie« bezeichnen, widmet sich der Beschreibung dieser Bedingungen. Das System ist durch große Durchlässigkeit auf allen gesellschaftlichen Ebenen und folglich durch große Mobilität für den Einzelnen gekennzeichnet, aber diese porösen Strukturen selbst sind sehr viel stabiler. Die Mechanismen der meritokratischen Klassifizierung werden immer ausgefeilter: Jeder, der über ausreichend Talent und Initiative verfügt, um eine Bedrohung darzustellen, wird automatisch in eine privilegierte Position innerhalb der Netzwerkhierarchie befördert und in die Elite eingebunden. Und man kann sich nur schwer eine politische Protestbewegung gegen die Ungleichheit des Gehirns oder die Belohnung von Talent vorstellen. Schließlich erscheint uns diese Ungleichheit als »natürlich«.

Die neue Form der Klassenbildung unter dem Informationalismus wird gemeinsam mit der schwindenden Transparenz der Netzwerkgesellschaft und dem Zusammenbruch der traditionellen linken Ideologie einen Nährboden für eine dramatische Zunahme von Gewalt in der Gesellschaft schaffen. Der konsumtarischen Protestbewegung wird es chronisch an Führungspersönlichkeiten mangeln – potenzielle Talente werden umgehend in die Netokratie absorbiert – sowie an ideologischer Raffinesse. Ihre Theorien werden widersprüchlich, ihre Aktionen sporadisch und impulsgesteuert sein. Die gesellschaftliche Unzufriedenheit wird blind sein. Den konsumtarischen Rebellen wird es an der Bildung und der Disziplin der alten Arbeiterbewegung sowie an langfristigen Zielen fehlen. Sie werden keine Ambition zeigen, das Konsumtariat um ein gemeinsames Anliegen, ob innerhalb oder außerhalb des Systems, zu versammeln, und niemand wird an eine organisierte Revolution oder eine revisionistische Bewegung glauben – eine Art schrittweise Netokratisierung des Konsumtariats durch politischen Kampf und harte Arbeit. Was bleibt, ist eine Art revolutionärer Ästhetik: eine Romantisierung von Widerstand als solchem, ein Rauschzustand der spontanen, ziellosen, kollektiven Destruktivität. Aber das ist auch alles.

Wir sollten nicht vergessen, dass das Konsumtariat im Unterschied zur alten Arbeiterklasse über keine geschlossene Vorstellung von einer besseren Zukunft verfügt. Konsumtarische Rebellen könnten ihre Klassenfreunde niemals mit der Behauptung aufwiegeln, die Zukunft gehöre der Unterklasse; folglich lässt sich dem gewaltsamen Ausdruck von Unzufriedenheit auch keine progressive Bedeutung zuordnen. Wahrscheinlich werden die konsumtarischen Rebellen vielmehr ihre Rückwärtsgewandtheit und ihren Hass sowohl auf die Gegenwart als auch auf die Zukunft herausstreichen. Die Revolutionäre des Konsumtariats werden deshalb keine ideologische Beziehung zu den alten Arbeiter- und Gewerkschaftsorganisationen oder zu den Bauernaufständen des Feu-

Im Unterschied zur alten Arbeiterklasse verfügt das Konsumtariat über keine geschlossene Vorstellung von einer besseren Zukunft

dalismus haben. Sie werden von diesen Vorläufern bestenfalls die Rhetorik übernehmen. Die konsumtarischen Rebellen werden ihre Inspiration stattdessen aus den geschlossenen Gilden des Mittelalters und den puritanischen Erweckungsbewegungen der Aufklärung beziehen: Gemeinsam ist ihnen der Wunsch nach Abgrenzung von der Umwelt in Erwartung des Zeitenendes und des Zusammenbruchs des Universums.

Bereits in der Übergangsphase zwischen Kapitalismus und Informationalismus entstehen erste Vorläufer dieser konsumtarischen Protestbewegungen in Form diverser schlagzeilenträchtiger Weltuntergangssekten. Diese rekrutieren ihre Mitglieder vorrangig aus der Unterklasse der massenmedialen Gesellschaft, die sich aus den Überresten der traditionellen Arbeiterklasse und dem entstehenden Konsumtariat zusammensetzt. Weltuntergangssekten sind kein regional begrenztes Phänomen, sondern finden sich in den unterschiedlichsten Gegenden der Welt – Aufsehen erregten beispielsweise Sekten aus den USA, der Schweiz, Japan, Russland und Uganda –, da sich ihre Existenz nicht mit bestimmten nationalen Kulturen erklären lässt. Vielmehr sind sie ein globales Phänomen, ein frühes Beispiel konsumtarischer Gegenkultur. Während die Netokratie das Ziel verfolgt, die Welt zu erobern, kehren diese Gruppen einer feindlichen Umwelt den Rücken zu und sehen ihr Glück ausschließlich darin, Unheil zu stiften, bevor die Zeit für die selbst gewählte physische Selbstzerstörung der Gruppe gekommen ist.

Eine distanzierte Haltung gegenüber der Umwelt sowie die Konstruktion einer parallelen Wirklichkeit erscheinen als ein nicht unnatürliches Phänomen in einer zunehmend medialisierten Gesellschaft. Denn in dieser sind die Grenzen zwischen der zu Kapitalismuszeiten so sorgfältig gehüteten »Realität« und den von den Medien verbreiteten Fantasiewelten immer schwieriger zu erkennen und werden immer weniger aufrechterhalten. Die Nachrichten sind Unterhaltung, präsentiert nach der Ästhetik der Unterhaltung; die Politik ist in den Worten des Talkmasters Jay Leno zum »Showbusiness für hässliche Leute« verkommen, zu einer Art Fernsehdrama über spektakulär aufgemachte gesellschaftliche Probleme. Das Angebot regiert – dank vermehrtem Wohlstand und verfeinerten Werbemethoden – die Nachfrage; Marken verleihen den Produkten eine zugegeben fiktive, aber dennoch nicht minder wirksame Persönlichkeit in einer Wirtschaft, deren zentraler Wert die Unterhaltung ist; Lifestyle ersetzt das Leben. Verstärkt wird diese Entwicklung durch den Umstand, dass die Netokratie sich bewusst von der »Realität« abwendet und Zuflucht in ihren elektronischen Clans sucht.

Informationalismus und der Durchbruch der interaktiven Medien bedeuten einen weiteren großen Schritt in Richtung dessen, was Jean Baudrillard als »Hyperrealität« bezeichnet. Sowohl in der Netokratie als auch im Konsumtariat haben viele Menschen alle Veranlassung, die Fiktion der Realität vorzuziehen, bietet doch Erstere weit mehr Wahlmöglichkeiten für die Konstruktion einer gesellschaftlichen Identität. Es findet eine schleichende Disneyfizierung unserer gesamten Umwelt statt: Alte Burgruinen werden renoviert und in Ausflugsziele für gestresste Großstädter verwandelt; aus unrentablen Bauernhöfen werden Themenparks mit landwirtschaftlichem Schwerpunkt (Stichwort »Agritainment«); Kreuzfahrtschiffe, Hotels und ganze Orte werden für längere oder kürzere Aufenthalte in sorgfältig inszenierten Fantasiewelten konzipiert und so weiter. Die Menschen werden größtenteils zu Darstellern ihres eigenen Lebens, die ihre »Rolle« mehr oder weniger überzeugend spielen. Die Wirklichkeit stellt einen immer unwichtigeren Teil der Hyperrealität dar, wie auch die Natur zu einem immer unwichtigeren Teil der Kultur wird. Es gibt keine eigentliche Realität mehr, sondern lediglich virtuelle Schauplätze für inszenierte Darstellungen. Die virtuelle Umwelt wird deshalb zu einem vollständigen Synonym für »die Umwelt«.

Ende der Neunzigerjahre erreichte das Internet abgelegene indische und lateinamerikanische Ortschaften, die nicht einmal über fließend Wasser verfügten. Die Netokratie hat große koloniale Ambitionen, so dass das Konsumtariat nicht befürchten muss, womöglich von der technologischen Entwicklung und ihren Wohltaten ausgeschlossen zu werden. Ganz im Gegenteil! Die einzige Möglichkeit, Unzufriedenheit mit der eigenen untergeordneten Position auszudrücken, wird darin bestehen, die Teilnahme am Rollenspiel der Informationsgesellschaft zu verweigern. Die Ästhetik des passiven Widerstands wird dann zum selbst gewählten Akt des eigenen Ausschlusses. Die Strategie des aktiven Widerstands dagegen wird die Form gewalttätiger Demonstrationen nach dem Beispiel der Maschinenstürmer aus der Anfangszeit der Industrialisierung annehmen, welche die Maschinen zerstörten, die den Wert ihrer manuellen Fähigkeiten und die Bedingungen ihrer traditionellen Lebensweise zunichte machten. Die Drohung mit Gewalt wird das einzige Mittel sein, um sich bei der herrschenden Klasse Gehör zu verschaffen.

Die konsumtarischen Rebellen werden deshalb »reaktionäre« Zellen zur Erzeugung von Gegentrends bilden, um auf diese Weise ihren technologischen und gesellschaftlichen Ausschluss zu bewirken. Als Vorbild dienen ihnen eher die Erweckungsbewegungen als die Arbeiterdemonstrationen zum 1. Mai; sie versuchen auszubrechen, anstatt von innen zu reformieren. Auf die technologische Entwicklung und die einnebelnde Unterhaltung antworten sie mit gewaltsamem Widerstand. Das Geschehen wird dramatische Züge annehmen, ohne dass es zu weit reichenden Konsequenzen führen wird, fehlt es doch den konsumtarischen Rebellen an den erforderlichen Ressourcen. Ein echter informationalistischer Klassenkampf setzt voraus, dass die konsumtarischen Rebellen Unterstützung von außerhalb ihrer eigenen Reihen erhalten, was nur möglich ist, wenn die vermeintliche Einheit der Netokratie Risse bekommt. Dann werden sich zum ersten Mal mächtige antinetokratische Netzwerke bilden: eine unheilige Allianz zwischen revolutionären Desperados aus dem Konsumtariat und netokratischen Klassenverrätern. Der informationalistische Klassenkampf wird zwischen diesen alternativen machthungrigen Hierarchien und der echten Netokratie in Form von unregelmäßigen, explosiven und potenziell gewalttätigen Konfrontationen stattfinden.

Eine unverzichtbare Vorbedingung für diesen Kampf ist ein interner netokratischer, von seiner Form her ideologischer Konflikt. Dieser Konflikt ist von Anfang an angelegt und betrifft das komplizierte Problem immaterieller Rechte. Wie die Aristokratie einst ihr geschichtliches Schicksal akzeptierte und mit dem zunehmend mächtigen Bürgertum kooperierte, so ebnet das Bürgertum heute der Netokratie den Weg, indem es ihr hilft, das Eigentum an Ideen zu legalisieren. Um die Hintergründe dieser virtuellen Eigentumsfrage zu verstehen, müssen wir uns zuerst mit vier diesbezüglichen Grundkonzepten vertraut machen: Copyright, Patent, Verschlüsselung und Zugangsschutzsystem (Firewall). Diese vier Funktionen bilden die Basis der so genannten New Economy; somit sind sie auch die wesentliche Voraussetzung für die Entstehung der Netokratie und ihren Griff nach der Macht.

Copyrights stehen für das exklusive Recht, ein immaterielles Eigentum zu nutzen oder seine Nutzung zu kontrollieren. Ein Patent bezeichnet das exklusive Recht oder die Kontrolle über das Recht, eine bestimmte Erfindung für eine begrenzte Zeitspanne zu nutzen. Copyrights und Patente spielten bereits in der spätkapitalistischen Wirtschaft eine grundlegende

Rolle. Seit dem Durchbruch des Informationalismus beziehen sich diese Rechte vermehrt auf digital produzierte, gespeicherte und vertriebene Informationen. Die ersten durch Copyrights und Patente geschützten Produkte waren Computersoftware und auf CD gespeicherte Musik; in einer wachsenden informationellen Wirtschaft nimmt jedoch auch der Wert der digitalen Informationen rasant zu. Diese Entwicklung hat zur Folge, dass der mit Ideen und Design erzielte Umsatz einen immer größeren Teil des Gesamtwerts der Wirtschaft ausmacht.

Die Frage des Copyrights und der Patentierung digitaler Produkte erhält einen immer zentraleren Stellenwert in der Informationsgesellschaft. Es handelt sich um eine Überlebensfrage höchster Priorität: Das Wachstum einer informationellen Wirtschaft wird durch das Fehlen entsprechender zeitgemäßer Gesetze und Regeln sowie eines juristischen Apparats, der ihre Umsetzung sicherstellt, behindert und verzögert. Weltweit werden deshalb umfangreiche Ressourcen darauf verwandt, den juristischen Schutz des Nutzungsrechts für Ideen zu stärken. Die gesetzgeberischen und polizeilichen Aktivitäten in den verschiedenen Ländern werden koordiniert und standardisiert. Eine Entwicklung fördert die andere: Die Tatsache, dass der informationelle Anteil an der Gesamtwirtschaft ständig zunimmt, führt zur Beschleunigung dieser Prozesse innerhalb des Wirtschaftsrechts, was wiederum ein beschleunigtes informationelles Wachstum nach sich zieht. Die wachsende Netokratie und ihre Verbündeten wie beispielsweise Risikokapitalgeber und bestimmte politische Interessengruppen haben gute Gründe, sich zusammenzuschließen, um ihre immateriellen Rechte zu schützen: Ihr eigenes Überleben hängt unmittelbar vom Erfolg des Projekts ab.

Länder wie Russland, China, Indien oder Argentinien zeigten anfangs keine Neigung, Copyrights oder Patente zu respektieren, schienen diese juristischen Konstruktionen doch nur die bereits hoch entwickelten Volkswirtschaften Westeuropas, Nordamerikas und Japans zu begünstigen. Stattdessen entwickelten diese Länder eine Strategie der Imitation ursprünglich andernorts entwickelter Ideen und digitaler Produkte. Ohne Entschädigung der Copyright- und Patentinhaber produzierten und verkauften sie massenhaft billige Kopien beispielsweise von Computerprogrammen, Musik und Medikamenten.

Starker europäischer, US-amerikanischer und japanischer Interessendruck sowie eine Entwicklung der betroffenen Länder in Richtung einer informationellen Gesellschaft bewirkten jedoch eine radikale Kehrtwende in dieser Frage. So hat die Globalisierung dafür gesorgt, dass sich das politische Establishment der ganzen Welt darauf geeinigt hat, immaterielle Rechte zu schützen. Viel zu hoch ist der Preis, den derjenige zu zahlen hat, der sich dem Konsens verweigert: Es geht um nichts weniger als den Ausschluss aus der informationellen Wirtschaft. Deshalb gehen die lokalen Behörden in China, Russland und anderen Gegenden mittlerweile sehr viel entschiedener gegen Raubkopierer vor, während sie gleichzeitig ihre eigenen Copyright- und Patentsysteme entwickeln. Die netokratischen Entrepreneure und ihre kapitalistischen Geldgeber können aufatmen.

Aber in Wirtschaft und Politik haben bei weitem noch nicht alle die Bedeutung des Internets und der technologischen Entwicklung begriffen. Die Netzkultur hat ihre eigene Dynamik und ihre eigenen Antriebskräfte, die sich oft mit dem spätkapitalistischem Interesse an immateriellen Eigentumsrechten beißen. Das bedeutet, dass das gesamte globale System der Vereinbarung von Copyrights und Patenten allmählich von innen ausgehöhlt wird. Das Internet gestattet Menschen aus aller Welt, auf ihren Homepages digitale Informationen bereitzustellen – in Form von Text, Bildern, Musik, Filmen, Programmen und so weiter. Sie können diese Informationen untereinander ohne Zwischeninstanzen und ohne Rücksicht auf irgendwelche gesetzlichen Beschränkungen oder Copyright- und Patentansprüche Dritter tauschen. Diejenigen, die diese Aktivitäten im großen Maßstab fördern und betreiben, sind netokratische Klassenverräter. Der Verkehr von Raubdaten hat während der Neunzigerjahre dramatisch zugenommen. Weder nationale noch supranationale Polizeiorganisationen haben eine reale Chance, solche Aktivitäten zu kontrollieren, geschweige denn zu verfolgen, weil sie im virtuellen Raum stattfinden und deshalb jeder geografischen Basis entbehren.

Die Netzkultur hat ihre eigenen Antriebskräfte, die sich oft mit dem spätkapitalistischem Interesse an immateriellen Eigentumsrechten beißen

Die Verteidiger immaterieller Rechte spüren im Übrigen zunehmend ideologischen Gegenwind. Ein Verbot des Kopierens gegenständlicher Produkte wie Tische, Autos oder Schiffe kann fast jeder leicht akzeptieren. Wer ein Produkt entworfen und hergestellt hat, besitzt auch das Recht, über die Nutzung von Produkt und Entwurf zu bestimmen – darüber gibt es kaum Diskussionen. Dagegen will es den neuen Netizens ganz und gar nicht einleuchten, dass eine vergleichsweise kleine Gruppe von Softwareentwicklern viel Geld mit dem Verkauf teurer digitaler Informationen verdienen soll, die sich höchst einfach und billig kopieren und vertreiben lassen.

Durch die speziellen Bedingungen der informationellen Wirtschaft sind die Kosten für Produktion, Lagerung und Vertrieb digitaler Produkte praktisch vernachlässigbar – ein Umstand, der der gesamten Netzgemeinde zugute käme, würden die Eigentumsrechte auf Informationen abgeschafft. Es drängt sich eine Analogie zu den Fabrikarbeitern des frühen Kapitalismus auf, die zwar das feudale Recht auf Landbesitz als natürlich akzeptierten, aber zunehmend in Zweifel zogen, dass die kapitalistischen Produktionsmittel – die Fabriken und ihr Inventar – dem Bürgertum gehören sollten. Uns allen ist nur allzu gegenwärtig, zu welch gewalttätigen und blutigen Konflikten dieser Kampf um die Produktionsmittel führte. Es besteht keinerlei Anlass zu der Annahme, der informationelle Klassenkampf werde ruhiger und friedlicher vonstatten gehen.

Das Problem für jeden Verfechter einer restriktiven Copyright-Gesetzgebung besteht darin, dass sich die immer dominantere mobilistische Denkweise nicht mit der Idee verträgt, eine bestimmte Kombination von Einsen und Nullen gehöre ausschließlich einer Person oder Organisation, so dass diese Form von Eigentum mit der Zeit immer »unnatürlicher« wirken wird. All diese Gesetze und alle Versuche, sie zu implementieren, werden wie der Versuch erscheinen, illegitime Sonderinteressen zu schützen, was wiederum dazu führen wird, dass die fragile Allianz zwischen netokratischen Entrepreneurs und kapitalistischen Investoren massiv unter Druck gerät. Die Verfechter des Rechts auf immaterielles Eigentum werden ihr Heil bei einer politischen Struktur – dem Nationalstaat – suchen, die bereits im Zusammenbruch begriffen und weder wirtschaftlich noch praktisch in der Lage ist, jedes Mal die Polizei ins Feld zu schicken, wenn wieder einmal immaterielle Eigentumsrechte verletzt wurden.

Wie kann eine Polizei oder eine Gruppe von Politikern eine Website schließen, die von irgendeiner abgelegenen afrikanischen oder pazifischen Insel oder auch nur einem Land ohne Kontrolle über seine virtuellen Domains aus betrieben wird (so wurde beispielsweise der Domainname .su nach dem Zusammenbruch der Sowjetunion umgehend von Hackern usurpiert)? Im Übrigen lässt sich mit Grund fragen, welches moralische Recht die informationelle Wirtschaft, die zunehmend jeder nationalen

Besteuerung ausweicht, haben sollte, staatlichen Schutz zu fordern. Infolge dieser Entwicklung werden die netokratischen Entrepreneure notgedrungen neue Systeme zum Schutz ihrer begehrenswerten Informationen errichten. Sie werden die Einsen und Nullen verschlüsseln, bevor sie ihre Produkte vertreiben, und sie werden ihre Aktivitäten mit immer ausgeklügelteren Schutzsystemen – Firewalls – gegen Einbrüche schützen. Die Netokraten werden eigene Wachleute ausbilden und eigene Netzwerke schaffen, über die sie sich gegenseitig mit aktuellen Informationen über elektronische Piraten und Hehler versorgen. Auf diese Weise machen sie sich vom Staat unabhängig und beschleunigen noch dazu ihre eigene Machtübernahme.

Die Konflikte der informationalistischen Ära finden folglich nicht zwischen Nationalstaaten statt, die sich irgendwelche Landstriche von zweifelhaftem Wert streitig machen. Wir sehen vielmehr, wie sich ideologische und wirtschaftliche Konflikte zwischen unterschiedlichen netokratischen Gruppen entwickeln, die in mehr oder weniger loser Verbindung zu den konsumtarischen Rebellenbewegungen stehen. Die Trennlinie verläuft zwischen der Netokratie, die ihre vermeintlich rechtmäßigen informationellen Eigentumstitel verteidigt, auf denen Macht und Status der Gruppe beruhen, und den netokratischen Klassenverrätern, die jede Form der Behinderung der Informationsverbreitung für unmoralisch halten und stattdessen den zentralen Wert des neuen Zeitalters in der maximalen Ausdehnung des organischen Nichtnullsummenspiels sehen. Ein deutliches Beispiel für diese Art von internem netokratischem Konflikt war das fieberhafte Rennen um den ersten Platz in der vollständigen Entschlüsselung des menschlichen Genoms. Die Kontrahenten waren HGP – ein internationales Konsortium aus akademischen Forschungsinstituten, das nach eigener Behauptung zum Wohle der Allgemeinheit und ohne Gewinnmotiv tätig war – und Celera, ein rein kommerzielles Unternehmen, dessen Geschäftsplan darin besteht, bestimmte genetische Patente zu beschränken und Gewinn bringend zu nutzen.

Weil jedoch der zentrale Wert der informationellen Wirtschaft nicht in den Informationen selbst, sondern in ihrer Sichtung und Auswertung liegt, brauchen sich die mächtigsten Netokraten nicht mit dem Besitz von Copyrights und Patenten herumzuschlagen. Genauso wenig müssen sie Zeit und Mühe in die Konstruktion von Verschlüsselungsprogrammen und Firewalls investieren. Die Fähigkeit, sich zu vernetzen und große Mengen allseits begehrter Informationen effektiv auszuwerten, lässt sich nicht kopieren oder stehlen; ihr Inhaber ist keiner anderen Bedrohung ausgesetzt als der Möglichkeit, dass andere mehr Talent beweisen. Und dies wird die Basis für das Wachstums einer alternativen Netokratie bilden – einer Elite, die ihre Macht und ihren Status auf andere Faktoren als auf Copyrights und Patente (also den Besitz von Produktionsmitteln) gründet.

Diese neue Gruppe, die Eternalisten, werden mit den strebsamen Mitgliedern derselben Klasse, den Nexialisten, nur dann sympathisieren und zusammenarbeiten, wenn dies im Interesse der Gruppe selbst ist. In Fällen jedoch, in denen die Netokratie in unterschiedliche Interessengruppen zerfällt, sind sie in der Lage, ihre eigene Klasse zu verraten und mit dem Konsumtariat gemeinsame Sache zu machen (ähnlich den »linken« Akademikern in der spätkapitalistischen Gesellschaft, die zumindest gelegentlich versuchten, sich mit der Arbeiterklasse gegen die an der Macht befindliche Klasse zu verbünden, zu der sie de facto selbst gehörten). Die akademische Linke wird einen Nachfolger in der eternalistischen Netokratie haben, die bestimmte Verhaltensweisen der herrschenden Elite als unmoralisch und illegitim verurteilt. Sie kann sich eine solche Haltung auch dann erlauben, wenn die fragliche Situation nichts mit der Wahrung der eigenen Interessen zu tun hat.

All dies, zusammen mit der neuen Sichtweise von der Beziehung zwischen Produktion und Konsum, vermittelt ein klareres Bild davon, wie sich die Klassenkonflikte der informationellen Gesellschaft manifestieren werden. Die fundamentalste Form des konsumtarischen Widerstands wird die Weigerung sein, Bedürfnisse zu erzeugen; die Betreffenden werden Werbung und Technologie boykottieren und sich der informationellen Wirtschaft so weit wie möglich entziehen. Die Aktivisten unter den Widerständlern werden die zentralen Funktionen der netokratischen Entrepreneure (Nexialisten) angreifen: Copyrights und Patente. Revolutionärer Widerstand wird sich sowohl in virtueller als auch in physischer Gewalt ausdrücken. Jede Form von Schutzwall um wertvolle Informationen wird zur potenziellen Zielscheibe.

Letztlich geht es in dem Kampf nicht länger um die Kontrolle über die Produktion, sondern um die Kontrolle über den Konsum. Ein charakteristisches Merkmal der Netokraten ist, dass sie ihre eigenen Bedürfnisse unter Kontrolle haben und gleichzeitig großen Einfluss auf die Bedürfnisse anderer ausüben. Das Konsumtariat wird in dem Augenblick resistent gegen die Macht der Netokratie, in welchem es diesen Zustand nicht länger akzeptiert. Die Cheerleader der so genannten New Economy sind der (echten oder gespielten) Überzeugung, dass die Zukunft ein kollektives Reich der Glückseligkeit bringen wird, in dem jegliche gesellschaftliche Spannungen durch die Winde der Veränderung vertrieben und Probleme durch große Informationsmengen gelöst werden. Diese Haltung ist naiv und vermutlich in den meisten Fällen nur vorgetäuscht. In der elektronischen Klassengesellschaft, die sich unter dem Informationalismus herausbildet, werden die Spannungen im Gegenteil zunehmen. Die Geschichte ist nicht tot; sie wird in der Gegenwart in ganz neuem Gewande wieder auferstehen. Und wie diese Auferstehung der Geschichte neue Akteure erfordert, so erfordert jede glaubwürdige Beobachtung der informationellen Gesellschaft neue Beobachter.